Donné par l'auteur à Monsieur Bozerian ainé.

THÉATRE

DE

RENÉ-CHARLES

GUILBERT DE PIXERÉCOURT.

TOME PREMIER.

PARIS,

CHEZ J. N. BARBA, LIBRAIRE, PALAIS-ROYAL,

DERRIÈRE LE THÉATRE FRANÇAIS, N°. 51.

TABLE DES PIÈCES

CONTENUES

DANS LE PREMIER VOLUME.

LES PETITS AUVERGNATS, Comédie en un acte et en prose, mêlée d'ariettes.

LA FORÊT DE SICILE, Drame lyrique en deux actes et en prose.

VICTOR, ou L'Enfant de la Forêt, Mélodrame en trois actes et en prose.

LE CHATEAU DES APENNINS, ou le Fantôme vivant, Mélodrame en cinq actes et en prose.

LA SOIRÉE DES CHAMPS-ÉLYSÉES, Comédie épisodique en un acte et en prose, mêlée de vaudevilles.

LE PETIT PAGE, ou la Prison d'État, Comédie en un acte et en prose, mêlée d'ariettes.

ROSA, ou l'Hermitage du Torrent, Mélodrame en trois actes et en prose.

Depuis le mercredi des cendres, mon cher monsieur, je suis dans mon lit, une violente attaque de goutte presque universelle m'a terrassé et je ne sais quand il me sera permis de marcher. Ce que j'ai souffert est inexprimable. Si vos occupations vous permettent de venir passer une heure avec moi d'ici à Lundi matin, vous me ferez grand plaisir. vous m'avez promis des conseils que je réclame, ainsi que la continuité de vos bons offices et de votre amitié.

Votre très foible serviteur

G. de Pixerécourt

jeudi 2 mars 1815.

[Guilbert de Pixerecourt]

GUERRE

AU

MÉLODRAME!!!

Soleinne: 402

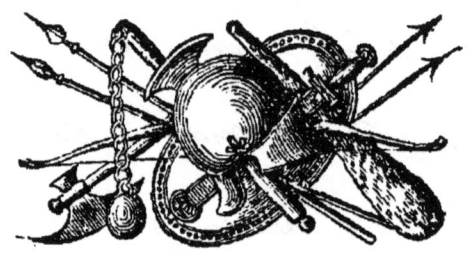

PARIS,

Chez { DELAUNAY, Libraire, Palais Royal, galerie de bois ;
BARBA, Libraire, derrière le Théâtre Français ;
MONGIE, Libraire, boulevard Poissonnière.

De l'Imprimerie de HOCQUET, rue du Faubourg Montmartre, n°. 4.

1818.

GUERRE
AU
MÉLODRAME !

——✶——

CE cri sinistre parti de je ne sais où, et porté d'échos en échos jusqu'au *Marais* où j'ai depuis long-tems élu mon paisible domicile, est enfin venu frapper mon oreille. Que dis-je ? il a retenti jusqu'au fond de mon cœur, et l'a cruellement déchiré. Depuis plusieurs jours il trouble mon sommeil, j'éprouve le besoin irrésistible de raconter mes peines ; et pour en entretenir le plus de monde possible, je les confie à un imprimeur. Pour la première fois de ma vie, je fais *gémir* la presse. C'est déjà une consolation ; elle semble répondre à ma triste pensée : elle est en harmonie avec mon âme et montée au ton du sujet que je traite.

Une Commission choisie dans l'Académie française et dans celle des Beaux-arts, est chargée, dit-on, de présenter à Son Excellence le Ministre de l'Intérieur un rapport sur les moyens de rendre à l'Art dramatique et théâtral tout l'éclat dont il est susceptible. Cela me paraît fort louable et ne peut qu'être approuvé par tous les bons esprits. Le premier soin dont s'occupera cette Commission sera probablement de solliciter une loi qui rende les Auteurs dramatiques *propriétaires* de leur *propriété*, c'est-à-dire de leurs ouvrages. A parler vrai, je n'entends pas bien ceci. Je ne comprends pas comment, chez un peuple qui croit avoir atteint le dernier degré de la civilisation, il existe une loi qui condamne les enfans d'un homme d'esprit (car il en faut toujours un peu même pour produire un ouvrage médiocre) à mourir de faim dix ans après la mort de leur père. Cela me semble absurde et cruel. Au surplus les lois qui existent à ce sujet sont frappées dans l'opinion publique d'une telle défaveur, qu'elles ne peuvent soutenir un examen sérieux. Il suffit, pour les détruire, des simples lumières du bon sens : un enfant les renverserait. Les Auteurs dramatiques doivent donc espérer un meilleur avenir.

Le second objet qui fixera l'attention des Commissaires est, dit-on, relatif aux mauvais ouvrages, aux pièces de mauvais goût. J'aime à croire que ce n'est qu'un faux bruit, autrement nous serions menacés de voir fermer tous nos théâtres : car où n'en donne-t-on pas? Il y a de mauvais opéras, de mauvaises tragédies, de mauvaises comédies, de mauvaises pièces partout enfin.

« Ce n'est pas cela, » me dit un de mes amis, auquel je témoignais dernièrement le plaisir que j'éprouverais à voir enfin repousser de notre scène tous les ouvrages qui blessent les mœurs et la langue (car ce sont ceux là d'abord qu'il est permis de trouver mauvais) « vous êtes dans une erreur complette, » on n'entend parler ici que du Mélodrame. »

— « Je sais que depuis quelque tems ce mot est » à lui seul un synonime universel ; il signifie tout » ce qu'il y a de mauvais, de nuisible, de dangereux, » de criminel même. C'est, comme disait un certain » Voltaire, *l'abomination de la désolation.* Ce mot » enfin est devenu l'arme ridicule et bannale avec la- » quelle on attaque, on veut détruire au théâtre » tout ce qui offre de l'intérêt, une couleur un peu » forte, des situations dramatiques, le domaine des » passions enfin ».

—» Convenez, mon ami...»

—» Avant tout, commençons par fixer nos idées » sur le point de la discussion. A entendre certai- » nes personnes, il semble qu'un Mélodrame soit » en lui-même, et par cela seul qu'il porte ce titre, » un objet de scandale, un monstre dont l'auteur » doit être, pour le moins, frappé de l'animadver- » sion publique. On abuse tellement de ce mot, » que j'ai entendu de soi-disant beaux esprits, ap- » peler Mélodrames deux Tragédies qui ont obtenu » beaucoup de succès, *Artaxerce* et *Ninus*, parce » qu'elles offrent du mouvement. Pour la plupart » des spectateurs, l'Art dramatique se réduit aujour- » d'hui aux jeux de mots, aux pointes et aux calem- » bourgs. Combien de fois, depuis quelques années,

» n'ai-je pas, dans nos grands théâtres, vu condam-
» ner à la première représentation, des ouvrages
» estimables et faits pour réussir ? Dès qu'une
» scène vise à l'intérêt, des juges imberbes s'écrient
» aussitôt : *c'est un Mélodrame* ! dès-lors la pièce
» est jugée sans appel. Distinguons toutefois, défi-
» nissons ce mot si effrayant. Que veut dire *Mélo-*
» *drame* ? Drame *mêlé de musique*. Hé bien, jus-
» que là, je ne vois rien que de raisonnable. Est-ce
» le titre que l'on réprouve ? dans ce cas les auteurs,
» à l'imitation de Corneille et de Molière, intitule-
» ront leurs Pièces *Tragi-Comédie* ; *Comédie-*
» *Ballet*; est-ce le genre, le caractère de l'ouvrage ?
» alors proscrivez donc du Théâtre Français *la*
» *Gouvernante, le Père de Famille, le Philosophe*
» *sans le savoir*, etc. Un Mélodrame intéressant,
» bien conduit et bien écrit est certainement pré-
» férable à une mauvaise Tragédie, à une mauvaise
» Comédie, à un mauvais Opéra-comique. »

— « Encore une fois, vous dis-je, ce n'est point
» aux mauvaises pièces que l'on déclare la guerre ;
» (il faut que tout le monde vive) on ne veut pros-
» crire que le Mélodrame ».

— « Proscrire ! sous un règne pacifique et clé-
» ment, ce mot doit être rayé du dictionnaire fran-
» çais. Sous le gouvernement du plus sage, du
» meilleur des Rois, on ne peut avoir d'injustices à
» redouter. S'il était permis de supposer qu'un Mi-
» nistre proposât des mesures arbitraires, l'équité

» du Monarque les repousserait infailliblement. Je
» vais d'ailleurs vous prouver *qu'en droit* cela est
» impossible, sans violer ouvertement les lois rela-
» tives à l'industrie et au théâtre.

» Le décret du 8 août 1807, en réduisant à
» huit les théâtres de Paris, a déterminé le genre de
» chacun. *La Gaîté* et *l'Ambigu Comique* y sont
» SPÉCIALEMENT destinés au Mélodrame. Des Avis
» du Conseil d'Etat, des décisions Ministérielles ont
» confirmé les anciens privilèges accordés aux fon-
» dateurs de ces deux théâtres. Une permission ré-
» cente a autorisé la réouverture du Théâtre de la
» Porte-Saint-Martin, *pour y jouer le Mélodrame.*

» Sur la foi de ces autorités inattaquables et
» sous la garantie de la protection que le Gouverne-
» ment doit à tous les propriétaires et surtout à ceux
» des établissemens publics, des entrepreneurs ont
» construit, à grands frais, des salles nouvelles,
» formé d'immenses magasins de costumes et de
» décors, contracté des engagemens de diverse nature
» dont quelques-uns s'étendent à six, neuf et jusqu'à
» dix-sept ans, et qui tous ont pour objet l'exploi-
» tation actuelle. En paralysant leur industrie, vous
» opérez une sorte d'expropriation forcée, vous
» deshonorez ces malheureux et les placez dans la
» cruelle nécessité de faire banqueroute ; vous ré-
» duisez à la misère et au désespoir deux ou trois
» cents familles qui vivent autour de chacun de ces
» établissemens ; enfin vous enlevez aux pauvres de

» la Capitale un revenu annuel de cent mille francs au
» moins. Je n'imagine pas qu'un Gouvernement sage
» puisse vouloir pareille chose, lorsque surtout il
» n'en résulte aucun avantage. C'est ce que je me ré-
» serve de vous démontrer plus tard ».

— « Mais c'est un genre détestable que condamne
» le bon goût ».

— « Condamner en masse est toujours une injus-
» tice. Sans doute on fait de mauvais Mélodrames
» et de très-mauvais, comme on fait de mauvaises
» pièces dans tous les genres, et de mauvais livres ;
» mais parce que tout ce que l'on compose n'est pas
» bon, s'ensuit-il que l'on doive briser les presses
» et ne plus écrire ? C'est au moins de l'exagéra-
» tion, en supposant que les provocateurs de cette
» mesure ne soient pas animés par un motif peu
» noble, étranger aux Beaux-arts et qu'ils n'ose-
» raient avouer.

Tous les genres sont bons, hors le genre ennuyeux.

« Que m'importe qu'une œuvre dramatique
» soit intitulée Comédie, Drame lyrique ou Mélo-
» drame, si je n'y trouve rien de contraire à la
» morale ? Quant à la politique, la censure est
» chargée d'y veiller. De quel droit prétendrait-on
» m'imposer l'obligation de ne m'amuser que de
» telle ou telle chose, souvent fort ennuyeuse ? Si
» j'aime à être ému, attendri ; si je suis flatté de
» voir des décorations bien peintes, des costumes

» exacts et frais, des ballets agréables et bien dessi-
» nés, réunis à une action à-peu-près raisonnable,
» écrite dans un style naturel, exécutée par des
» acteurs qui font tous leurs efforts pour me plaire,
» et tout cela moyennant un prix médiocre qui me
» permet de procurer de tems en tems ce plaisir à
» ma famille ; de quel droit voudrait-on me con-
» traindre à payer fort cher la fastidieuse représen-
» tation de nos chefs-d'œuvre, que je préfère lire et
» admirer au coin de mon feu ou dans mes prome-
» nades solitaires, à les voir souvent dénaturer
» par les doubles et les triples des théâtres
» royaux? »

— « C'est précisément ce mélange du gai, du triste,
» de la musique, de la déclamation et des ballets,
» en un mot cette confusion des genres qui est une
» innovation monstrueuse ».

— « Je vous en demande pardon. Cette prétendue
» monstruosité existe depuis si longtems, que pour
» vous en donner la date précise, il me faudrait
» probablement remonter au déluge ; mais comme
» il n'y avait pas de journaux alors, je partirai d'une
» époque plus rapprochée. On joue le Mélodrame
» depuis plus de trois mille ans et je le prouve.

« Ce que l'on appelait *Jeux Scéniques* chez les
» Grecs et chez les Romains, était un composé de
» déclamation, de chant, de danse, de pantomime
» et de combats.

« Eschyle, inventeur de la tragédie grecque,

» connaissait parfaitement, selon ce qu'en dit Quin-
» tilien, la partie matérielle du théâtre, les décora-
» tions, les costumes et les machines.

« *Les Mystères* que l'on a représentés pendant
» cent cinquante ans, c'est-à-dire depuis 1398 que
» des pélerins jouèrent pour la première fois *la*
» *Passion de notre Seigneur Jésus Christ*, sur un
» théâtre construit dans le bourg de St. Maur près
» Paris, jusqu'en 1548, offraient la réunion informe
» de ces mêmes genres.

« Depuis cette époque jusqu'en 1636, où Corneille
» fit représenter le Cid et produisit dans l'art dra-
» matique et dans les lettres cette révolution qui
» amena le beau siècle de Louis XIV, je remarque
» dans les Auteurs et dans les spectateurs la même
» tendance vers le merveilleux, le même attrait
» pour le plaisir des yeux. Les pièces de Jodelle,
» Hardy, Bois Robert, Montchrétien, Lataille,
» Tristan, du Ryer, Robert Garnier, Guérin du
» Bouscal, Billard, Grévin et Corneille lui-même
» (avant le Cid) étaient un mélange de tous les
» genres, ce qui est suffisamment indiqué par leurs
» dénominations. On les intitulait *Tragédie pas-*
» *torale avec des chœurs; Tragi-Comédie ou Fable*
» *bocagère avec des chansons; Poëme dramatique*
» *avec figures, emblêmes et énigmes ; Tragédie*
» *avec des chœurs, des pauses, des danses et ar-*
» *rière danses.* Quelques-unes étaient divisées par
» journée, sans distinction d'actes ni de scènes. Les

» titres qu'on leur donnait étaient plus empathiques
» encore. Ici, c'est ELECTRE, *Tragédie contenant*
» *la vengeance de l'inhumaine et très piteuse mort*
» *d'Agamemnon, roi de Mycène la grande, faite*
» *par sa femme Clytemnestre et son adultère Egis-*
» *tus, traduite du grec de Sophocle, ligne pour li-*
» *gne, vers pour vers, en rime françoise* ; là, c'est
» ABEL *ou l'odieux et sanglant meurtre commis*
» *par le maudit Caïn à l'encontre de son frère Abel,*
» *extrait du 4ᵉ livre de la Genèse, tragédie morale*
» *à douze personnages, savoir : Adam, Eve, Caïn,*
» *Abel, Calmana, Debora, l'Ange, le Diable, le*
» *Remords de conscience, le sang d'Abel, le Péché,*
» *la Mort* ; plus loin, je lis LA MAGICIENNE ÉTRAN-
» GÈRE, *tragédie en quatre actes, en vers, dans*
» *laquelle on voit les tyranniques comportemens,*
» *origine, entreprises, desseins, sortilèges, arrêt,*
» *mort et supplice, tant du marquis d'Ancre que*
» *de Léonor Galligay, sa femme, avec l'aventu-*
» *reuse rencontre de leurs funestes ombres par un*
» *bon Français, neveu de Rotomagus.* Voilà des
» titres !

— « Qu'est-ce que cela prouve ? voudriez-vous
» en nous reportant à la naissance de l'art, éteindre
» les lumières, et faire retrograder le génie ? »

— » A Dieu ne plaise que ce soit là ma pensée.
» Si j'entre dans ces détails, c'est pour vous démon-
» trer que depuis le moment où l'on a imaginé les
» représentations théâtrales, jusqu'aujourd'hui, la

» masse des spectateurs a toujours recherché ce qui
» lui promettait des impressions fortes et variées.
» Je continue.

«De 1636 à 1800, la Scène française s'est enrichie
» de chefs-d'œuvre. Corneille, Racine, Voltaire, Cré-
» billon, de Belloy, de la Motte, de la Noue, de la Fosse,
» Longepierre, Lagrange Chancel, Ducis, Chenier,
» Lemierre, (dans la tragédie) Molière, Regnard,
» Destouches, Boursault, Montfleury, Hauteroche,
» Baron, Dancourt, Lesage, Piron, Boissy, Du-
» fresny, Fagan, Gresset, Colin d'Harleville, (dans la
» comédie) nous ont laissé des modèles inimitables,
» de vrais trésors pour la portion éclairée de la na-
» tion; mais ceux que leur goût, leur éducation ou
» leur état n'ont pas mis à même d'acquérir des con-
» naissances, (et l'on ne peut disconvenir que cette
» classe ne forme la plus grande partie de la so-
» ciété,) n'en sont pas moins avides de plaisirs et
» n'ont pas moins que les autres le droit de s'en pro-
» curer; il faut donc les assortir à leur goût, à leur
» éducation, à leur état et surtout à leurs moyens pé-
» cuniaires. Sans doute une pensée sublime frappera
» tous les spectateurs Français sans exception : j'en
» ai eu souvent la preuve dans les représentations
» *gratis*; mais les finesses du langage, les beautés
» de détail, la pureté du style ne peuvent être
» appréciés que par le très-petit nombre.

« C'est ainsi que pour faire réussir *le Misantrope*
» qui était tombé, Molière lui adjoignit, à la qua-

» trième représentation, *le Médecin malgré lui*, et
» la farce servit de passe-port au chef-d'œuvre.

» C'est ainsi qu'à travers ces astres de notre
» théâtre, dont les rayons ont éclairé l'univers, on
» a vu paraître et passer comme des météores, les
» compositions burlesques ou éphémères de Scarron,
» Douville, Visé, Scudéri, Calprenède, Duché,
» Trotterel, Claveret, Desmarets et autres dont les
» noms sont encore moins connus.

« C'est ainsi que pour attirer et satisfaire tout à-
» la-fois le savant et le peuple, on a intitulé les ou-
» vrages dramatiques pendant plus d'un siècle, (de
» 1630 à 1750), *Tragédie avec des intermèdes co-*
» *miques; Comédie-Ballet; Pièce avec intermèdes*
» *de chant, de danse et prologue; Ambigu comi-*
» *que avec prologue en musique, épilogue, et di-*
» *vertissemens.*

« Molière a intitulé sa Psyché, *Tragédie-Ballet;*
» la Princesse d'Élide, *Comédie-Ballet en*
» *vers et en prose, avec prologue et divertissemens*;
» Mélicerte, *Pastorale héroïque*, etc.

« En traduisant ces titres bizarres et analysant les
» ouvrages, je trouve des Mélodrames, avec cette
» différence, que la dernière dénomination me paraît
» plus expressive, plus franche et renferme plus
» de choses en un seul mot.

« On crie à la décadence, au mauvais goût?
» Mais en 1721, le 21 septembre, Legrand fit
» représenter sur le Théâtre Français, *Cartouche*

» *ou les Voleurs, Comédie en trois actes avec di-*
» *vertissemens*, et l'impatience du public pour voir
» cet ouvrage fut si grande, à la première repré-
» sentation, qu'il voulût à peine entendre réciter
» quarante vers d'*Esope à la cour*, et demanda à
» grands cris la pièce nouvelle.

« Lachaussée, surnommé le père du drame, dé-
» buta en 1733. Ses ouvrages furent généralement
» goûtés et procurèrent aux comédiens des recettes
» abondantes. Son exemple, que des esprits chagrins
» appelleront contagieux, eut d'innombrables imi-
» tateurs. Pendant soixante ans, c'est-à-dire jus-
» qu'en 1800, on vit le genre sentimental s'accré-
» diter et réussir sur tous nos théâtres indistincte-
» ment. La Harpe, Marmontel, Diderot, Mercier,
» Anseaume, d'Alainval, Goldoni, Sedaine, Beau-
» marchais, Darnaud, Fenouillot de Falbaire, Du-
» buisson, De Rosoy, Desforges, Monvel, Dejaure,
» Marsollier, obtinrent presque tous des succès pro-
» digieux. C'est au Drame lyrique ou Mélodrame
» (car un Mélodrame n'est autre chose qu'un Drame
» lyrique, dont la musique est exécutée par l'or-
» chestre au lieu d'être chantée) que les Italiens ont
» dû les jours de leur prospérité. Qu'est-ce en effet
» que *Richard cœur de lion, le Déserteur, le Comte*
» *d'Albert, Raoul de Créqui, Aucassin et Nico-*
» *lette, la Caverne, Roméo et Juliette, Lodoïska,*
» *Camille, Sargines, Montano et Stéphanie, Ario-*
» *dant, la Tour de Neudstat, le Château de Monté-*

» néro, *les Deux Journées, Beniowski, Zoraïme*
» *et Zulnar,* etc., sinon des Mélodrames qui
» ont fourni à nos meilleurs Compositeurs le moyen
» de produire d'excellentes partitions, mais dont la
» plupart frappés d'avance du ridicule que les plai-
» sans et les sots ont versé sur tout ce qui offre de
» l'intérêt au théâtre, auraient beaucoup de peine à
» réussir aujourd'hui et seraient probablement ac-
» cueillis par des risées ou déchirés sans pitié par
» les journaux?

» Si l'on croit avoir rendu service à l'art drama-
» tique et musical, on se trompe : cette espèce de
» proscription a tué la musique en France. Il lui
» faut des situations fortes, des passions prononcées,
» de la couleur enfin et non pas des nuances. Grétry
» et Dalayrac ont eu presque seuls le secret de
» mettre l'esprit en musique ; mais c'est un talent
» fort rare. Un joli rondeau, une romance expres-
» sive sont accueillis avidement dans les salons; mais
» ne font pas faire un pas à la science et laissent
» bientôt leur Auteur dans l'oubli ou du moins sans
» gloire.

— « Précisément vous me mettez sur la voie : je
» connais des Compositeurs d'un grand talent et qui
» tous se plaignent de n'avoir plus les moyens de
» travailler ».

— « Ils ont raison. La concurrence produit l'ému-
» lation, l'émulation produit les bons ouvrages. Nous
» aurons deux théâtres Français, quand on aura

» permis à l'Odéon de représenter des Tragédies ;
» c'est là surtout ce que réclame la saine littérature ;
» c'est là le premier, le plus sur moyen de rendre
» à l'Art dramatique tout l'éclat dont-il est sus-
» ceptible. Nous avons deux théâtres pour le Vau-
» deville, sans compter les excursions qu'il fait
» sur tous les autres; trois théâtres pour le Mélo-
» drame et la Pantomime; pourquoi n'avons-nous
» pas deux théâtres Lyriques, dont l'un serait exclu-
» sivement consacré à l'Opéra comique, proprement
» dit, et l'autre au Drame lyrique, qui, comme je
» l'ai prouvé tout-à-l'heure, a fait la fortune du
» théâtre Favart ? Je crois ce dernier genre indis-
» pensable aux progrès de l'art musical. Certes, si
» à des poèmes nobles, intéressans, on joignait de la
» belle musique et des ballets, on ouvrirait une
» carrière brillante aux disciples d'Euterpe et une
» nouvelle source de plaisirs aux habitans de la
» capitale. Le Théâtre Favart et le Théâtre Feydeau
» n'ont ils pas joué pendant quinze ans le même
» genre concurremment, et avec un égal succès ? »

— « Monsieur, je vais plus loin : je pense que ce
» serait un puissant moyen de combattre et peut-
» être de tuer le Mélodrame. Tel sujet que l'on traite
» pour les petits théâtres parce que l'Auteur n'entre-
» voit pas la possibilité de le faire représenter à
» l'Opéra comique, deviendrait peut-être un bon
» Drame lyrique. Les Auteurs à talent qui se plaignent
» de se voir enlever tous les jours des sujets historiques

» (auxquels ils ne pensent le plus souvent qu'après
» les avoir vu réussir sur les théâtres consacrés au
» Mélodrame) n'auraient plus à alléguer cette ex-
» cuse commode au moins pour leur paresse. Dès
» qu'un sujet tiré de la fable, de l'histoire ou d'un
» trait connu serait reçu au théâtre du Drame lyri-
» que, la censure en interdirait la représentation sur
» tout autre, car vous conviendrez que dans ce genre
» de littérature, un titre est souvent une bonne
» fortune : il suffit de le faire connaître pour donner
» l'idée d'une pièce que l'on broche en huit jours
» pour les théâtres secondaires, et qui réussit tant
» bien que mal, peu importe au faiseur. Cependant
» le sujet a perdu sa fraîcheur, et ce motif vrai ou
» supposé prive quelquefois le public d'un ouvrage
» qui, joué sur nos grands théâtres, augmenterait
» peut-être la masse de nos richesses ».

— « Je ne voudrais pas que ceci fût adopté sans
» restriction. Les sujets nationaux, par exemple,
» doivent être représentés partout ; et l'on ne peut
» refuser au Mélodrame cette justice, que c'est lui
» qui nous les retrace le mieux et le plus souvent.
» Sous ce rapport il mérite des éloges. »

— « Ce n'est pas mon avis. Pourquoi faut-il, je
» vous prie, que le peuple Français sache l'histoire
» de son pays ? chacun des individus qui le com-
» pose doit se borner à connaître les devoirs de son
» état, et ce qu'il doit au Prince. »

— « Hé quoi ! vous que j'ai vu si chaud partisan

» des idées libérales, vous ne voulez pas que l'on
» offre à la classe de la nation qui en a le plus besoin
» de beaux modèles, des actes d'héroïsme, des traits
» de bravoure et de fidélité ? vous ne voulez pas
» qu'on l'instruise à devenir meilleure, en lui mon-
» trant, même dans ses plaisirs, de nobles exemples
» puisés dans nos annales ? »

— « Cela n'est pas nécessaire. Quand l'artisan,
» le commis, le marchand a consacré six jours
» au travail, il a besoin de dissipation. La prome-
» nade, le grand air et l'exercice du corps, voilà ce
» qu'il lui faut. Je ne veux pas que son esprit vienne
» se tendre et se fatiguer à la représentation d'un
» drame. Jadis c'était dans les guinguettes.....

— » N'allez pas plus loin. Quoi ? lorsque tout
» en Europe tend au progrès des lumières, lorsque
» pour propager et accélérer l'instruction parmi le
» peuple, on vient d'adopter en France la méthode
» de l'enseignement mutuel, vous voudriez n'accor-
» der aux trois quarts de la nation que les plaisirs
» du douzième siècle ? je ne vous reconnais pas là. »
» « Qu'on lui donne, comme autrefois, des farces,
» des danseurs de corde. »

— « La farce, a dit un de nos meilleurs écrivains,
» est le spectacle de la grossière populace. C'est un
» plaisir qu'il faut lui laisser, mais dans la forme
» qui lui convient, c'est-à-dire des trétaux pour
» théâtre, et pour salle des carrefours. Par-là il se
» trouve à la bienséance des seuls spectateurs qu'il

» convienne d'y attirer. Mais lui donner des salles
» décentes et d'une forme régulière, l'orner de
» musique, de danses, de décorations agréables,
» c'est dorer les bords de la coupe où le public va
» boire le poison du vice et du mauvais goût; c'est
» afficher ouvertement le projet de corrompre, de
» démoraliser, d'abrutir une nation. »

— « Je vous assure que de mon tems, ces petits
» théâtres étaient fort commodes pour les parties
» fines. On s'y amusait beaucoup. »

— « Comme vous je regrette quelquefois le tems
» passé, mais ici ce n'est pas le cas. Il faudrait être
» bien morose ou de bien mauvaise foi pour ne pas
» apprécier la différence qui existe entre le réper-
» toire actuel des théâtres secondaires, et les pièces
» licencieuses que l'on y représentait dans ma jeu-
» nesse pour amuser les libertins qui s'y rendaient de
» tous les coins de la Capitale. Il y a, j'en conviens,
» beaucoup de Mélodrames insignifians, ennuyeux
» même, mais du moins ils sont sans danger pour
» les mœurs. On se contente d'y bailler, et l'on n'y
» revient plus. Le plus mauvais de tous est mille fois
» au-dessus des *Ecosseuses*, du *Malade jaloux*,
» de *Madelon friquet*, de *la Vigne d'amour*, de
» *l'Oiseau de Lubin* et autres farces grossières et
» d'une immoralité dégoûtante que l'on jouait il y
» a quarante ans. »

— « Cependant, permettez une observation. En
» laissant aux théâtres du Mélodrame la liberté de

2

» représenter des sujets nobles, puisés dans la Bible
» ou l'Histoire, vous faites un tort réel aux grands
» théâtres, vous leur enlevez un grand nombre
» de spectateurs. »

— » Dites plutôt que je les oblige à déployer du
» zèle et de l'activité. Qu'ils donnent de bons ou-
» vrages, et le public leur prouvera son discerne-
» ment. *La Pie voleuse* a-t-elle nui à *Joconde*, et le
» *Sacrifice d'Abraham* au *Rossignol*? Les succès
» récens obtenus sur les théâtres des boulevards ont-
» ils empêché la foule de se porter, en même
» tems, à la *Manie des grandeurs*, aux *Danaïdes*,
» à *l'Homme gris*, au *Petit Dragon*, à la *Clo-
» chette*? Que les grands théâtres suivent l'exemple
» des petits, qu'ils donnent fréquemment des nou-
» veautés, qu'ils fassent de constans efforts pour
» attirer le public, celui-ci répondra à leur appel.
» Le goût du spectacle est devenu général en France;
» c'est, pour ainsi dire, un besoin, et il y a suffi-
» samment de curieux pour soutenir tous nos établis-
» semens en ce genre. Tout ce que l'on peut dire
» là-dessus n'est donc que mensonge et mauvaise
» foi. Mais cette petite digression m'a écarté de mon
» sujet et j'y reviens.

» Depuis vingt ans, le drame banni ou à-peu-près
» des grands théâtres s'est réfugié aux boulevards.
» On y a représenté nombre de pièces que les jour-
» naux et l'opinion publique ont placées sur la même
» ligne que plusieurs de celles que je viens de citer.

» Ce genre n'est donc pas si mauvais, puisqu'une
» partie de la bonne compagnie est venue le cher-
» cher là, et je crois, soit dit entre nous, que son
» plus grand tort est d'avoir su plaire. »

— » Quelques Mélodrames, j'en conviens, mé-
» ritent d'être exceptés de la proscription, mais
» combien d'autres sont remplis d'horreurs, de
» scènes atroces et dégoûtantes ! »

— » Je ne prétends pas les justifier dans ce qu'ils
» ont de répréhensible ; mais tout cela, je l'avoue,
» m'avait paru des gentillesses en comparaison de
» *Gabrielle de Vergy*, d'*Atrée et Thyeste*, des
» *Danaïdes*, et autres tragédies déclamées ou chan-
» tées qui font partie du répertoire des grands
» théâtres. Les Auteurs de Mélodrame n'ont pas
» encore osé faire étouffer un personnage sous des
» coussins, comme je l'ai vu au théâtre Favart
» en 1786, dans un drame de Desforges, intitulé
» *Novogorod sauvé*, ou sous un matelas, comme
» je l'ai vu dans *Othello* en 1792. »

— « Vous ne nierez pas au moins que le style de
» ces pièces ne soit ordinairement plat ou ampoulé,
» rempli de lieux communs ou de sentences re-
» battues ?»

— » Ma foi! soit dit sans offenser personne, je
» ne le trouve pas plus mauvais que celui de beau-
» coup de pièces jouées aux grands théâtres. Je
» pourrais citer dans Sedaine, et autres plus mo-
» dernes, telle phrase tout aussi ridicule que celles

» qui ont été méchamment recueillies ou supposées
» par des pamphlétaires et des critiques de mau-
» vaise foi. »

— » Les Mélodrames fourmillent d'invraisem-
» blances. »

— » Pas plus en vérité que certains ouvrages
» desquels on a parlé avec éloge.

— » Les règles de l'art y sont méconnues, violées.

— » C'est faux. Généralement les pièces remar-
» quables en ce genre sont soumises ou à peu près
» aux trois unités. Celle de tems et de lieu surtout
» y est observée plus scrupuleusement que dans *le*
» *Déserteur, Richard, Sargines, etc.* Soyons de
» bonne foi, si les Auteurs étrangers n'avaient
» remarqué dans certains Mélodrames un puissant
» intérêt, des formes dramatiques, de belles situa-
» tions amenées avec art, et un style convenable,
» ils n'auraient pas pris la peine de les traduire
» *littéralement*, et j'en pourrais désigner beaucoup
» auxquels on a fait cet honneur. Enfin il me
» semble qu'au lieu de verser le ridicule sur les
» hommes de lettres qui ont adopté ce genre, on
» devrait au contraire leur savoir quelque gré de
» transporter sur notre scène l'élite des pièces alle-
» mandes ou anglaises, ce qu'ils ne font toutefois
» qu'après les avoir améliorées en leur donnant une
» forme régulière. Je me permets de penser qu'ils
» ont aussi bien mérité de la littérature et des arts,
» qu'ils ont autant de droit à nos suffrages et à

» notre estime, que ceux qui prostituent leur
» talent à faire pâmer toute une salle aux dépens
» de la langue qu'ils défigurent à plaisir, et du bon
» goût qu'ils outragent. »

— « Vous avez beau dire, ce genre est destructif
» de la morale publique. »

— « C'est là que je vous arrête. Ce serait bien
» le lieu de diriger une sortie contre un autre genre
» beaucoup plus funeste, *le genre graveleux* qui se
» glisse insensiblement partout, et finira, si l'on n'y
» prend garde, par s'emparer exclusivement de la
» scène, et faire de notre théâtre une école de
» scandale. Un père sage, un mari prudent doit
» éviter avec soin tout ce qui peut éveiller l'imagi-
» nation ou donner trop d'activité aux sens, et je
» soutiens qu'il ne peut aujourd'hui conduire sa fille
» ou sa jeune épouse au spectacle, sans avoir vu
» d'avance les pièces que l'on y représente. Voici
» ce qui m'est arrivé il y a quelque tems.

» J'avais promis à ma fille, âgée de dix-sept ans,
» de la mener à la comédie; nous partons, et je
» consulte les affiches, afin de choisir ce qui pou-
» vait la divertir et l'intéresser sans la faire rougir.
» On jouait à l'Opéra, aux Français, à l'Opéra-
» comique, à l'Odéon, de bons ou de jolis Ouvrages,
» considérés sous le seul rapport de l'art, puisque
» le ballet de *Nina*, *Georges Dandin*, *la Mère*
» *coupable*, *le Tableau parlant*, *Héloïse* et *Abei-*
» *lard*, *l'Eté des Coquettes*, etc., tentaient les

» amateurs ; au Vaudeville et aux Variétés, deux
» des six pièces annoncées, offraient, comme on le
» pense bien, une gaze brodée avec beaucoup d'art,
» mais un peu trop légère ; il fallut donc chercher
» sur les affiches des théâtres secondaires. On don-
» nait à la Gaîté *le Maréchal de Luxembourg,*
» *l'Habit de Catinat* et *le Chien de Montargis* ; à
» l'Ambigu, *la Femme à deux Maris* et *la Ba-*
» *taille de Fontenoy* ; à la Porte Saint-Martin, *Ma-*
» *leck-Adhel* et *le Maréchal de Villars*. Je con-
» duisis ma fille aux boulevards, et vous en eussiez
» fait autant à ma place, car c'est là seulement
» qu'elle pouvait (ce jour-là), trouver la morale
» unie à l'intérêt, à des idées nationales, et au
» plaisir des yeux. Quelque mauvais plaisant me
» répondra que c'était un jour de malheur. Cela
» peut être ; mais le fait n'en est pas moins réel.

— « Il y a bien quelque chose de vrai dans
» tout cela, j'en conviens ; mais qu'aurez-vous à
» me répondre quand je vous parlerai du tort
» inouï, incalculable, irréparable que le Mélodrame
» fait à l'Art dramatique, non seulement aujourd'hui
» mais dans l'avenir ? La Province est totalement
» gangrénée : ce détestable genre y est recherché,
» couru, applaudi ; la comédie et la tragédie y sont
» totalement abandonnées ; on ne les y représente
» plus que très-rarement ou pas du tout ; on n'y
» forme plus d'élèves, et si le gouvernement n'use
» de toute son autorité, nous n'aurons bientôt

» plus pour succéder aux Lekain, aux Préville,
» aux Molé, aux Talma, que des niais et des tyrans
» de Mélodrame. »

— « Ceci me semble en effet très-sérieux, et si
» les choses sont comme vous me le dites, nul doute
» qu'on ne saurait opposer trop tôt une digue puis-
» sante à ce torrent dévastateur ; alors toute consi-
» dération doit cesser devant ce péril imminent ;
» mais je vous en demande pardon, cette assertion me
» paraît un peu hasardée. Le Mélodrame joué le
» plus souvent par des acteurs médiocres, a besoin
» pour se soutenir, à Paris, de l'ensemble que donnent
» de fréquentes répétitions faites sous les yeux de
» l'Auteur, du luxe des décorations, des costumes
» et des ballets. Etayé même de ces brillans acces-
» soires, il ne réussit pas toujours ; on en voit à
» peine deux ou trois, chaque année, attirer la
» foule. Comment croire, d'après cela, que monté
» brusquement et presque à *l'impromptu*, mal
» répété, dépouillé de tous ses ornemens, il puisse
» obtenir en Province cette vogue, ce dangereux
» ascendant, cette funeste influence que vous lui
» supposez ? Ce point veut être éclairci, il exige
» un mûr examen, et pour vous répondre perti-
» nemment, je me réserve de consulter des personnes
» mieux instruites que moi. Au revoir, à bientôt. »

A quelques jours de là, je rencontrai mon homme au Jardin Turc.

» Hé bien, m'écriai-je, quand je vous disais, mon

» cher ami, de ne point précipiter votre jugement,
» avais-je tort ? Je me suis procuré des documens
» certains, des preuves matérielles, irrécusables,
» des preuves mathématiques ! On vous avait abusé ;
» tout ce que l'on vous a dit est exagéré ; l'Art dra-
» matique n'est point menacé ; la tragédie et la
» comédie brillent de tout leur éclat en Province
» comme à Paris, et ils ne peuvent pas plus être
» arrêtés dans leur triomphe par le Mélodrame,
» qu'un géant ne peut être vaincu par un pygmée.
» A la preuve : celle-ci fermera sans retour la bouche
» à la prévention et à la calomnie.

» Je connais indirectement un des Agens chargés
» à Paris de la procuration des Auteurs dramatiques;
» je suis allé le trouver, je lui ai expliqué le motif
» de ma visite; non seulement il a eu la bonté de
» me transmettre tous les renseignemens qui dépen-
» daient de son agence, mais il a bien voulu deman-
» der à son confrère pareille communication. Je
» suis donc parfaitement instruit; le tableau que
» voici est fort curieux, il est surtout exact ; j'ai
» passé plus de trois jours à le dresser; ce ne sont
» pas ici des phrases, des suppositions, c'est de
» l'arithmétique ; par conséquent point d'objection à
» faire, rien à opposer.

Relevé fait chez MM. les Agens généraux des droits perçus en 1815 et 1816, sur les théâtres des Départemens, pour les cinq cent soixante sept Auteurs dont ils ont reçu la procuration.

« Franchement je ne croyais pas la France aussi
» riche en grands hommes ! »

Nota. On représente chaque année en province de 20 à 22,000 pièces réparties comme on va le voir.

NATURE ET GENRE D'OUVRAGES.	1815. PRODUIT.	
	Approximatif, mais nul, étant applicable aux Auteurs morts dont les Directeurs ou les Comédiens sont héritiers.	Effectif à partager entre les 567 Auteurs vivans.
4,809 Tragédies ou Comédies.	56,400	16,853
10,261 Opéras comiques.	39,600	79,018
1,116 Grands Opéras et Ballets.	16,900	10,215
5,884 Vaudevilles.	3,500	31,597
730 Mélodrames et Pantom.		12,959
22,800 Pièces.	116,400	150,642
1816.		
4,236 Tragédies ou Comédies.	62,900	16,787
11,009 Opéras comiques.	38,000	80,945
1,023 Grands Opéras et Ballets.	14,300	12,885
6,129 Vaudevilles.	4,800	34,318
649 Mélodrames ou Pantom.		11,890
23,046 Pièces.	120,000	156,825

« Ce résultat ne sera pas perdu pour l'observateur;
» il y reconnaîtra le goût dominant, le caractère
» distinctif de la nation, puisque sur 22 ou 23,000
» pièces représentées dans un an, on en compte
» 17 à 18,000 chantantes ou chantées, sans parler
» des tragédies.

« Si Juvénal a peint le peuple Romain en deux
» mots *Panem et Circenses* on peut dire avec
» autant de vérité, qu'il ne faut aux Français que
» *du Pain et des Chansons*. Heureuse nation qui
» marche au combat en riant, chante en faisant des
» actes d'héroïsme, et qu'une saillie, une épigramme
» ou un couplet console de tout !

« A propos de ces droits d'Auteur spécialement
» et injustement affectés aux directeurs et aux comé-
» diens qui n'y ont aucun droit, ne serait-il pas
» plus équitable de les verser dans une caisse de
» famille, que l'on mettrait à la disposition du Mi-
» nistère de l'intérieur, et dans laquelle il puiserait
» d'honorables secours pour les hommes de lettres et
» leurs enfans ? En y ajoutant le produit des mêmes
» droits sur les théâtres de Paris, qui s'éleverait pour
» le moins à pareille somme chaque année, on voit
» que cette mesure donnerait un revenu annuel de
» 200,000 fr. A combien d'honnêtes infortunés on
» rendrait l'existence ! En renaissant au bonheur,
» ils recouvreraient cette énergie que tue le besoin
» et sans laquelle le talent devient nul. Ainsi les
» morts contribueraient encore à la gloire des vivans
» et nous devrions aux chefs-d'œuvre de nos grands
» maîtres des créations nouvelles et peut-être sublimes.
» Que l'on me dise, si jamais un Etat a pu faire des
» placemens plus honorables et plus avantageux.

« Les comptes de 1817 n'étant point encore
» dressés, je ne puis vous offrir le tableau général

» des représentations ni du produit; j'ai voulu néan-
» moins connaître ce qui concerne le Mélodrame,
» et me suis livré à des recherches particulières.
» Voilà ce que j'ai recueilli sur pièces probantes, et
» toujours chez MM. les Agens généraux.

» Aux termes de l'article 9 du titre 2 du régle-
» ment fait en conséquence du décret du 8 juin 1806,
» les grandes villes de France peuvent avoir deux
» théâtres dont le second jouit spécialement du droit
» de représenter les pièces composant le répertoire
» des théâtres secondaires de la Capitale.

« Trois villes seulement jouissent aujourd'hui de
» ce privilège, Lyon, Bordeaux et Marseille. Vous
» allez voir dans quelle proportion on y a joué le
» Mélodrame pendant les onze premiers mois de
» l'année 1817.

A Lyon.
Théât. des Célestins. 635. Com. ou Vaud. 374. Mél. ou Pant.
A Bordeaux.
Théâtre de la Gaîté. 984.   *id.*   152.   *id.*
A Marseille.
Théâtre du Pavillon. 114.   *id.*   11.   *id.*
(Ouvert pendant 3 mois.)
                1,735.   437.

» Si le désavantage est évident pour le Mélodrame
» sur les trois théâtres qui pourraient le jouer exclu-
» sivement, dans la supposition d'une grande vogue,
» il est encore bien plus marqué sur les autres théâ-
» tres de France.

A Rouen, sur 1100 pièces jouées depuis 11 mois,
on compte . . . . 2 Mélod.
A Toulouse, sur 1000 id. . . . . 11 id.
A Nancy, sur 700 id. . . . . 22 id.
A Metz, sur 680 id. . . . . 18 id.
A Lille, sur 900 id. . . . . 1 id.
A Dijon, sur 450 id. . . . . 5 id.
A Strasbourg, sur 500 id. . . . . 7 id.
Dans les 150 autres villes de France, tout au plus 90 id.

TOTAL. 156

Report de Lyon, Bordeaux et Marseille. 437

TOTAL GÉNÉRAL pour 1817. . . . . 593 Mélod.
ou Pantom.

« Le nombre total des pièces jouées sera, autant
» que je l'ai pu voir par l'inspection des états, aussi
» fort que les deux années précédentes ; ainsi sur
» cette masse énorme de. . . . . 22,000 pièces.

» Otez pour le Mélodrame. . . . . 593.

Il reste pour tous les autres genres. . 21,407.

» C'est-à-dire que le Mélodrame n'a occupé que
» le QUARANTIÈME du répertoire.

Où donc est le danger ? Où donc est l'influence ?

» Le produit réel de ces onze mois
» présente au moins. . . . . 140,000 francs.

» Dans lesquels ce genre *odieux*
» ne figure que pour. . . . . 8,275.

» Reste pour la tragédie, la co-
» médie, l'opéra-comique et le
» vaudeville. . . . . 131,725.

» A coup sûr, le Ministre et la Commission seraient
» fort étonnés si ce résultat leur était mis sous les yeux.
» Ils y trouveraient une preuve sans replique de l'exa-
» gération, de l'animosité, du peu de bonne foi qui
» dirigent les détracteurs du Mélodrame. Il est évi-
» dent que c'est une mauvaise querelle. »

— » Je commence à le croire, car il est difficile
» de ne pas se rendre à des raisonnemens justes,
» appuyés de faits et de preuves, mais d'un autre côté
» on crie après ce genre, et ce ne doit pas être sans
» raison. »

— » On crie ! qui ? Ce n'est pas le public, puis-
» qu'il y court. Voulez-vous savoir quels sont ses
» ennemis? je vais vous le dire. D'une part l'envie
» de quelques Auteurs contre ceux de leurs confrères
» qu'ils supposent plus fortunés qu'ils ne le sont en
» effet, car généralement ce genre d'ouvrage est
» assez mal rétribué; de l'autre la jalousie des grands
» théâtres, que l'infatigable activité des petits
» oblige à travailler et à faire quelques frais pour
» attirer les spectateurs, ce qu'ils ne faisaient pas
» autrefois. Sous ce rapport on a généralement des
» grâces à rendre au Mélodrame. D'un autre côté,
» des hommes d'esprit qui, quelquefois sacrifient
» trop exclusivement à leur idole, ont outrepassé
» les convenances, soit dans des pièces satyriques,
» soit dans les journaux. Ils se sont plu à ridicu-
» liser le Mélodrame et les auteurs qui ont le plus
» de succès en ce genre; c'est en quoi je les trouve

» repréhensibles. Ils ont abusé du droit de la force,
» en attaquant des personnes qui n'avaient aucun
» moyen de défense; ils ont affligé des hommes que
» l'estime publique et leur existence honorable
» semblaient devoir mettre à l'abri de pareilles
» atteintes ; ils ont, sans le vouloir et sans en
» prévoir les conséquences sans doute, fait un
» mal réel, et peut-être incalculable, à d'honnêtes
» directeurs et à de nombreuses familles dont ils
» ont compromis le sort. Qu'en est-il résulté ?
» des aimables oisifs, des jeunes gens à la mode, et
» l'innombrable série des personnes qui étant hors
» d'état d'avoir une opinion à elles, s'en font une
» d'après les journaux et y puisent chaque matin de
» quoi subvenir aux frais de la soirée, ont répété
» ce qu'ils avaient entendu et lu ; il est aujourd'hui
» du *suprême bon ton* de décrier le Mélodrame.
» Ce mot, comme je vous le disais dernièrement,
» est devenu l'arme ridicule et bannale avec laquelle
» on attaque, on veut détruire, au théâtre, la pre-
» mière, la plus durable de nos jouissances, l'intérêt.
» Mais tout ce qui est de mode en France ne saurait
» durer, cette manie cédera bientôt la place à une
» autre. Je me résume.

» Je vous ai prouvé qu'*en droit* on ne peut
» contraindre d'honnêtes gens à faire banque-
» route, ni mettre sur le pavé, sans aucun bon
» motif, huit à neuf cents familles qui n'ont peut-
» être pas d'autre moyen d'existence ; que *par le*

» *fait*, ce genre n'est et ne peut être nullement dan-
» gereux pour l'art, puisqu'il est de notoriété pu-
» blique, qu'à Paris, l'affluence se porte aux grands
» théâtres toutes les fois qu'on y donne des nou-
» veautés piquantes, par l'intérêt, le style, le
» charme de la musique, de la danse ou des dé-
» corations; qu'en Province, il est rarement repré-
» senté, par la raison surtout, qu'il y est monté
» mesquinement, et joué sans soin ; on ne le voit
» paraître que de loin-à-loin, certains dimanches
» par exemple, pour attirer la classe ouvrière, ou
» dans quelques représentations *à bénéfice*, que les
» comédiens ont le droit de composer de la manière
» qui leur semble la plus avantageuse; un titre
» piquant les flatte; un Mélodrame est appris, tant
» bien que mal, en trois jours; il tombe; mais l'ac-
» teur a fait sa recette, c'est tout ce qu'il voulait. Je
» vous ai prouvé, que *sous le rapport des mœurs*,
» non seulement il est très-supérieur à l'ancien ré-
» pertoire des théâtres secondaires, qui ne serait
» plus supporté aujourd'hui, mais il exerce une
» influence utile, puisque l'éternelle morale qu'on
» y recueille est la récompense des bonnes ac-
» tions, et la punition des mauvaises; qu'enfin
» *sous le point de vue politique*, il mérite la bien-
» veillance et la protection du gouvernement, car
» il concourt d'une manière efficace à l'instruction
» du peuple; il propage et soutient l'esprit na-
» tional, en retraçant le plus souvent possible de

» beaux faits d'armes ou des actions héroïques puisées
» dans nos annales. La guerre qu'on lui déclare est
» donc souverainement injuste sous quelque rapport
» qu'on l'envisage.

» On a cherché à effrayer le Ministère et les
» Auteurs tragiques, sur les progrès et l'influence
» du Mélodrame, en leur disant que les Comédiens
» de province, jouant habituellement ce mauvais
» genre, étaient pour toujours frappés de nullité,
» et ne présentaient aucun espoir de recrutement
» à la Comédie Française. J'oppose à ces assertions
» mensongères, non pas des raisonnemens, on pour-
» rait les combattre ; mais des chiffres. Le tableau
» ci-dessus des représentations données en 1815,
» 1816 et 1817, prouve que d'année en année on
» joue moins le Mélodrame. Enfin s'il pouvait rester
» encore le moindre doute sur la fausseté de ces in-
» sinuations, il suffirait, pour le détruire, de penser
» aux voyages (trop fréquens pour les Parisiens)
» que les premiers Acteurs du Théâtre Français font
» dans les Départemens. Comment pourraient-ils y
» donner des représentations aussi nombreuses de
» nos meilleurs Ouvrages, s'ils n'y trouvaient des
» Acteurs en possession de chaque emploi, et sachant
» parfaitement ce que l'on appelle le grand réper-
» toire ? nulle réplique à cela.

On dit qu'à défaut de moyens légaux, on n'ac-
» corde plus maintenant de privilèges aux Direc-
» teurs des départemens que sous la condition de ne

» pas jouer le Mélodrame. C'est à coup sûr une calom-
» nie. D'abord on le représente trop rarement pour
» qu'une semblable précaution puisse être néces-
» saire ; franchement cela n'en vaut pas la peine. En-
» suite ce serait un acte illégal, qui, je le crois, ne
» saurait être toléré, et encore moins autorisé par
» aucun de nos Ministres. Un ouvrage dramatique,
» *de quelque genre qu'il soit*, approuvé par S. E. le
» Ministre de la Police, d'après le rapport des Cen-
» seurs, me semble n'avoir plus à redouter que le pu-
» blic. Il est jugé sous le rapport politique et moral.
» S'il est dangereux pour l'art, il ne doit pas plus être
» joué à Paris qu'en Province. Mais lorsqu'il a subi
» ces différentes épreuves, supposer un prétexte
» spécieux pour mettre à sa libre circulation de se-
» crettes entraves, ce serait attenter à la propriété,
» violer les lois, et il n'est pas permis de croire
» que l'on puisse redouter un pareil abus de la part
» des hommes distingués, choisis par le Monarque,
» pour veiller à leur maintien et à leur exécution.
» Sans doute le Gouvernement peut donner au Mé-
» lodrame une direction convenable, et le renfer-
» mer dans de justes limites, s'il se montrait trop
» ambitieux, mais on ne pourrait le proscrire que
» par le seul droit de la force, ou par des actes
» arbitraires, et le tems n'est plus, Dieu merci,
» où le citoyen paisible, l'honnête homme pouvait
» redouter les abus du pouvoir. »

LE BONHOMME du Marais.

MÉMOIRE

SUR LA

PROPRIÉTÉ LITTÉRAIRE

EN GÉNÉRAL,

ET SPÉCIALEMENT SUR CELLE

DES AUTEURS DRAMATIQUES.

A SON EXCELLENCE

LE SECRÉTAIRE D'ÉTAT,

MINISTRE DE L'INTÉRIEUR.

Monseigneur,

Dans tous les pays, chez tous les peuples civilisés, la raison et la loi assurent à tous les hommes le droit de transmettre à leurs enfans le fruit de leurs travaux. Jamais le législateur n'a voulu qu'une classe de citoyens fût privée de cette faculté naturelle, de ce droit imprescriptible qui n'a pas même besoin d'être écrit pour être universellement reconnu. Toute exception à cet égard est une injustice, elle détruit l'émulation dans ceux qu'elle frappe ; elle les force en quelque sorte à ne songer qu'à eux-mêmes et à borner toutes leurs espérances à la durée de leur vie.

Ce qui est si vrai pour tous les hommes serait-il donc faux à l'égard des Auteurs? pourquoi, seuls dans la société, sont-ils privés du droit incontestable de transmettre indéfiniment à leurs héritiers le produit d'un travail qui peut honorer leur pays et leur siècle? pourquoi enfin la loi qui doit être juste et égale pour tous, n'est-elle injuste que pour eux et prononce-t-elle cette cruelle exhérédation contre les enfans de ceux qui ont consacré leurs veilles, leurs travaux, leur existence à la gloire de leur patrie?

Si tout ce que l'on possède à titre d'hérédité, d'acquêt ou de don est universellement reconnu comme propriété légitime, incontestable, en est-il de plus noble, de mieux acquise, de plus légitime, de plus souverainement incontestable que celle d'un Auteur, puisqu'elle émane de lui seul, qu'elle est sa création, que sans lui elle ne peut exister?

L'art. 5 de l'Arrêt du Conseil du 30 août 1777, dit explicitement: *L'Auteur jouira de son privilége pour lui et ses hoirs à perpétuité.*

En 1779, le 10 août, M. Séguier, avocat général, rendant compte aux Chambres assemblées des Arrêts intervenus en 1777, leur dit : » Jusqu'au 17ᵉ. siècle nous ne trouvons » aucune Ordonnance, aucun Arrêt, en un » mot aucune Loi dans laquelle la propriété » des Auteurs ait été reconnue ou contestée ; » *il paraît qu'elle n'avait pas même été mise en* » *problème.*

» Dans le 17ᵉ. siècle on commença à sen- » tir le droit de propriété des Auteurs et on » le reconnut dès qu'ils les réclamèrent.

» Enfin le cinquième Arrêt du Conseil en » 1777 dit en propres termes : l'Auteur d'un » ouvrage *quelconque* aura droit de le vendre » ou de le débiter *chez lui* ; il jouira toute sa vie » du privilége qu'il aura obtenu en son nom, » *et ses hoirs et ayant-cause en jouiront de* » *même à perpétuité.*

» Cette propriété paraît si évidente qu'on » permet à l'Auteur de vendre *chez lui* son » ouvrage, faculté qui dérive du droit natu- » rel. »

Et plus loin en parlant de cette même pro- priété, il ajoute : » elle est incontestable, elle » n'est pas même contestée, disons mieux : » elle est reconnue, elle est consacrée au- » jourd'hui et l'Auteur a droit de jouir de son

» ouvrage, *lui et toute sa descendance, ses*
» *héritiers, ayant-cause,* etc., etc.

Telle était en 1779 l'opinion d'un magistrat dont le nom seul est une autorité : telle est la loi de 1777 qui, douze ans avant la révolution, déclarait perpétuelle la propriété littéraire.

Ces principes sont trop simples, trop évidens pour avoir besoin de développemens. Ce n'est qu'à l'aide de vaines subtilités qu'on a cherché à établir des distinctions arbitraires entre la manière de transmettre les produits du génie et les fruits d'un travail manuel. Sans doute les uns et les autres doivent être soumis à des réglemens différens ; mais le droit de propriété et conséquemment celui de transmission sont égaux pour tous. Le Gouvernement peut et doit en régler l'exercice ; mais il ne pourrait sans injustice y porter atteinte, puisque le droit sacré de propriété est la base sur laquelle repose le Contrat Social.

Maintenant pour répondre au désir que VOTRE EXCELLENCE a manifesté de rendre à l'Art Dramatique l'éclat qui lui est dû, nous ferons l'application de ces principes à la propriété des Auteurs qui destinent leur productions au théâtre * et nous présenterons en peu de mots l'état actuel de la législation sur cette partie importante de la littérature.

» L'art. 2 de la loi du 19 janvier 1791 por-
» te: Les ouvrages des Auteurs morts depuis
» cinq ans et plus sont *une propriété publique*
» et peuvent *nonobstant tous anciens priviléges*
» *qui sont abolis* être représentés sur tous les
» théâtres indistinctement. »

Que signifient ces mots? qu'est-ce que cette *propriété publique*? comment le public dispose-t-il de cette prétendue propriété que la loi lui abandonne? comment est-il plus propriétaire des pièces des Auteurs morts que de celles des Auteurs vivans? le produit en est-il affecté à quelqu'établissement national? se verse-t-il dans une caisse de bienfaisance? le public voit-il *gratis* les ouvrages des Auteurs morts? paye-t-il moins cher leurs représentations? rien de tout cela. Tout est pour lui dans un même et semblable état, soit que la pièce ait un siècle, soit qu'elle n'ait qu'un jour. Les comédiens seuls jouissent de ce

---

(1) Ainsi la dénomination d'Auteurs Dramatiques, comprend les littérateurs et les compositeurs de musique qui travaillent pour le théâtre.

produit qu'ils enlèvent aux héritiers des Auteurs ; il leur est exclusivement et spécialement affecté : la loi a donc une disposition fausse, son exécution est donc entièrement contraire à l'intention du Législateur.

Un décret du 19 juillet 1793 a étendu à *dix années* après la mort des Auteurs la propriété de leurs héritiers.

Pourquoi *cinq ans* ? pourquoi *dix ans* ? pourquoi des limites ? par quel étrange abus de mots une propriété cesse-t-elle d'en être une ?

Quelques directeurs de spectacles ont appellé *révolutionnaires* les lois que nous venons de citer, parce qu'elles ont reconnu la propriété des Auteurs. Elles pourraient en effet, à quelques égards, mériter ce nom parce que tout en reconnaissant ce droit sacré, elles en ont borné l'exercice quand il ne pouvait pas l'être ; parce qu'abusant de l'horreur qu'inspirait alors le seul mot, la seule idée d'un *privilége* et sous le prétexte d'*abolir d'anciens priviléges*, comme s'il en était besoin pour cultiver *son* champ, elles ont injustement dépouillé le véritable, le seul propriétaire pour enrichir des étrangers.

Toutes les propriétés légitimes se trans-

mettent pures et intactes d'un homme à tous ses descendans. Les fruits de son industrie, la terre qu'il a défrichée, les objets qu'il a fabriqués appartiennent à ses héritiers, quels qu'ils soient, jusqu'à la vente qu'ils ont toujours le droit d'en faire. Personne ne leur dit : » le pré que votre père vous a laissé, ne
» doit plus vous appartenir, quand vous l'aurez
» fauché pendant dix ans après sa mort; alors
» il deviendra la proie du premier venu et
» vous mourrez de faim si vous ne possédez pas
» d'autre moyen d'existence. La propriété des
» Auteurs, par une exception aussi injuste
» qu'inconcevable, est la seule dont l'héri-
» tage ne dure que dix années. »

Mais si les Législateurs de 1793, loin de nous être favorables, n'ont fait que dépouiller nos enfans et nos héritiers, le règne qui termine la révolution a déjà rendu l'espoir aux familles des Auteurs. Sous un Monarque ami et protecteur des Beaux-arts, nous ne réclamerons pas en vain l'exercice d'un droit si naturel.

La première et la plus juste de toutes les loix protectrices et conservatrices de la propriété, veut que nul individu ne puisse en être privé que lorsque par un acte libre et formel il aura transmis à un autre, les droits sacrés résultans de sa qualité de propriétaire. Ce droit est exprimé avec force et d'une manière précise dans le Code civil, art. 545 ainsi conçu : « *Nul ne peut être contraint de* » *céder sa propriété, si ce n'est pour cause* » *d'utilité publique, et moyennant une juste* » *et préalable indemnité.* »

D'après ces principes qui dérivent de l'équité naturelle, et que la législation a consacrés, les comédiens ne peuvent jouir des ouvrages qui sont la propriété d'un Auteur, sans une concession formelle, sans un titre signé de lui ou des héritiers appelés à le représenter.

Toutefois si *l'utilité publique* exige que ces ouvrages soient joués, ce ne peut être sans une *indemnité juste et préalable.*

Cette indemnité *juste* est une rétribution calculée d'après la recette réelle ou présumée que produit l'ouvrage *chaque fois qu'on le représente,* car la convention qui existe entre les Auteurs et les comédiens n'est point une vente; il n'y a pas eu stipulation de prix principal, ce qui seul constitue la vente; elle ne leur transmet donc point la propriété, elle n'est réellement qu'un bail; c'est une ferme qu'ils exploitent; dont nous voulons bien qu'on ne puisse leur ôter l'exploitation tant que le Gouvernement la juge utile, mais dont le fond *inaliéné* appartient et doit appartenir à perpétuité aux héritiers de l'Auteur, sans qu'ils en puissent être dépouillés.

Nous venons de prouver que les comédiens ne sont point acquéreurs, par conséquent ils ne peuvent être propriétaires.

Ils prétendent que quand l'attrait de la nouveauté n'existe plus, ce ne sont pas les pièces que l'on vient voir, mais seulement la manière dont ils les jouent, que par conséquent la totalité des recettes n'est due qu'à leur talent. Eh bien ! qu'ils essayent de jouer la Phèdre de Pradon au lieu de celle de Racine, et comme leur talent sera le même dans l'une et l'autre pièce, on verra si le mérite de l'ouvrage n'influe en rien sur l'empressement du public.

On se plaint de la décadence de l'art dramatique en France, et l'on accuse les Auteurs d'impuissance et de stérilité. La loi qui a borné la propriété des Auteurs n'en serait-elle pas la cause principale ? Le jeune littérateur qui, se destine à l'art dramatique, à cet art si difficile, devient pour sa famille un espèce de fléau ; on tremble pour son avenir ; on lui présente ses enfans dépouillés d'avance du fruit de ses longs travaux, de ses succès arrachés à l'envie, et pour achever de l'effrayer on lui montre les héritiers de Racine et les petites nièces de Corneille (1) mendiant des places dans nos hospices. Il est de notoriété publique qu'en 1786 les bienfaits de la Reine ont arraché pour un moment à la plus affreuse indigence une petite fille de Racine à laquelle les Dames de l'abbaye de Maubuisson avaient charitablement accordé un azile. Opposons maintenant à ce fait affligeant un calcul approximatif qu'on ne taxera pas d'exagération. En supposant que depuis la mort de Racine, arrivée en 1699, on n'ait joué ses piéces que cinquante fois par année, que la recette ne se soit jamais élevée au-dessus de 1,200 fr. dont le neuvième compose la part d'Auteur, il en résulte une somme de 760,000 fr. dont les comédiens ont hérité au préjudice des descendans de ce grand homme.

---

(1) Personne n'ignore que sans les secours de Voltaire, la petite nièce de Corneille serait morte de misère sur les lauriers de son grand oncle.

Nul n'est assuré de voir représenter son ouvrage, l'eut-il composé à trente ans. Les comédiens, riches d'un immense répertoire, possesseurs d'un trésor littéraire que la mort vient augmenter chaque jour, repoussent les piéces des Auteurs vivans et ils n'en ont pas besoin. En effet dès qu'un Auteur n'est plus, pour ne pas user ses ouvrages et accroître par là les bénéfices de la succession, on les représente le moins souvent possible, on attend l'expiration des dix années accordées par la loi de 1793, époque à laquelle les comédiens héritent et jouent alors avec un zèle infatigable des pièces devenues leur propriété.

Le bénéfice de ces *dix années* est donc illusoire puisque le produit en est toujours faible et souvent nul.

Enfin une dernière réflexion bien douloureuse va faire sentir l'absurdité, tranchons le mot, la barbarie de cette loi de 1793, dont la date est déjà de sinistre augure. Un jeune homme sort du collège à quinze ans, il y en a dix qu'il a perdu son père Auteur distingué, et dont les ouvrages ont acquis une réputation brillante et méritée. Ce malheureux fils, nourri de la gloire de son père et brûlant de joindre ses applaudissemens à ceux du public, se présente à la porte du théâtre où l'on va jouer une de ces pièces; mais le terme fatal est expiré; non seulement l'orphelin est frustré de son noble héritage, mais il ne jouit pas même du droit d'entrée, et si la fortune a été pour lui aussi cruellement injuste que la loi, il est réduit à mêler de loin sa voix à celle des spectateurs énivrés, et c'est par des larmes seulement qu'il contribue au triomphe de son illustre père.

Résumons-nous. Tant que la propriété créée par le talent et le génie ne sera pas aussi respectée que celle qui est acquise au prix de l'or, et ne sera pas transmissible comme elle; tant que subsistera la loi fatale qui déshérite les enfans des Auteurs au profit des seuls comédiens, l'Auteur dramatique sera forcé de songer au présent et détournera ses regards d'un avenir qui ne lui présente que la misère de sa famille. Dès-lors son talent deviendra l'esclave de la mode et du goût du moment; rien ne l'excitera à tenter de grandes entreprises; tout pour lui deviendra précaire, viager; un long travail l'effrayera, et il s'occupera spécialement de ce genre d'ouvrages dont le produit est plus prompt, plus sûr et plus fréquent. Si on lui reproche la faiblesse de ses productions : « il suffit, dira-t-il, qu'elles vivent autant que moi, puisqu'après ma mort d'avides étrangers doivent en dépouiller mes enfans. »

Nous croyons avoir suffisamment démontré que la transmission à perpétuité de la propriété littéraire et dramatique est juste dans son principe, sera utile dans ses effets et que ses conséquences seront favorables aux progrès d'un art qui est cher au peuple Français, qui contribue à sa gloire, à ses plaisirs et qui est devenu en quelque sorte un besoin pour la nation la plus polie et la plus éclairée.

D'après ces motifs tout puissans, nous demandons à VOTRE EXCELLENCE de vouloir bien supplier SA MAJESTÉ de proposer une loi qui assimile la propriété littéraire et spécialement celle des Auteurs dramatiques à celle de tous les autres membres de la société. A défaut d'héritiers, cette propriété, comme toutes les successions en déshérence, appartiendra, non pas aux entrepreneurs de spectacles, comédiens ou éditeurs qui n'y ont aucun droit, mais à l'État, et les fruits en seront versés dans une caisse où le Ministère de l'intérieur (seulement) puisera d'honorables secours pour les gens de lettres. Ce sera une noble dotation; par là une cause de dépense sera transformée en un objet de recette, c'est à coup sûr un échange fort utile. A dater du jour de la promulgation de la loi, les veuves et autres héritiers rentreront dans leurs propriétés non aliénées, et le produit journalier des ouvrages d'Auteurs morts sans héritiers connus ou existans, grossira le fonds des pensions, ainsi que cela se pratique dans tous les Ministères, dans toutes les Administrations.

Louis XIV a prodigué ses bienfaits aux gens de lettres;

Louis XV a déclaré insaisissable le fruit des productions de l'esprit.

Louis XVI a reconnu le principe de la propriété littéraire et dramatique.

Sans doute il appartient à Louis XVIII d'achever l'ouvrage de ses augustes prédécesseurs, et de faire cesser le monstrueux abus contre lequel réclament également la raison, l'équité et la gloire nationale.

LES PETITS AUVERGNATS,

COMÉDIE

EN UN ACTE ET EN PROSE,

MÊLÉE D'ARIETTES.

Représentée sur les théâtres de Louvois et de l'Ambigu-Comique, l'an 6 de la République.

Par R. C. GUILBERT-PIXERÉCOURT,

Musique de L. MORANGE.

A PARIS,

Chez BARBA, Libraire, au Magasin des pièces de Théâtre, quai de l'Unité, vis-à-vis le Pont-neuf.

AN 7.

Personnages.	Acteurs.
	Citoyens et Citoyennes.
FLIQUET............................	PICARDEAUX.
THÉODINF, sa femme............	DEVERSY.
JACQUES, leur fils, âgé de douze ans...	DUMOUCHEL.
GEORGETTE, leur fille, âgée de treize ans (*).	LEBEAU.
PAULINE, promise à Pierre Luc...	GLAIZE.
PIERRE LUC, amant de Pauline.....	BEVILLE.

La scène est près de Sauzet, dans les montagnes d'Auvergne.

AVIS DU LIBRAIRE.

Cette petite pièce étant le premier ouvrage de l'auteur, il avait constamment refusé de la faire imprimer, mais le grand succès qu'elle a obtenu depuis dix-huit mois qu'on la joue, et les demandes multipliées qui m'en ont été faites par différens directeurs et libraires des départemens, ont enfin déterminés l'auteur à me confier son manuscrit, et je le livre au public, bien persuadé qu'il ne pourra que me savoir gré d'avoir mis sous ses yeux un ouvrage rempli d'une sensibilité douce, expansive et de la morale la plus pure.

(*) Ces deux rôles doivent être joués par des femmes encore plus jeunes, s'il était possible d'en trouver qui eussent assez de voix.

LES PETITS AUVERGNATS,
COMÉDIE.

Le théâtre représente un lieu sauvage et champêtre. On apperçoit dans le lointain plusieurs montagnes très-hautes, entr'autres le Puy-de-Dôme. Au pied d'une de ces montagnes couvertes de rochers et de broussailles, est la cabane de Fliquet, ombragée par quelques arbres : Les murs et la toiture, dont une partie est écroulée, sont faits de mottes de gazon ; une porte à demi-brisée, suspendue à deux poteaux grossiers, en ferme l'entrée ; une planche soutenue, par quatre piquets, forme le banc qui règne le long de la cabane. Derrière est un jardin fermé par de petites palissades. La scène commence après le lever du soleil.

SCÈNE PREMIÈRE.

FLIQUET, *sortant de la cabane et regardant dans l'intérieur.*

CES bons enfans !.... ils dorment d'un sommeil si paisible ! (*Il ferme la porte.*) Ah ! depuis long-tems je suis privé de cette consolation, l'unique des malheureux. Possesseur de quelques troupeaux ma seule ambition, je vivais heureux loin du mariage qui m'avait toujours paru un lien de malheur.... Je vois Théodine, elle est belle, son caractère est doux et modeste ; je m'unis à elle, je suis père... et bientôt elle n'est plus ni épouse ni mère !.... Elle fuit avec un étranger.... elle fuit !... et me laisse en proie à la douleur la plus amère. O Théodine ! Théodine !... que ne peux-tu voir mes larmes ?.... que ne les sens-tu couler sur tes joues couvertes du feu des remords ?.... Ces pauvres enfans !... si tu entendais leurs sanglots !... ils t'appellent aussi.... tu leur manques, ils soupirent après toi, quand depuis bien long-tems sans doute, tu ne penses plus ni à eux, ni à leur père.

LES PETITS AUVERGNATS;

ARIETTE.

Dieu tout-puissant,
Je vais bientôt terminer ma carrière ;
D'un malheureux à son dernier moment
Ecoute la prière.
De ces infortunés
Dirige la jeunesse ;
Protége-les
Dans leur faiblesse ;
Sur-tout permets qu'un jour
Ils retrouvent leur mère ;
Que du plus tendre père
Ils lui peignent l'amour ;
Trop tard sensible à ma tendresse,
Que Théodine enfin
Déplore mon destin,
Déteste sa faiblesse ;
Qu'elle aime ses enfans
Si chéris de leur père ;
Et qu'au milieu de leurs embrassemens,
Elle apprenne du moins qu'elle est épouse et mère.

SCÈNE II.

FLIQUET, JACQUES, GEORGETTE.

LES ENFANS, *frappant en dedans.*

Papa !.... Ouvre-nous....

FLIQUET.

Oui, mes enfans. (*Il leur ouvre.*)

LES ENFANS.

Bon jour not'bon père. (*Ils l'embrassent.*)

FLIQUET.

Bon jour mes amis.

JACQUES.

As-tu demandé au ciel qu'il nous renvoie not'mère ?

FLIQUET.

Oui, mes enfans.

JACQUES.

Ne t'inquiète pas, vas.... Dès que nous serons un peu plus grands, nous irons la chercher.... N'est-ce pas, ma sœur ?

GEORGETTE.

Oh oui, nous irons.

FLIQUET.

Et où la chercherez-vous, mes enfans ?

JACQUES

Dam !.... quelque part... dans le monde....

COMÉDIE.

FLIQUET.
Vous quitterez donc votre vieux père ?
GEORGETTE.
Nenni da !... nous t'emmenerons avec nous.
FLIQUET.
Et si je ne puis marcher ?....
LES ENFANS, *vivement.*
Nous te porterons.
FLIQUET.
Cessez mes amis.... cessez. Votre tendresse.... votre bon cœur.... tout cela me rappelle un souvenir trop douloureux.
GEORGETTE.
Tu ne peux donc pas t'empêcher de parler de ça?
JACQUES.
Ma sœur a raison, papa. Si tu nous aimais bien, tu ne nous dirais plus une chose qui nous fait tant de peine.
FLIQUET.
Hélas !
JACQUES.
Tiens, Georgette !... une petite chanson.... tu sais bien que ça fait rire not'père, mets-toi là.... devant moi.... y es-tu ?
GEORGETTE.
Oui.
FLIQUET.
Vous chanterez dans un autre moment. Pour celui-ci mon ame est trop triste. Votre mère !.... mes amis... elle nous a tous abandonnés.
GEORGETTE.
Tu nous avais souvent promis de nous raconter ça. Mais...... ça va t'affliger peut-être ?
FLIQUET.
Je vais vous le raconter cet évènement funeste ; vous connaîtrez mes malheurs et les vôtres.... car c'en est un bien grand d'être privé d'une mère.
LES ENFANS.
Nous t'écoutons papa. (*Il s'assied sur le banc : les enfans sont à genoux devant lui, la tête appuyée sur leurs mains.*)
FLIQUET, à part.
Déguisons-leur du moins une partie de la vérité.... elle serait trop affreuse. (*Haut.*) Je jouis pendant huit années des charmes de l'union la plus heureuse. Chacun de mes jours était marqué par un nouveau plaisir.... Tout, autour de moi, respirait la tendresse et l'amour..... mais qu'ils sont passés rapidement les instans de notre bonheur !...... Un jour que je revenais de Clermont où des affaires m'avaient retenu, en entrant dans ma cabane je n'y trouvai point votre mère ; je l'appelle, je regarde.... Vous, mes enfans, vous étiez attachés chacun dans votre lit. Vos larmes,

vos cris, tout m'effraie.... je crois sentir le coup dont on vient me frapper.... une sueur froide se répand sur tout mon corps, mes genoux se ploient, mon cœur se glace, je tombe appuyé sur une table.... j'y vois un écrit de la main de ma femme..... je le prends en tremblant..... et j'y lis ces mots terribles et accablans : « *Je pars, adieu, vous ne me reverrez jamais.* » Il n'y avait que ces deux lignes écrites, mais qu'elles étaient cruelles !.... je vais à vous, je vous délie, je vous prends dans mes bras, et je confonds mes larmes avec les vôtres.

GEORGETTE.

Tiens ! nous pleurons encore.

FLIQUET.

Ne pouvant plus vivre en un lieu qui me rappelait chaque jour mes douleurs, j'abandonnai Monferrand, et vins m'établir auprès de cette montagne. Depuis ce tems, cinq années se sont écoulées sans que j'aie entendu parler d'elle.

GEORGETTE.

Et tu ignores jusqu'à son existence ?

FLIQUET.

Sans doute, elle nous a oubliés.

GEORGETTE.

Est-ce qu'une mère oublie jamais ses enfans, donc ?.... Je suis sûre qu'on la retient, qu'on l'empêche de revenir vers nous.

JACQUES.

Georgette a raison.... Elle nous aimait trop tendrement pour nous abandonner d'une manière aussi cruelle....

GEORGETTE.

Mais nous la reverrons.... Elle saura se dégager des méchans qui la retiennent, et tu te repentiras alors d'avoir pensé....

FLIQUET *à part.*

Que ne puis-je la croire innocente ? (*Haut.*) C'est assez, mes enfans.... je vous ai élevé comme j'ai pu.....je vous ai prodigué jusqu'alors les soins les plus tendres et les plus empressés.... mais je sens chaque jour diminuer mes forces, et bientôt peut-être........

GEORGETTE, *l'interrompant très-vivement, et portant la main sur sa bouche.*

Oh ! ne parle pas de ça, tiens.... ça nous fait trop de peine.

TRIO.

FLIQUET.

Quand vous n'aurez plus de père,
Mes enfans, souvenez-vous
Que votre bonheur sur la terre
Dépend de vous.

LES ENFANS.

Ecarte loin de nous
Ce funeste présage,

COMÉDIE.

FLIQUET.
Conservez toujours de votre âge
Et les vertus et la candeur ;
Opposez un ferme courage
Aux derniers coups du malheur.

LES ENFANS.
Comment conserver du courage,
Pouvons-nous ne pas fondre en pleurs,
Lorsque toi-même nous présage
Le plus affreux des malheurs ?

FLIQUET.
Toujours sensibles, serviables,
Soyez humains, bons, charitables
Envers tous les infortunés

LES ENFANS.
Oui, nous t'en faisons la promesse,
Toujours de tes leçons nous serons animés.

FLIQUET.
Mais il est une autre promesse,
Dont j'attends les plus doux effets.

LES ENFANS.
Sachons quelle est cette promesse,
Nous comblerons tous tes souhaits.

FLIQUET.
Jurez à votre père
De ne vous séparer jamais.

LES ENFANS *s'embrassant vivement.*
Oui, oui, nous te jurons bon père
De ne nou séparer jamais.
Vas, de notre promesse
Il n'était pas besoin ;
Tu pouvais à notre tendresse
Laisser ce soin.

FLIQUET.
O ciel ! je te remercie,
Tu viens combler tous mes souhaits,
Je regretterai moins la vie,
Mes plus doux vœux sont satisfaits.

LES ENFANS.
Ciel généreux ! je te prie,
D'un enfant combles les souhaits.
Ah ! daigne prolonger sa vie,
Tous mes vœux seront satisfaits.

FLIQUET.
En causant avec vous, mes amis, la matinée s'avance ; et je dois, vous le savez, porter aujourd'hui à Sauzet un panier de laitage.

GEORGETTE.
Nous irons aussi avec toi, n'est-ce pas ?

FLIQUET.
Je désirerais pouvoir ne me séparer jamais de vous ; mais, mes bons amis, pendant votre absence, quelque voyageur peut être, égaré dans ce lieu sauvage, aurait besoin de secours....

LES ENFANS, *vivement.*
Oh ! nous resterons.... nous resterons.

JACQUES. *à sa sœur.*
D'ailleurs, ne serons-nous pas ensemble ?

(*Fliquet entre dans la cabane, et en sort avec un panier plein.*)

GEORGETTE.

Le tems se couvre, not'père.... tu devrais attendre pour partir.

FLIQUET.

Dans notre condition, mes amis, il faut savoir tout supporter. Eh! ne sommes-nous pas nés pour être toujours malheureux?

GEORGETTE.

Écoute donc, not'père; puisque tu vas à Sauzet, tu devrais porter un fromage et des fruits à cette pauvre femme qui est depuis quelques jours dans le village, et que le bon Pierre Luc loge, quoiqu'il ne soit pas riche.

JACQUES.

Oh oui papa!.... on dit qu'elle est bien malheureuse.

GEORGETTE.

Qu'elle a bien du chagrin.

FLIQUET.

Oui, mes amis, je la verrai, je vous le promets.... au revoir. Ne vous éloignez pas....

LES ENFANS.

Non, non.

JACQUES.

Ne sois pas long-tems, entends-tu?

FLIQUET.

Le moins possible. Mon cœur ne me rappelle-t-il pas sans cesse vers vous?.... Adieu, mes bons amis. (*Il les embrasse; les enfans le conduisent jusqu'au pied de la montagne, et ne le perdent de vue que lorsqu'il est arrivé au haut.*)

SCÈNE III.

JACQUES, GEORGETTE.

JACQUES.

LE voilà parti.

GEORGETTE.

Oui.

JACQUES.

Dis donc, ma sœur, combien de malheurs il a éprouvé, ce bon père!

GEORGETTE.

Te rappelles-tu ce jour où je le trouvai seul au pied de la montagne?

JACQUES.

Oui. Et bien?

GEORGETTE.

Je l'entendis qui se plaignait de la trahison d'un étranger qu'il avait cru son ami, et qui lui avait enlevé, disait-il, ce qu'il avait de plus cher. Puis il accusait notre mère de nous avoir abandonnés.... puis il pleurait.... En le voyant pleurer, je sentis couler mes larmes, je courus l'embrasser ; et bien le croirais-tu ? il ne répondit à toutes mes questions qu'en pleurant encore davantage.

JACQUES.

Mais il y a donc dans le monde des hommes qui se font un plaisir de tourmenter leurs semblables ?

GEORGETTE.

Il faut le croire.

JACQUES.

Eh bien ! je ne l'aurais jamais cru.

GEORGETTE.

C'est que not'père est si bon ! il nous aime tant !... que nous imaginons que tout le monde lui ressemble.

JACQUES.

C'est bien vrai ça.

GEORGETTE.

Vois donc, mon frère, cette fille éplorée qui court de ce côté.

JACQUES.

C'est Pauline, je crois ?

GEORGETTE.

Pauline ! la fille de ce vieux laboureur ?

JACQUES.

Elle-même.

SCÈNE IV.

LES PRÉCÉDENS ; PAULINE, *accourant.*

PAULINE.

AH ! mon Dieu ! mon Dieu !

GEORGETTE.

Qu'avez-vous, bonne Pauline ?

JACQUES.

Racontez-nous...

PAULINE.

Je ne le puis, mes amis. Chaque instant que je perds, m'éloigne davantage de celui que je poursuis.

GEORGETTE.

Quoi ! vous poursuivez....

PAULINE.

Un perfide, un trompeur.

B

JACQUES.

Et qui donc ?

PAULINE.

L'ingrat ! m'abandonner ainsi !...

GEORGETTE.

Nous allons pleurer aussi, si vous ne nous instruisez pas du sujet de votre chagrin.

PAULINE.

Vous le voulez ? je vais vous satisfaire. Mais dites moi, n'avez-vous vu passer personne par ces montagnes aujourd'hui ?

GEORGETTE.

Non, pourquoi ?...

JACQUES.

Achevez donc, Pauline.

PAULINE.

Sachez que je suis à la poursuite de Pierre Luc.

JACQUES.

Quoi ! ce bon garçon si gai, qui rit et qui chante toujours ! qu'a-t-il donc fait ?

PAULINE.

Il s'est enfui ce matin avec une femme, qu'il loge depuis quelques jours, et dont il est devenu subitement amoureux. L'ingrat ! après m'avoir tant dit qu'il n'aimerait jamais que moi....

GEORGETTE.

S'il l'a juré, Pierre Luc est honnête homme il tiendra son serment.

PAULINE.

Depuis trois heures que je suis partie de Sauzet, j'ai parcouru, mais envain, toutes ces montagnes; je n'ai pu découvrir ses traces.... Ça n'est-il pas cruel?... et à la veille de mon mariage encore.

GEORGETTE.

Quoi !... à la veille?.... cela est fâcheux.

PAULINE.

COUPLETS.

Depuis long-tems mon père
Lui promettait ma main,
Cette union si chère
Se terminait demain ;
Mais mon amant volage
Fuyant ce doux hymen,
Près d'un autre s'engage.
Que de bon cœur j'enrage,
Adieu mon mariage !
Oh ! j'ai bien du chagrin.

Si je cessai de plaire,
Il pouvait, sans dédain,
En instruire mon père,
Et refuser ma main ;
Mais cet amant volage
M'a quitté ce matin
Pour l'objet qui l'engage.
Que de bon cœur j'enrage !
Adieu mon mariage !
Oh ! j'ai bien du chagrin.

GEORGETTE.

Calmez-vous, chère Pauline ; c'est peut-être un bon motif qui l'a engagé à cette démarche.

PAULINE, *piquée.*

Un bon motif !... s'enfuir avec une jolie femme par un bon motif !.... Vous êtes trop jeune, mon enfant, pour savoir combien cela est cruel et dangereux pour une maîtresse.

JACQUES.

Oh ! vous le retrouverez sûrement.

PAULINE.

Je vais poursuivre ma route jusqu'à Montferrand ; si je ne le rencontre pas, je reviendrai.

GEORGETTE.

Quant à nous, chère Pauline, si nous le voyons, nous vous promettons de le renvoyer à Sauzet.

PAULINE.

Vraiment?... qu'ils sont gentils !... oh ! je vous aurai bien de l'ogation !... Adieu, mes chers amis. (*Elle les embrasse.*)

GEORGETTE et JACQUES.

Au revoir, Pauline. (*Ils la conduisent jusqu'au pied de la montagne.*)

SCÈNE V.

JACQUES, GEORGETTE.

GEORGETTE.

CETTE pauvre Pauline !.... Sçais tu que c'est bien vilain de la part de Pierre Luc, d'abandonner comme ça une fille à qui il a promis de l'épouser.

JACQUES.

Sans doute. Mais, dis donc Georgette ; not'père ne tardera pas à revenir. Et son dîner ?

GEORGETTE.

Tu as raison ; il sera fatigué au retour.... Rentrons, je vais le préparer pendant que tu iras cueillir des fruits.

JACQUES.

Rentrons. (*Ils rentrent dans la cabane.*)

SCÈNE VI.

PIERRE LUC, THÉODINE, *descendant de la montagne.*

PIERRE LUC (*).

Ça, v'nez, ma bonne femme ; j'serons bentôt arrivés au bas ; et pis j'nous arrêt'rons un petit brin au pied de c'te montagne. Vous êtes ben fatiguée, pas vrai ?... Morgué j'n'en sis pas fâché. Pour queu raison aussi qu'vous voulez partir d'cheux nous ? Est-ce que j'nons pas feu pour vous tout'sortes d'honnêtetés, de bonnes façons.... Allez, allez, ça n'est pas ben toujours d'quitter com'ça les gens qui vous aimont. (*A part.*) C'est en vérité vrai ! moi, j'l'aime, c'te bonn'femme ! j'l'aime comme si all' était ma sœur.

THÉODINE.

Vous avez déjà tant fait pour moi, que je crains de lasser votre bon cœur.

PIERRE LUC.

Quoiqu'c'est q'vous dites-là ? Allons donc, vous avez perdu la tête ! Ma voyez c'te malice là ! ... s'en aller percisément la veille d'mon mariage avec ma petite Pauline... c'est qu'all'est ben gentille, ma petite Pauline !... Non, ma sans plaisanterie, ça fait ben la pus drôle de mine ! ça vous a un air !... des yeux !... une bouche !... des !... ça m'fait rire moi ! ça m'réjouit quand j'pense qu'demain tout ça sera à moi !... Oui, je vous assure, bonn'femme, qu'vous avez ben grand tort d'partir, ça vous aurait divertie... vous auriez dansé un brin à la noce... Eh ben ! vous pleurez ?...

THÉODINE, *à part.*

Hélas ! il n'est plus de plaisir pour moi dans le monde.

PIERRE LUC.

Ah ! mon Dieu ! mon Dieu ! voyez un peu que j'sis bête ! moi qui sais qu'alle a tout plein de chagin, j'vas l'y parler d'mariage, d'plaisir... Comment que j'vas faire pour la consoler ? Ah ! j'y songe ! Attendez la mère... j'vas vous chercher dans c'te cabane deux petits gars qui vous divertiront... ça fait ben les pus drôles de petites bonn'gens ! vous allez voir, vous allez voir.

(*Il entre dans la cabane.*)

(*) Ce rôle doit être baragouiné en patois auvergnat ou savoyard, qui consiste particulièrement à changer en *a* toutes les terminaisons en *e* muet.

COMÉDIE.

THÉODINE.

Que ne puis-je être près de mes enfans, de mon époux ! de quel plaisir je jouirais alors !... mais ma crainte s'accroît à mesure que l'instant de les revoir approche.

PIERRE LUC, *sortant*.

Eh ben ? où est-ce qui sont donc ? je n'les trouvons pas là-dedans.

THÉODINE.

Je me sens beaucoup mieux, Pierre Luc ; poursuivons notre route ; ces enfans sont sans doute à l'ouvrage, il ne faut pas les distraire.

PIERRE LUC.

Oh ! q'nenni da ! morgué ça vous délassera de les voir. Attendez-moi tant seulement une p'tite minute. J'les vois dans l'jardin là-bas.. j'men vas vous les amener tout de suite.... Ohé !... vous autres !... les petiots !... qu'est-ce que vous faites donc là-bas ?

(*Il entre dans le jardin.*)

SCÈNE VII.

THÉODINE, *seule*.

JE vais donc les revoir ces lieux si chers à mon cœur, et dont je fus éloignée si long-tems ! Je la verrai cette humble chaumière, séjour de l'innocence, où je goûtai, pendant huit ans, un bonheur parfait. Combien j'étais heureuse alors ! et depuis cinq ans un monstre m'a arrachée à tout ce qui faisait la douceur de ma vie. Depuis cinq ans plongée dans le désespoir et les larmes, enfermée dans un château inaccessible sans voir personne, que le scélérat qui causait mes douleurs ; je parviens dans une de ses absences à gagner le tigre commis à ma garde, je m'évade, j'arrive remplie d'une douce émotion vers les lieux de ma naissance et de mon bonheur passé ;... mais la crainte retient mes pas !.... Cachée depuis huit jours en ce lieu sauvage, je n'ai point encore osé franchir la légère distance qui me sépare de tout ce que j'aime.... En effet, comment me présenter aux yeux de mon époux ? Que lui dire ? Croira-t-il que sa Théodine n'a pu être séduite par rien ? Qu'elle revient près de lui, ramenée par l'amour et la fidélité ? Grand Dieu ! prends soin de ma justification, fais lui connaître mon innocence.

ROMANCE.

Cher époux, ta constante amie
N'a point changé de sentimens ;
Fidèle à ses premiers sermens,
Ta foi n'a point été trahie.
Du sort j'ai bravé les rigueurs,
J'ai tout supporté sans faiblesse ;
Mais si tu m'ôtais ta tendresse,
Ce dernier coup comblerait mes malheurs.

O vous, dont je fus éloignée,
Mes enfans, versez quelques pleurs,
Quand vous connaîtrez les douleurs
De votre mère infortunée.
Ah ! puissai-je vous attendrir !
Et dans ce moment plein de charmes,
Je répandrais encor des larmes ;
Mais ce seraient des larmes de plaisir.

PIERRE LUC, *en dehors.*

Arrive donc, Jacques.

JACQUES, *de même.*

Viens, Georgette.

THÉODINE, *avec beaucoup d'émotion, et à part.*

Jacques ! Georgette ! qu'entends-je ?

SCÈNE VIII.

THÉODINE, GEORGETTE, JACQUES, PIERRE LUC.

PIERRE LUC *sortant du jardin.*

Les v'là !.... les v'là !.... ces p'tites bonnes gens.

LES ENFANS, *à Théodine.*

Bon jour, bonn' femme.

THÉODINE, *à part, les reconnaissant.*

Dieu ! mes enfans !... (*Haut*) Que je vous embrasse.

PIERRE LUC, *à part.*

Tiens, tiens, ils ont bientôt fait connaissance.

THÉODINE, *se remettant.*

Pardon, mes amis ; mais j'ai été si long-tems privée du plaisir de vous voir, que je n'ai pu me défendre, à votre aspect, d'un sentiment involontaire.

JACQUES.

Vous nous avez donc vus autrefois ?

THÉODINE.

Sans doute. J'ai demeuré long-tems à Montferrand.....Je vous ai vus bien jeunes.... vous étiez bien aimables alors.... vous faisiez l'admiration de tout le village.

JACQUES, *à sa sœur.*

Comme elle est bonne, dis donc, ma sœur !...

PIERRE LUC.

N'est-il pas vrai qu'elle est ben bonne ?... Ah ! ah ! j'vous l'avais ben dit.

GEORGETTE, *à son frère.*

Je sens déjà que je l'aime.

PIERRE LUC.

Tiens. All' l'aime aussi... c'est par ma fine com' un sort... drès qu'on la voit ! on l'aime, c'te femme.

GEORGETTE, *à Théodine.*

Vous paraissez fatiguée... Jacques, courons chercher des fruits, du lait pour cette bonne femme.

JACQUES.

De tout mon cœur.   (*Ils courent dans la maison.*)

THÉODINE.

Les aimables enfans!

PIERRE LUC.

N'a-t-il pas vrai q'jons ben fait d'vous les amener?...

THÉODINE, *avec le plus vif intérêt.*

Je vous en remercie.

PIERRE LUC.

Il' sont gais, il' sont drôles!... ça vous réjouit, pas vrai la mère?...

GEORGETTE, *apportant une jatte de lait.*

Tenez, bonne femme; voilà du lait que je viens de traire à l'instant....

JACQUES, *lui donnant un panier de fruits.*

Des fruits que je viens de cueillir... prenez, ils sont bons.

THÉODINE, *attendrie.*

Que je vous embrasse, chers enfans!...

PIERRE LUC, *aux enfans.*

Acoutez donc, vous autres... m'est avis que pendant qu'all' va fair' son p'tit repas, qu'y faut que j'la régalissions d'une ronde, hein? qu'est-ce que vous en dites?

JACQUES.

Il a raison ; je cours chercher nos castagnettes.

PIERRE LUC.

Dis donc, Jacques, apporte aussi la musette d'ton père, j'en jouons un p'tit brin... ça f'ra z'une harmonique ben pus complette.

JACQUES.

C'est ben vu, j'y cours.

THÉODINE, *à part.*

Comme elle est embellie, ma Georgette.

GEORGETTE.

Je vous remercie, Pierre Luc, de nous avoir conduit cette pauvre femme.

PIERRE LUC.

Ah ma finne, c'est ben par hasard pour le coup... all' veut absolument arriver ce soir à Montferrand... j'vous demande un peu g'ny a-t-il là du bon sens? J'ly avais dit.... ma all' n'a pas voulu m'croire... aussi all' a été fatiguée itou.... et pis il a fallu qu'all' se reposit... V'là comment qu'ça s'est fait.

JACQUES, *revenant.*

Voilà la musette, Pierre Luc;... à toi!

GEORGETTE.

Bonne femme, nous allons vous chanter une ronde.

JACQUES.

Ça vous amusera, n'est-ce pas ?

THEODINE.

En doutez-vous ?

PIERRE LUC.

M'est avis qu'v'là un' musette qu'est dans un lamentable état...
(A Jacques.) Ton père n'en joue donc pas ? hein ?

JACQUES, naïvement.

Oh ! il y a long-tems.

PIERRE LUC.

Allons, allons, c'est tout de même, faudra ben qu'all' aille. Y êtes-vous, vous autres ?

JACQUES.

Oui, nous y voilà.

PIERRE LUC *chante en s'accompagnant de tems en tems avec la musette ; les enfans répètent le refrain en dansant et jouant des castognettes.*

RONDE.

De la fill' à Claudine
V'connaissez ben tretous ;
Et les grands yeux si doux
Et la figur' lutine

Pas vrai, mes amis, q'vous la connaissez ben, c'te fille ?

Et guai, guai, guai, écoutez ben,
Et guai, guai, guai, vous verrez ben,
Com' quoi l'honneur d'un' fille
N'tien presqu'à rien.

Dans le bois près du village
Alle cueillait des fleurs
Jugez de ses frayeurs,
Quand all' vit v'nir l'orage !

Une jeune fille seule dans c'te forêt, ça l'y fait peur, voyez-vous ! on craint les loups, les sarpens, les voleurs, ah ! les voleurs sur-tout.

Et guai, guai, guai, etc.

Pour rev'nir chez sa mère
Alle courut ben fort ;
Mais v'là qu'son mauvais sort
La fit tomber par terre.

Oui, mes enfans, la v'là étendue tout d'son long sur l'pré... et pis le vent qui s'entortille... Ah ! ah ! ah !

Et guai, guai, guai, etc.

Thomas qui la courtise
La suivait pas à pas ;
Drès qu'il la vit à bas,
Profita d'sa sottise.

All' eut beau l'y dire : Hé ben donc, M. Thomas, quoique c'est que ça veut dire? voulez-vous ben finir, donc, je l'dirai à ma mère, moi, le méchant n'l'écoutit pas.

Et guai, guai, guai.
J'vous l'disais bien,
Et guai, guai, guai,
Vous l'voyez bien,
Com' quoi l'honneur d'un' fille
N'tient presqu'à rien.

V'là que c'est fait, pas vrai mes amis?

JACQUES.

Oui, elle est bien drôle votre ronde, et puis j'aime bien à vous l'entendre chanter.

PIERRE LUC.

J'en s'avons ben d'autres encore; eh bien, la mère, ça vous a-t-il un peu ravigoté? J'crois qu'oui. A présent qu'vous v'là délassée, si vous voulez je reprendrons not' route... Adieu, vous autres.

JACQUES.

A propos !... écoutez donc, Pierre Luc, et Pauline ?...

PIERRE LUC.

Eh ben, quoique c'est, Pauline?

GEORGETTE.

L'avez-vous rencontrée?

PIERRE LUC.

Non, pourquoi?

GEORGETTE.

Elle vous cherche par-tout.

PIERRE LUC.

All' me cherche?... Ah mon Dieu! lui serait-il arrivé queuque malheur à ma Pauline?

GEORGETTE, *à part, à Jacques.*

Il ne faut pas lui dire ce qu'elle nous a dit, ça lui ferait peut-être de la peine.

PIERRE LUC.

De queu côté qu'all' est allée?

JACQUES.

De ce côté-là.

PIERRE LUC, *à Théodine.*

Acoutez donc, bonn' femme, vous voulez ben parmettre, n'est-ce pas ?... Mais c'est que ça ne peut pas se remettre... attendez moi ici... restez avec les p'tits camarades, je serai bentôt revenu. Ah mon Dieu! mon Dieu! ma Pauline, je n'savons pas où que j'en sommes... J'y cours!... faut qu'je sache ce que c'est qu'ça.

JACQUES.

Allez vîte, bon Pierre Luc.

(*Il sort en courant.*)

C

SCÈNE IX.

LES PRÉCÉDENS; excepté PIERRE LUC.

THEODINE, *à part.*

Le voilà parti; feignons pour mieux m'instruire.

GEORGETTE.

Si Pierre Luc ne revient pas, Jacques pourra vous conduire à Montferrand.

JACQUES.

Ah, de grand cœur! Je connais bien la route, allez, nous y avons demeuré long-tems.

THEODINE.

Je l'attendrai volontiers avec vous, si vous n'avez point d'occupation qui vous appelle ailleurs. Dites-moi, mes amis, votre père, (*à part*) je tremble de m'informer de son sort, (*haut*) que fait-il?

GEORGETTE.

Il est allé à Sauzet, bonne femme, et sans doute il ne tardera pas à revenir.

THEODINE.

(*A part.*) Je respire. (*Haut.*) Il est déjà vieux votre père; sa santé?...

GEORGETTE.

Hélas! malgré nos soins, elle dépérit chaque jour. Le chagrin....

THEODINE, *vivement.*

Le chagrin, dites-vous? (*A part.*) Elle me perce l'ame.

GEORGETTE.

Eh oui! le chagrin le dévore.

JACQUES.

Mais, si vous connaissez not' père, comment pouvez-vous ignorer ça?

THEODINE.

C'est qu'il y a bien lon-tems que je ne l'ai vu. (*A Georgette.*) Contez-moi donc....

GEORGETTE, *sanglotant.*

C'est que cela nous fait bien de la peine aussi, voyez-vous!

THEODINE, *les embrassant.*

Les bons enfans! Dites-moi, y a-t-il long-tems qu'il demeure ici?

GEORGETTE.

Depuis le départ de notre mère, qu'il pleure chaque jour.

THEODINE, *à part.*

O Dieu!

JACQUES.

Il dit qu'elle est bien coupable.

COMÉDIE.

THEODINE, *avec force.*

Coupable!... Oh! non, non, mes enfans, ne le croyez pas.

GEORGETTE.

Tiens, tu penses comme nous. N'est-ce pas qu'il n'est pas possible qu'une mère quitte son mari, ses enfans, pour fuir avec un autre.

JACQUES.

Oh! non, ça n'est pas possible.

THEODINE, *avec force.*

Une telle mère serait un monstre! et la vôtre vous aimait trop pour commettre un crime aussi horrible. Je suis sûre que son cœur la rappelle sans cesse vers vous; qu'elle pleure votre absence...

GEORGETTE.

C'est que nous l'aimons si tendrement!... tenez; nous donnerions tout ce que nous possédons pour la revoir, n'est-ce pas, Jacques?

JACQUES.

Et de bien bon cœur encore. Mais nous la reverrons.... n'est-ce pas, bonne femme, elle reviendra vers ses enfans?

THEODINE, *vivement.*

N'en doutez pas. Oui, oui, vous la reverrez, et bientôt!.... (*A part.*) Je n'en puis plus.

GEORGETTE.

Tiens, bonne femme, attends que not'père revienne, ça lui fera plaisir de t'entendre parler ainsi de not'mère.

JACQUES.

Oui, ça lui fera bien plaisir.

THEODINE.

J'accepte volontiers vos offres, mes enfans, car je suis encore fatiguée; d'ailleurs, je desire bien vivement pouvoir désabuser votre père sur les torts qu'il suppose à votre mère.

GEORGETTE.

Viens te reposer dans notre cabane. (*Ils entrent, Jacques attend sa sœur qui sort au bout d'un petit moment.*)

SCÈNE X.

JACQUES, GEORGETTE.

GEORGETTE.

Elle a du chagrin, vois-tu, il faut la laisser seule.

JACQUES.

Comme elle est bonne, Georgette, comme elle nous a embrassés dès qu'elle nous a vus.

GEORGETTE.

Si cependant nous avions not'mère, elle nous caresserait aussi comme ça.

JACQUES.
Et nous lui rendrions bien.
GEORGETTE.
Oh! oui.
JACQUES.
Georgette, il faut retourner au jardin; il ne reste plus assez de fruits pour le dîner de not' père.
GEORGETTE.
Oh! bien volontiers.
JACQUES.
Comme te voilà gaie!
GEORGETTE.
Eh mais, c'est tout simple.

DUO.
Dis-moi, dis-moi, mon frère;
Dis, n'éprouves-tu pas
La vérité de ce que dit not' père?
JACQUES.
Je me disais tout bas :
Oh! je vois bien qu'il a raison not' père.
GEORGETTE.
Pendant cet entretien charmant,
Le cœur me battait vivement.
Et toi?...
JACQUES.
Qui moi?
GEORGETTE.
Oui toi.
JACQUES.
Moi de même,
Puis j'sentis qu'j'étais bien content.
Et toi?
GEORGETTE.
Qui moi?
JACQUES.
Oui toi.
GEORGETTE.
Moi de même.
ENSEMBLE.
Je le vois, nous sentons de même.
JACQUES.
Quel plaisir on goûte, ma sœur!
GEORGETTE.
Et quelle douce récompense!
ENSEMBLE.
Sans cesse on double son bonheur
Par la bienfaisance.

COMÉDIE.

GEORGETTE.

Écoute, Jacques, il me vient une bonne idée ; il faut prier not'père de garder avec nous cette femme, elle nous tiendra lieu de mère.

JACQUES.

Tu as raison.... Tiens, je pense comme toi.

GEORGETTE.

Ah ! le voici.... courons au-devant lui.

JACQUES.

Viens, donne-moi la main.

(Ils courent jusqu'à moitié de la montagne, et sautent au cou de leur père, dont ils prennent chacun une main pour redescendre.)

SCÈNE XI.

PAULINE, LES PRÉCÉDENS, FLIQUET, PIERRE LUC.

PIERRE LUC.

Les v'là ! les v'là ! ça saute toujours, c'est toujours content, c'te jeunesse ! Ils sont gentils, en vérité, voisin, là, sans compliment... Eh ben, v'là qu'est arrangé, j'ai retrouvé Pauline, elle n'est plus fâchée, pas vrai ma p'tite Pauline ?

PAULINE.

Non, sans doute, et j'aurais grand tort de l'être.

FLIQUET.

Bon jour, mes enfans.

GEORGETTE et JACQUES.

Bon jour not'père... Eh bien, Pauline, nous vous avons envoyé Pierre Luc tout de suite ; nous avons bien fait, n'est-ce pas ?

PAULINE.

Grand merci, mes chers enfans.

FLIQUET.

Vous ne vous êtes pas éloignés, n'est-ce pas, mes petits amis ?

JACQUES.

Non, not'père, nous avons toujours eus compagnie.

FLIQUET.

Vos camarades sont venus danser avec vous.

GEORGETTE.

Oh ! nous nous sommes occupés bien plus utilement.

FLIQUET.

Qu'avez-vous fait ?

PIERRE LUC, *à part.*

Ah, ah, je l'sais ben moi c'qu'ils ont fait.

JACQUES.
Tu vas nous gronder peut-être ?

PIERRE LUC.
Tiens, les gronder, c't'idée !

GEORGETTE.
Nous avons donné ton dîné à une pauvre femme, qui est venue....

PIERRE LUC.
C'est vrai ça, car j'y étais.

FLIQUET.
Moi, vous gronder pour une bonne action ! vous avez bien fait. Est-elle partie ?

JACQUES.
Non, elle était fatiguée. Nous l'avons engagé à se reposer.

GEORGETTE.
Elle nous a reconnus tout de suite.

FLIQUET, *surpris*.
Comment ?

PIERRE LUC.
Ça m'a frappé tout d'abord aussi moi.

JACQUES.
Elle a autrefois demeurée à Montferrand.

FLIQUET.
A Montferrand, dites-vous ?

PIERRE LUC.
Oui, c'est un' pauvre femme qu'a été forcée d'quitter l'pays ; y paraît qu'all' a été ben malheureuse ; depuis huit jours qu'all'est cheuz nous, all' n'fait autr' chos' que d'se lamenter.

GEORGETTE.
Elle te connaît.

FLIQUET.
Où est-elle ?

JACQUES.
Elle repose dans la cabane.

FLIQUET.
Je veux la voir.

GEORGETTE.
Prends garde de la réveiller.

PIERRE LUC.
Oh oui, prenez ben garde ; car all' est ma fine ben fatiguée.

(*Fliquet entre dans la cabane.*)

SCÈNE XII.

LES PRÉCÉDENS, excepté FLIQUET.

JACQUES.

VOIS-TU, Georgette, comme il est content de ce que nous avons fait.

PIERRE LUC.

Ah ! c'est qu'on gagne toujours queuqu' chose à ben faire.

PAULINE.

C'est bien vrai ça !

SCÈNE XIII.

LES PRÉCÉDENS; FLIQUET, *accourant avec précipitation.*

FLIQUET.

MES enfans, cette femme !... sachez qu'elle est....

LES ENFANS.

Eh bien ?

FLIQUET.

Votre mère.

JACQUES.

Not' mère, quel bonheur !

GEORGETTE.

Courons, mon frère, courons nous jeter dans ses bras.

PIERRE LUC, *à part.*

Bon, leur mère ! ma fine, tant mieux, j'en suis ben aise.

FLIQUET, *les arrêtant.*

Un moment, mes amis, je ne puis soutenir sa présence; je lui ferais des reproches (*à part*) bien mérités sans doute, mais qui me perceraient l'ame.... (*Haut.*) J'aime mieux m'éloigner d'elle.

LES ENFANS.

Mais elle n'est pas coupable.

FLIQUET.

Que me demandez-vous ? Moi voir une épouse infidelle !

SCÈNE XIV ET DERNIÈRE.

LES MÊMES ; THÉODINE, *sortant de la cabane.*

QUINQUE.

THÉODINE.

Grand Dieux ! Théodine infidèle!
Arrête, ô le plus cher époux !
Ah ! prends pitié de ma douleur mortelle!

FLIQUET.

Perfide ! que demandez-vous ?

THÉODINE.

Un seul instant, daigne m'entendre.

FLIQUET.	PIERRELUC, JACQUES, GEORGETTE.
Non, non, je ne veux point l'entendre.	Avant d'la juger, faut l'entendre.

THÉODINE.

Ah ! de l'épouse la plus tendre ;
Peux tu bien soupçonner l'amour ?
Je te le jure sans détour.
Théodine jamais ne fut que malheureuse.

FLIQUET.

Fuis loin de moi, femme trompeuse !

THÉODINE.

Cher époux, rends moi ton amour.

FLIQUET.

Non, non, perfide plus d'amour,
Pour jamais je fuis ce séjour.

THÉODINE, PIERRELUC, JACQUES, GEORGETTE.	FLIQUET.
Cher époux ⎫ ⎧ moi ⎧ Bon père ⎬ rends ⎨ lui ⎬ ton ⎨ amour. Voisin ⎭ rendez ⎩ vot' ⎩	Non, non, perfide plus d'amour.

(*Fliquet veut s'éloigner ; sa femme et ses enfans s'attachent à lui et le retiennent.*)

COMÉDIE.

FLIQUET.

Comment pourras-tu te justifier de m'avoir enlevé l'unique bien dont je jouissais ?

THÉODINE.

Il te souvient du jour terrible où le traître Rosambel et ses indignes amis vinrent m'arracher à tout ce qui faisait la douceur de ma vie ? Ils me forcèrent, un pistolet à la main, d'écrire ce que tu as trouvé sur une table.

PIERRE LUC.

Un pistolet ! diable, c'était sérieux.

THÉODINE.

Mes efforts ne purent rien contre leur audace. Je fus entraînée et conduite dans un château, où, pendant deux ans que le scélérat resta près de moi, il n'épargna rien pour t'ôter ma foi. Prières, amour, menaces, promesses, présens les plus précieux, il employa tout pour me séduire; mais je t'aimais !... il n'obtint que mon mépris.

FLIQUET, à part.

Je respire.

PIERRE LUC, à Fliquet.

Et ben, quoiqu'c'est, q'vous avez à répondre à ça, vous ?

THÉODINE.

Une haine si constante l'irrita contre moi. L'orgueil le rendit cruel. Il partit, et me fit enfermer dans un horrible cachot, où, pendant trois ans et demi, je ne vécus que de pain et d'eau, et d'où je ne recevais le jour que par un étroit créneau. C'est là que je faisais retentir les voûtes de mes gémissemens, et que j'appelais à grands cris mes enfans et leur père.

LES ENFANS.

Ma pauvre mère !

PIERRE LUC.

Ça m'fend le cœur ! En vérité, j'sens couler mes larmes.

FLIQUET, douloureusement.

Que tout cela n'est-il vrai ?

THÉODINE, très-vivement.

Tu en douterais encore ! Cette lettre que Rosambel m'écrivit il y a un mois, achèvera de te convaincre.

FLIQUET, à part.

Que ne puis-je trouver la preuve de son innocence !
(*Il lit d'une voix entrecoupée.*) « Cruelle Théodine ! »

PIERRE LUC, l'interrompant.

Cruelle ! v'là d'jà un mot qui prouve qu'all' n'est pas coupable !

FLIQUET, *continue*.

« Cruelle Théodine ! c'est envain que j'ai voulu me séparer de
» toi ; ton image me suit par-tout.... Je n'existe plus ; il n'est
« qu'un remède à tant de maux : mets un terme à tes rigueurs, je
» cours briser tes fers, et tu pourras dès-lors tout attendre d'un
» amour heureux. Tremble au contraire, si tu veux me résister
» encore. Tu dois tout craindre d'un amant furieux et désespéré.
» ROSAMBEL. »

PIERRE LUC.

Et ben, tout ça ne prouve-t-il pas qu'all' est innocente ?

FLIQUET, *se précipitant dans les bras de sa femme*.

Ma Théodine est innocente !... Me pardonneras-tu mes injurieux soupçons ?

THÉODINE.

Ils étaient la preuve de ton amour.

LES ENFANS, *les embrassant*.

Nous te l'avions bien dit qu'elle n'était pas coupable.

THÉODINE.

Cher Pierre, que je vous ai d'obligation !

PIERRE LUC.

D'obligation !... vous badinez !... eh mais, c'est tout simple ça. Allons, morgué, vive la joie !... Et nous, ma p'tit' Pauline, allons tout préparer pour not' mariage. Ah ça, voisins, vous s'rez d'la noce ?

GEORGETTE.

Sans doute, avec not' père et not' mère.

PIERRE LUC.

C'est entendu.

COMÉDIE.

VAUDEVILLE.

PIERRE LUC.

M'est avis que j'devons tretous
Etr' ben content de c'te journée,
All'vous donn' des plaisirs ben doux,
All'termine not'hyménée.
Pour moi je sis tant joyeux d'voir
L'tableau d'une amitié sincère,
Qu'avec ma Paulin' d'rès ce soir,
J'veux travailler à d'venir père.

THÉODINE.

Pardonne, ô mon meilleur ami,
Les peines que je t'ai causées.

FLIQUET.

Je te revois, et d'aujourd'hui
Elles sont toutes effacées.

THÉODINE.

Le ciel, touché de ma douleur,
Termine à la fin ma misère :
Et je sens encore la douceur
D'être à la fois épouse et mère.

LES ENFANS, *à leur mère.*

Que de larmes nous fit verser
Le tems que dura ton absence !
Mais l'plaisir vient les remplacer,
Et pour nous le bonheur commence.

Au public.

Pour doubler nos épanchemens,
Puissiez-vous, censeur moins austère,
V'nir applaudir de tems en tems,
L'époux, les enfans, et la mère.

FIN.

De l'Imprimerie de SURET, rue Hyacinthe, n°. 522.

LA FORÊT DE SICILE,

DRAME LYRIQUE,

EN DEUX ACTES ET EN PROSE.

Paroles de R. C. Guilbert Pixerécourt,
Musique de Gresnick.

Représenté, pour la premiere fois, au théâtre des Variétés, Jardin Egalité, le 4 floréal de l'an 6.

A PARIS,

Chez BARBA, Libraire, au Magasin des pièces de théâtre, quai Conty, maison du petit Dunkerque, près la rue de Thionville, ci-devant Dauphine, vis-à-vis le Pont neuf.

_____

An VI de la République.

PERSONNAGES.	ACTEURS.
ROBERTO, bucheron et chef de voleurs.	Cit. *Amiel.*
LORENZO, seigneur Sicilien.	*César.*
FABIO, valet de Lorenzo.	*Drouville.*
VINCENTI, voleur.	*Dubois.*
STEPHANO, voleur.	*Bonioli.*
ANTONIA, ancienne compagne de la mère de Julia, enlevée par Roberto.	Citoyenne *Méjan.*
JULIA, épouse de Lorenzo.	*Dumas.*
Troupe de voleurs.	
Paysans et gens de Lorenzo.	

La scène est dans une forêt sur la route de Messine.

LA FORÊT DE SICILE.

ACTE PREMIER.

Le théâtre représente une épaisse forêt. Des arbres touffus couvrent la gauche (1) et dérobent presqu'entièrement à la vue une cabane placée dans le fond, et dont on n'apperçoit que l'entrée. A droite un gros arbre isolé.

Au lever du rideau, il fait un orage violent. Les vents mugissent, le tonnerre gronde, les éclairs sillonnent de toutes parts.

Dès que l'orage a cessé, il règne pendant tout l'acte une nuit profonde.

On voit pendant l'ouverture les voleurs répandus dans la forêt se rassembler.

Quelques-uns vont frapper à la porte de la cabane; Roberto en sort et se réunit à eux.

SCENE PREMIERE.

ROBERTO, Troupe de Voleurs.

Morceau d'ensemble.

ROBERTO.

Que cette nuit soit remarquable;
Pour nous le tems est favorable.

CHŒUR.

Oui, sans doute, très-favorable.

___

(1) Toutes les indications qu'on trouvera dans le cours de la pièce doivent être prises relativement aux spectateurs.

LA FORET

ROBERTO.

Souvent le voyageur,
Cherche sous des feuillages
Un abri protecteur
Contre les vents et les orages.
Partez amis ; sans tarder plus ;
Allez aux postes convenus.

CHŒUR.

Partons amis ; aux postes convenus,
Rendons nous tous sans tarder plus.

(*Ils s'éloignent lorsqu'on entend successivement dans le lointain deux coups de pistolet. Alors ils se rapprochent et reviennent précipitamment au-devant de la scène.*)

ROBERTO.

Paix !

CHŒUR.

Paix ! c'est notre camarade.

ROBERTO.

C'est peut-être quelqu'embuscade.
Partez amis ; sans tarder plus,
Allez aux postes convenus.

CHŒUR.

Partons. Aux postes convenus,
Rendons nous tous sans tarder plus.

(*Les voleurs s'éloignent.*)

SCÈNE II.

ROBERTO, ANTONIA.

ROBERTO, (*allant à la cabane.*)

Antonia !

ANTONIA, (*sortant.*)

Eh bien ?

ROBERTO.

Je m'éloigne pour un moment. Que tout reste pendant mon absence dans l'ordre habitué. Je prévois que cette nuit nous aménera quelqu'heureux événement.

ANTONIA, (*à part.*)

Que ne puisse-t-elle causer ta mort !

ROBERTO.

Toujours de l'humeur ! tout cela te déplait, n'est-ce pas ? j'en suis fâché, mais tel est mon plaisir. Depuis trois mois que tu es avec moi, tu devrois cependant y être accoutumée.

ANTONIA, (*avec force.*)

Il n'y a que des brigands qui s'accoutument à voir chaque jour répandre du sang, ruiner des familles, priver une mere, une épouse, de ses enfans, de son mari. Non. Je ne puis sans frémir, être témoin de pareilles horreurs.

ROBERTO.

Tous les jours la même chose ! je te l'ai déjà dit : chacun à son métier dans le monde. Je me trouve bien de celui que je fais, et je ne suis pas le seul. D'ailleurs de quoi te plains-tu ? n'ai-je pas pour toi toute sorte d'attentions ? ne t'apportai-je pas continuellement de l'argent ? tous tes desirs ne sont-ils pas satisfaits ? que te manque-t-il donc ?

ANTONIA.

D'être libre.

ROBERTO.

Cesse de l'espérer.

ANTONIA.

N'est-ce point assez de m'avoir arrachée aux tendres soins de ma famille, faudra-t-il encore que ma perte cause la mort d'un époux ?

ROBERTO.

Et que m'importe, à moi ? le hazard m'a fait te rencontrer ; tu m'as plu, je t'ai gardée avec moi ; c'est dans l'ordre. Ton mari, dis-tu, pleure ta perte ? c'est un malheur, mais il faudra qu'il s'en console. Enfin tu es en mon pouvoir et rien au monde ne peut t'y soustraire.

ANTONIA, (*avec ame.*)

Si le spectacle continuel d'une mere en pleurs ne peut t'émouvoir, ah ! du moins prends pitié de cette innocente créature, dont les mains sans cesse élevées vers toi semblent te redemander un pere. Roberto ! qu'un jour, un seul de tes jours soit marqué par un acte d'humanité ! ne sois plus insensible ; cède à ma prière... rends moi la liberté.

ROBERTO.

Moi ! te laisser échapper pour aller découvrir ma retraite ! non.

ANTONIA, (*vivement.*)

Dissipe tes craintes à cet égard. Je te jure....

ROBERTO.

Serment inutile. Je te le répète ; tu ne sortiras jamais vivante de ces lieux.

ANTONIA, (avec force.)

Homme féroce !

ROBERTO, (avec indifférence.)

On me le dit tous les jours.

ANTONIA.

Ne crains-tu pas d'entraîner ta ruine en me réduisant au désespoir ?

ROBERTO.

Je brave tes menaces.

ANTONIA, (avec énergie.)

Peux-tu braver la vengeance du ciel ?

ROBERTO.

Il en épargne tant d'autres !

ANTONIA.

Il peut frapper enfin, et tes crimes...

ROBERTO, (d'une voix terrible.)

Allons, paix ! tes clameurs me fatiguent.

Duo.

ANTONIA.

Monstre ! je brave ta rage,
Dussai-je cent fois périr ;
Vas, je saurai m'affranchir
De cet horrible esclavage !

ROBERTO.

Inutiles efforts !

ANTONIA.

Quand tes affreux transports,

ROBERTO.

Tu connois ma puissance

ANTONIA.

M'ôtent toute espérance ;

ROBERTO.

Si par ton imprudence.

ANTONIA.

Loin de moi la prudence !

ROBERTO.

Tu compromets mon sort ;

ANTONIA.
Je ne vois que mon sort.
ROBERTO.
Frémis de ma vengeance !
ANTONIA.
Je brave ta puissance
ROBERTO.
Tu recevras la mort.
ANTONIA.
Et ne crains point la mort.
ENSEMBLE.

ANTONIA.	ROBERTO.
Je brave ta puissance	Frémis de ma vengeance !
Et ne crains point la mort.	Tu recevras la mort.

(*Il s'éloigne.*)

SCÈNE III.
ANTONIA.

Homme féroce ! et comment échapper à sa persécution ? depuis trois mois qu'il m'a enlevée à tout ce qui faisoit la douceur de ma vie, le jour il est sans cesse sur mes pas ; la nuit, s'il me quitte un moment pour aller commettre quelque nouveau crime, ses nombreux complices environnent cette retraite, mes moindres démarches sont observées ; tout leur paroît suspect ; et leurs regards pénétrans sans cesse attachés sur moi, semblent vouloir y trouver une victime !... sans cet enfant, gage précieux de l'amour de mon époux, j'aurois tout osé pour m'arracher de ces lieux d'horreur, où j'aurois terminé des jours passés dans le désespoir et les larmes ; mais avec lui, la fuite me devient impossible, ses cris me trahiroient, et ma mort laisseroit cet infortuné sans défense aux mains d'un brigand. Oh ! mon dieu ! prends pitié de l'horrible situation où je me trouve !

ROMANCE.
Premier couplet.

Toi qui veille sur nos destins,
Qui protége notre foiblesse ;
Détourne d'horribles desseins,
Entends les vœux que je t'adresse :

LA FORET

Sauve moi des mains d'un brigand,
Ce n'est qu'en toi seul que j'espère !
Viens rendre un pere à cet enfant,
Viens rendre un époux à sa mere.

Deuxième couplet.

L'amitié partageoit mes jours
Entre mes enfans et leur pere ;
Je croyois voir durer toujours
Une félicité si chère.
Un monstre à détruit mon repos,
Je ne connois plus que misère ;
Ah ! pour apprécier mes maux
Il suffit d'être épouse et mere.

On vient... c'est sans doute un de mes persécuteurs ; rentrons.

(*Elle rentre dans la cabane.*)

SCÈNE IV.

FABIO.

Ah mon dieu ! mon dieu ! quel tems ! je ne sais où je suis, ni où je vais. Il y a bien une heure que je marche, et à ce qu'il me semble je n'ai fait que m'enfoncer dans la forêt. Mon maître m'a envoyé à la découverte ; me voilà joliment embarqué pour lui trouver du secours. Il fait plus noir ! j'ai failli vingt fois me briser la tête contre ces maudits arbres. Voilà ce que c'est que d'avoir voulu partir aussi tard, dans une mauvaise saison, à travers des chemins du diable. Je l'en avois prévenu ; mais bah ! il n'a pas voulu me croire. Tu n'es qu'un imbécile ! un poltron !...Puis un orage survient, les chevaux s'emportent, la voiture se brise et nous voilà tous les trois dans la boue, obligés de passer la nuit sur la grande route, à l'entrée d'un bois. Puis madame qui se trouve mal ! ça, c'est dans l'ordre. Ce n'est pas l'embarras, moi qui ne suis pas une femme....Oh ! mon dieu ! j'entends !.....Non.....Ce n'est personne....Pour le coup c'en est fait.... On vient. Ce sont des voleurs sans doute !... Je suis perdu ! Juste ciel ! mourir à la fleur de mon âge ! ils sont tout près...Où fuir ?...cet arbre...oui... allons, Fabio, un peu de courage si cela est possible.

(*Il grimpe sur l'arbre placé à droite.*)

SCÈNE V.

FABIO, (*sur l'arbre.*) VINCENTI, (*portant une valise.*) STEPHANO, (*chargé de différens outils.*)

VINCENTI.

Sais-tu, camarade, que cette valise est diablement lourde et que je commence à me fatiguer.

STEPHANO.

Asseyons-nous un moment au pied de cet arbre.

(*Il désigne celui sur lequel est Fabio.*)

FABIO, (*à part.*)

S'ils m'ont vû, je suis mort!

VINCENTI.

C'est bien dit. (*ils s'asseoient.*)

STEPHANO.

Mais comment as-tu fait, pour voler seul une aussi forte somme?

VINCENTI.

Par le hasard le plus heureux.

FABIO, (*à part.*)

Écoutons.

VINCENTI.

Je venois ce soir au rendez-vous, lorsque j'apperçois sur la grande route une chaise brisée et un jeune homme cherchant à secourir une femme qui paroissoit très-effrayée de cet accident.

FABIO, (*à part.*)

C'est mon maître.

VINCENTI.

Je m'approche et leur offre mes services; ils acceptent.

STEPHANO.

Fort bien.

VINCENTI.

Je leur témoigne beaucoup d'intérêt, et m'empresse de relever leurs effets, bien résolu à m'adjuger ceux qui me conviendroient.

FABIO, (*à part.*)

Le coquin!

VINCENTI, (*se retournant.*)

Hein?

STEPHANO.

Ce n'est rien, poursuis.

VINCENTI.

Cette valise frappe mes regards ; je la trouve lourde et la suppose bien garnie. Alors, sans plus de façon, je m'en empare et gagne la forêt à toutes jambes.

STEPHANO.

Et le jeune homme ?

VINCENTI.

Ne s'est pas plutôt apperçu du vol, qu'il s'est mis à courir sur mes traces ; deux coups de pistolet qu'il m'a tiré, n'ont fait que hâter ma course, et je me suis enfin trouvé à l'abri avant qu'il ait pu m'atteindre.

STEPHANO.

Très-bien, ma foi ; je n'aurois pas mieux fait.

FABIO, (à part.)

Mon pauvre maître ! voilà la succession au diable.

VINCENTI.

J'avois bien remarqué dans la voiture quelques bijoux, mais j'ai cru qu'il n'étoit pas juste de tout prendre, et les ai laissés. Il faut de l'honneur dans notre profession.

STEPHANO.

Oui, j'aime qu'on fasse les choses avec délicatesse.

FABIO, (à part.)

Les fripons !

VINCENTI.

Ah çà ! je t'ai rencontré, je t'ai tout avoué et t'ai promis la moitié de cette prise ; (à part.) dont bien j'enrage.

STEPHANO, (à part).

J'espère bien avoir le tout.

VINCENTI.

Mais, par la mort ! que ce secret reste enseveli entre nous. Pourquoi partager cet argent avec nos camarades ? ont ils eu la gloire de l'action ?

STEPHANO.

Non, sans doute, elle n'est due qu'à toi. Mais, Vincenti, la nuit s'avance, il faut rejoindre nos camarades, car ils pourroient s'inquiéter de notre absence, et concevoir quelque soupçon, s'ils ne nous trouvoient point au rendez-vous.

VINCENTI.

Tu as raison.

STEPHANO.

Mais cette valise nous trahira.

DE SICILE.

VINCENTI.

Où la déposer?

STEPHANO.

Et parbleu, dans la forêt... au pied de cet arbre (*montrant celui sur lequel est Fabio.*) auquel nous ferons une marque distinctive.

FABIO, (*à part.*)

Voilà qui est très-attentif.

VINCENTI.

Bien pensée. Reconnois-tu l'endroit où nous sommes?

STEPHANO.

Pardi! si je le connois! la cabane du bûcheron n'est qu'à quelques pas d'ici.

FABIO, (*à part.*)

Bonne nouvelle!

VINCENTI.

Dans ce cas, mettons nous à l'ouvrage.

STEPHANO.

Nous avons justement tout ce qu'il nous faut.

(*Ils creusent un trou au pied de l'arbre.*)

TRIO.

VINCENTI, STEPHANO.

Cachons si bien notre trésor...

FABIO, (*à part.*)

Si je pouvois prendre cet or!

VINCENTI, STEPHANO.

Que personne jamais ne sache,
Que c'est cet arbre qui le cache.

FABIO, (*à part.*)

Ah! s'ils savoient que j'ai tout vu,
Par ma foi, je serois perdu.

VINCENTI, STEPHANO, (*après une longue pause pendant laquelle ils enterrent la valise et la couvrent de broussailles.*)

C'est bien.

VINCENTI.

Oh ça! jurons, confrère,
Qu'aucun de nous séparément,
Ne viendra près de cet argent,
Avec projet d'en rien distraire.

FABIO, (*à part.*)

Pour des voleurs le beau serment!

LA FORÊT

VINCENTI, STEPHANO, (*chacun à part.*)
Prendre la somme toute entière,
Ce n'est pas trahir mon serment;
(*haut.*)
De bon cœur, je jure, confrère,
Je jure de n'en rien distraire.

VINCENTI.
Partons; je crois qu'il est bien là.

FABIO, (*à part.*)
Oui, je réponds qu'il est bien là.

STEPHANO.
Assurément il est bien là.

VINCENTI.
Personne là ne le prendra.

ENSEMBLE.

VINCENTI, STEPHANO.	FABIO, (*à part.*)
Assurément il est bien là;	Il ne sera pas long-temps là;
Personne là ne le prendra.	Mais je sais bien qui le prendra.

STEPHANO.
Nous pouvons à présent rejoindre la troupe en sûreté.

VINCENTI.
As-tu remarqué notre cachette?

STEPHANO.
Bon! j'y reviendrois les yeux fermés. (*Ils s'éloignent.*)

SCÈNE VI.

FABIO.

Ouf! je respire! (*il descend.*) puissiez vous vous rompre les os, maudits coquins! pour cette fois je puis me vanter de l'avoir échappé belle!... s'ils alloient revenir?... oh! non... ils sont déjà bien loin. Dans le fond cette aventure n'est point si triste pour mon maître, mais de crainte qu'il n'arrive pis, commençons par reprendre la valise; ensuite j'aviserai au moyen de retrouver mon chemin; (*il commence à découvrir la valise.*) (*avec ironie.*) bon! j'y reviendrois les yeux fermés!... ah! ah! vous serez bien adroits, messieurs les fripons, si jamais vous en revoyez... (*au moment où il est occupé à déterrer la valise, Lorenzo s'avance et le frappe par derrière.*)

SCENE VII.

LORENZO, JULIA, FABIO.

FABIO, (*le visage contre terre.*)

Haï! haï! haï! c'est fait de moi, ils m'ont entendu!... de grace, messieurs, ne me tuez pas.

LORENZO.

Que fais-tu là?

FABIO.

Miséricorde! je suis mort.

LORENZO.

Que fais-tu là, te dis-je?

FABIO.

C'est vous, seigneur? vous m'avez fait une fière peur.

LORENZO.

Le sot!

FABIO, (*à part.*)

Ah! pas si sot.

LORENZO.

Tu seras donc toujours poltron?

FABIO.

C'est différent. Je conviens qu'il seroit bien plus beau d'avoir du courage, mais cela ne se donne pas; d'ailleurs je ne connois rien de préférable à la vie, et j'ai toujours ouï dire que pour vivre long-temps....

LORENZO.

Est-ce ainsi que tu exécutes mes ordres?

FABIO.

Bah! je fais mieux que cela.

LORENZO.

Eh bien! qu'as-tu fait?

FABIO.

Reconnoissez-vous cette valise?

LORENZO.

Comment se peut-il?

FABIO.

Je vous conterai tout cela dans un autre moment. Quant à présent ce que nous avons de mieux à faire, c'est de chercher une cabane qu'on dit être à quelques pas d'ici.

LORENZO.

Qui te l'a dit ?

FABIO.

Des gens qui ne s'en doutoient pas, je vous jure ; les voleurs de la valise.

LORENZO.

Seroit-il vrai ?

FABIO.

Oui, seigneur, j'ai couru des dangers !... oh ! des dangers inouis !... cette forêt est pleine de bandits qui vous ont des mines !... des figures !... oh ! mon dieu ! cela fait frémir.

LORENZO.

Qu'en sais-tu ?

FABIO.

Je l'ai présumé à leurs discours.

JULIA.

Ah ! mon ami, qu'allons nous devenir ?

LORENZO.

Ne t'effraie point, ma chère Julia.

FABIO.

Il ne faut pas que cela vous inquiète, madame ; mais il paroît qu'ils sont en grand nombre.

JULIA.

Tu me fais mourir, Fabio.

LORENZO.

Te tairas-tu, imbécille.

FABIO.

Je cherche à rassurer madame ; (*à part.*) imbécille !... ayez donc des attentions.

JULIA.

Ne pourrions nous point passer la nuit dans la chaumière dont il parle ?

LORENZO.

Vas, cherche, Fabio.

FABIO.

Seigneur, si vous vouliez m'accompagner...

JULIA.

Ma frayeur est à son comble ; je mourrois d'inquiétude, s'il nous falloit rester exposés jusqu'au jour aux attaques de ces bandits.

LORENZO.

Nous la trouverons, sans doute.

FABIO.

J'y suis ! j'y suis ! (*il revient en courant au-devant de la scène.*)

JULIA.

Que je te remercie, Fabio.

FABIO.

Soyez sûre, madame, que ce n'est pas ma faute, si...

LORENZO.

Frappe.

FABIO.

Vous ne vous éloignez point, n'est-ce pas, seigneur ?

LORENZO.

Frappe, te dis-je.

(*Fabio va frapper à la porte de la cabane.*)

SCENE VIII.

LES MÊMES, ANTONIA.

FINALE.

FABIO.

Ouvrez, ouvrez......

ANTONIA, (*ouvrant.*)

Quelle furie !
Que-voulez-vous ? pourquoi ce bruit ?

LORENZO, JULIA.

Accordez-nous, je vous en prie,
Un asyle pour cette nuit.

ANTONIA.

Un asyle pour cette nuit !
(*à part.*) Les malheureux ! (*haut.*) C'est impossible.

JULIA.

Non, vous n'êtes point insensible ;
Voyez mes larmes, ma douleur ;
Si vous rejettez ma prière
J'expire à vos pieds de frayeur.

LA FORET

ANTONIA, (à part.)
Dois-je, par un aveu sincère,
Augmenter encor sa frayeur?
Non, sans doute, que puis-je faire?

ENSEMBLE.
{
LORENZO, JULIA.
Elle va s'attendrir, j'espère.
FABIO.
Elle s'émeut, tant mieux, j'espère.
ANTONIA.
Non, sans doute, que puis-je faire.
}

ANTONIA, (à demi voix.)
Fuyez promptement de ces lieux,
Par tout ailleurs vous serez mieux.

ENSEMBLE.
{
LORENZO, JULIA.
Mon épouse expire }
Je vais expirer   } à vos yeux.
FABIO.
L'accueil est des plus gracieux.
ANTONIA.
Par tout ailleurs vous serez mieux.
}

LORENZO, JULIA, FABIO.
Ah! que ma douleur vous émeuve.

ANTONIA.
Vous m'inspirez le plus vif intérêt,
Et mon refus en est la preuve.

LORENZO, JULIA.
Votre refus en est la preuve!

FABIO, (à part.)
Comment en douter en effet?
Vraiment la preuve est convaincante.
Oh! que cette femme est méchante!

ENSEMBLE.
{
LORENZO, JULIA.
Ah! ne trompez pas notre attente,
Mon épouse expire }
Je vais expirer   } à vos yeux.
ANTONIA, (avec une sorte d'impatience.)
Fuyez promptement de ces lieux,
Par tout ailleurs vous serez mieux.
FABIO.
Oh! que cette femme est méchante!
Vraiment l'accueil est gracieux.
}

LORENZO,

DE SICILE.

LORENZO, JULIA, FABIO.
Pourquoi rejetter ma prière.

(Ils se mettent aux genoux d'Antonia et la pressent vivement; vaincue par leurs instances, elle regarde si elle n'est point observée, revient à eux, les relève et va les instruire.)

ANTONIA.
Apprenez donc... on vient!... que faire?

SCENE IX.

LES MÊMES, ROBERTO.

(A l'arrivée de Roberto, Antonia s'éloigne précipitamment, et reste seule à gauche; Lorenzo, Julia et Fabio gardent la droite et Roberto tient le milieu de la scène.)

ROBERTO.
Quel est ce bruit?

ANTONIA, *(à part.)*
Ils sont perdus.

LORENZO, JULIA.
Nous faisons ici la prière,
D'être admis...

FABIO.
Moyennant salaire.

LORENZO, JULIA.
Pour la nuit dans cette chaumière.

ROBERTO.
Eh bien?...

LORENZO, JULIA, FABIO.
Un rigoureux refus...

ROBERTO, *(jette d'abord un regard sévère sur Antonia, puis se tournant alternativement vers elle et les voyageurs, il dit avec un faux air de pitié:)*

Pourquoi rejetter leur prière?
Accorder l'hospitalité,
Ne repousser jamais personne;
C'est un devoir que nous ordonne
La nature et l'humanité.

B

ANTONIA, (à part.)
Le scélérat !
LORENZO, JULIA, FABIO.
O la belle ame !
ROBERTO, (aux voyageurs.)
De tout mon cœur je vous reçoi.
LORENZO, JULIA.
Brave homme !
FABIO, (à part.)
O la méchante femme !
ROBERTO, (de même.)
Vous passerez la nuit chez moi.

ENSEMBLE.

LORENZO, JULIA, FABIO.
Brave homme, dont la bienfaisance
Comble en ce moment tous nos vœux,
De ce procédé généreux
Vous recevrez la récompense!

ANTONIA, (à part.)
Combien je maudis ma prudence!
Je frémis pour ces malheureux;
Sauvons-les d'un péril affreux,
Dussai-je encourir la vengeance.

ROBERTO, (à part.)
Bon ! je les tiens en ma puissance;
Mais cet événement heureux,
Dont le succès n'est pas douteux,
Exige beaucoup de prudence.

(Ils entrent tous dans la cabane.)

Fin du premier Acte.

ACTE II.

Le théâtre est divisé en deux parties; la gauche, qui doit être plus large que l'autre, représente une chambre rustique, au fond de laquelle est un cabinet dont la porte vitrée est masquée en dedans par un rideau; à droite, dans le coin, un grand buffet de campagne; vis-à-vis au dernier plan, la porte d'entrée; du même côté une fenêtre, vis-à-vis la fenêtre une mauvaise table et quelques siéges.

La partie droite est une espèce de grange ou hangard dont le toît va en pente; elle n'est fermée que par une palissade qui laisse voir la forêt dans le fond; au devant, sur la droite, une botte de paille; plus haut, du même côté, une table sur laquelle il y a une lampe, trois siéges grossiers.

Il y a une porte de communication de la chambre à la grange dans le milieu de la cloison.

Au lever du rideau Antonia est occupée à mettre la table, et à préparer le souper dans la chambre.

SCENE PREMIERE.

LORENZO, JULIA, FABIO, ROBERTO, ANTONIA. (1)

ROBERTO, (*entrant le premier.*)

COMME vous le voyez, notre habitation n'est pas vaste. Nous n'avons que cette petite chambre par où vous êtes passés et celle-

___

(1) En général pendant cet acte toutes les fois que Roberto n'est point vu des voyageurs, il doit témoigner par ses regards et ses gestes, ses mauvaises intentions; Antonia, au contraire, montre continuellement pour eux (*à part,*) de l'intérêt, et la plus vive inquiétude.

ci que nous occupons ordinairement à moins qu'il ne se présente comme aujourd'hui une occasion agréable de la céder.

ANTONIA, (à part.)

Le traître !

ROBERTO.

Elle n'est pas brillante, n'est-ce pas ? ma foi, c'est la cabane d'un bûcheron, et telle quelle est il y a bien des gens aujourd'hui qui s'en contenteroient.

FABIO.

Oui, et d'honnêtes gens.

ROBERTO.

Je ne parle que de ceux-là.

LORENZO.

Je le crois.

JULIA.

Vous êtes si bon !

FABIO, (à Roberto.)

Voudriez-vous me débarrasser de cette valise ?

ROBERTO.

Volontiers.

FABIO.

Mettez-là en lieu sûr au moins.

ANTONIA, (à part.)

En lieu sûr !

ROBERTO, (la prenant.)

Elle y est.

FABIO.

Savez-vous qu'elle contient quatre mille ducats ?

ROBERTO.

C'est beaucoup. (à part.) Bonne découverte !

LORENZO, (à Fabio.)

Pourquoi tous ces détails ?...

FABIO.

Seigneur...

LORENZO.

Je vous la recommande, bon Roberto.

ROBERTO.

Soyez tranquille, seigneur : c'est comme si elle étoit chez vous. (il va la poser auprès de l'armoire.) Eh bien, Antonia, le souper est-il prêt ?

ANTONIA, (brusquement.)

Sans doute. Beau souper vraiment !

ROBERTO.

Ma foi c'est tout ce que nous avons. Nos hôtes voudront bien s'en contenter.

FABIO.

Pour moi, d'abord, j'ai une faim dévorante.

ANTONIA, (*de même.*)

Tant pis pour vous; vous ferez maigre chère, je vous en avertis.

LORENZO.

Mais au moins cela est donné de bon cœur?

ROBERTO.

Vous pouvez y compter.

FABIO.

C'est tout ce qu'il faut.

ROBERTO.

Mettez vous donc à table.

ANTONIA, (*à part.*)

Le scélérat! et comment les sauver?

(*Les voyageurs se mettent à table; Lorenzo est à droite près de la cloison, Julia de l'autre côté, Roberto est debout derrière eux et les sert. Fabio mange sur le buffet; Antonia seule à gauche de la scène, se tourne souvent vers Lorenzo, et cherche à lui faire des signes, mais Roberto la contient.*)

LORENZO, (*à Roberto.*)

Vous vous montrez si obligeant que cela m'enhardit à vous adresser encore une prière.

ROBERTO.

Ordonnez.

LORENZO.

Ma chaise est restée à l'entrée de la forêt; je voudrois qu'il fut possible de la ramener ou d'en ôter au moins les effets que j'y ai laisés.

ROBERTO.

Rien n'est plus facile; je vous promets sous deux heures de la conduire ici, ou si vous l'aimez mieux à une auberge placée à un mille tout au plus. Quel chemin suivez vous?

LORENZO.

Celui de Messine.

ROBERTO.

Justement; vous pourrez l'y reprendre demain pour continuer votre route.

ANTONIA, (*s'approchant de Julia et avec une intention marquée.*)

Si votre voyage est encore long, je ne saurois trop vous engager à vous arrêter avant la nuit.

ROBERTO, (*interrompant vivement Antonia.*)

Oui... les chemins sont détestables.

ANTONIA, (*poursuivant de même.*)

Et puis nos montagnes ne sont pas sûres....

(*Roberto jette un regard terrible sur Antonia, et lui serre le bras.*)

JULIA, (*avec inquiétude.*)

On dit en effet qu'il y a beaucoup de voleurs.

ROBERTO, (*avec indifférence.*)

Mais... quelques-uns.

FABIO.

Quelques-uns ! il y en a à faire trembler ; on ne voit que cela par tout.

LORENZO.

Heureusement nous sommes ici en sûreté.

ANTONIA, (*à part.*)

En sûreté !

LORENZO.

Et demain nous serons rendus de bonne heure à notre destination.

ROBERTO.

Vous n'allez donc pas jusqu'à Messine ?

LORENZO.

Non.

FABIO.

Nous retournons au château de Manzini.

ANTONIA, (*avec étonnement.*)

Au château de Manzini !

FABIO.

Oui, chez le pere de madame.

ANTONIA, (*à part.*)

Le marquis de Manzini son pere ! seroit-ce là Julia ? tâchons de m'en instruire.

ROBERTO.

Vous n'en êtes plus qu'à quatre milles.

JULIA.

Nous y serions arrivés ce soir sans l'accident qui nous est survenu.

ROBERTO.
Vous en serez quitte pour une mauvaise nuit.

ANTONIA, *(avec curiosité à Julia.)*
Madame a-t-elle toujours habité...

ROBERTO, *(l'interrompant et la repoussant.)*
Va préparer le lit du cabinet.

ANTONIA, *(un peu déconcertée).*
Le lit !...

ROBERTO.
Sans doute.

ANTONIA, *(après un moment d'indécision.)*
J'y vais. *(à part.)* Le ciel m'inspire. *(elle va dans le cabinet.*

SCENE II.

LORENZO, JULIA, ROBERTO, FABIO. VINCENTI ET STEPHANO, *(entrant dans la grange avec une lanterne.)*

VINCENTI.
Roberto tarde plus aujourd'hui qu'à l'ordinaire.

STEPHANO.
Buvons un coup en l'attendant.

VINCENTI.
Soit. *(ils s'asseoient et allument la lampe qui est sur la table.)*

FABIO.
Tout cela est bel et bon, mais toute la maison n'en sera pas moins dans l'inquiétude, et que dira mademoiselle Béatrix, qui nous attend ce soir, quand elle ne verra point arriver son cher Fabio ?

LORENZO.
Finiras-tu cet éternel bavardage ?

FABIO.
Quand il vous plaira, seigneur.

LORENZO.
Tu accompagneras Roberto, afin de l'aider à relever ma chaise.

FABIO, *(à part.)*
J'aimerois mieux dormir.

ROBERTO, *(avec un faux air d'intérêt.)*
A quoi bon, seigneur ? il est fatigué ; qu'il se repose.

FABIO, (*à part.*)

Bien pensé.

ROBERTO.

J'ai là deux ouvriers qui me suffiront; à moins que vous ne doutiez....

LORENZO.

Ce seroit vous faire injure. (*à Fabio.*) Vas donc te coucher, imbécille.

ROBERTO, (*à Fabio.*)

Votre lit est tout prêt; tenez le voilà. (*il ouvre la porte de communication et lui montre de la paille placée à droite dans la grange.*) Bonne nuit, mon ami.

VINCENTI, (*à Roberto.*)

Avez vous encore besoin de nous, notre maître?

ROBERTO.

Oui. Ne vous couchez pas, nous allons sortir ensemble.

(*Il referme la porte.*)

FABIO, (*dans la grange.*)

Bonsoir, camarades.

VINCENTI.

Soyez le bien venu.

STEPHANO.

Asseyez-vous là.

FABIO.

Cela n'est pas de refus.

(*Il se met à table avec eux, et acheve de manger son souper.*)

SCENE III.

LES MÊMES, ANTONIA.

ANTONIA, (*sortant du cabinet.*)

J'AI tout préparé, vous vous coucherez quand bon vous semblera. (*à part.*) Puisse mon projet réussir!

ROBERTO.

Ah! parbleu, avant de nous séparer, je songe que j'ai là, dans cette armoire, une bouteille d'excellente liqueur... (*ici Antonia fait un mouvement d'effroi bien marqué.*) que m'a laissé dernièrement un voyageur qui s'étoit égaré comme vous.

ANTONIA.

(*à part avec horreur.*) Egaré ! le monstre ! (*haut et vivement.*) Retirons-nous, il est temps de laisser reposer nos hôtes.

ROBERTO, (*jettant un regard sévère sur Antonia, puis se retournant avec gaité vers les voyageurs.*)

Non pas, non pas; je vais la chercher, nous en boirons ensemble si vous le permettez.

LORENZO.

Volontiers.

ANTONIA, (*à part.*)

Leur danger me fait frémir ; si je pouvois leur apprendre.... (*Roberto va à l'armoire, Antonia profite de ce moment pour s'approcher de Julia, mais Roberto se retourne, l'apperçoit et lui dit durement.*)

ROBERTO.

Un verre, Antonia.

ANTONIA, (*avec dépit.*)

Eh bien... on y va. (*elle sort.*)

VINCENTI, (*à Fabio.*)

Sans façon, l'ami, voulez vous boire un coup avec nous ?

FABIO.

Comment vous refuser ? vous m'offrez de si bonne grace.

ROBERTO, (*revenant avec la bouteille.*)

La voilà, vous la trouverez bonne. j'en réponds. (*Antonia rapporte un verre, Roberto verse de la liqueur à Lorenzo.*)

LORENZO.

C'est assez.

ROBERTO, (*en offrant à Julia.*)

Madame...

JULIA.

Je n'en bois jamais.

ROBERTO.

Ah oui... les dames !... je n'y songeais pas. (*à Lorenzo.*) A nous deux donc, voulez vous permettre que j'aie l'honneur de boire à votre bon voyage ?

LORENZO.

Je vous remercie. (*Antonia a cherché vainement à se faire remarquer de Lorenzo, il n'a pas jetté les yeux sur elle.*)

ANTONIA, (*à part, et douloureusement.*)

Il ne m'a pas compris !... (*Roberto est debout derrière la table entre Julia et Lorenzo, il se réjouit d'avance de l'effet que va produire la boisson.*)

ANTONIA, (*à part.*)

C'est fait de lui... Le malheureux !

Lorenzo porte le verre à sa bouche. Antonia frémit et n'ose l'empêcher de boire, car Roberto a les yeux fixés alternativement sur elle et sur sa victime. Au moment où le verre touche aux lèvres de Lorenzo, on entend un coup de sifflet dans la forêt. Ici il se fait un mouvement général qui produit un tableau. Stephano quitte sa place dans la grange et sort. Roberto ému et s'approchant de la fenêtre, dit à part.)

ROBERTO.

Quelle imprudence !

Lorenzo s'est arrêté et regarde Antonia avec inquiétude. Celle-ci lui fait signe par un mouvement plus prompt que l'éclair de ne pas boire. Il jette sa liqueur sous la table et reporte le verre à sa bouche comme s'il finissoit de boire. Roberto revient à sa place, et voit à Lorenzo le verre vuide à la main. Celui-ci affecte un air tranquille qui acheve de tromper le voleur. Antonia de son côté a eu soin de s'éloigner dès qu'elle a réussi. Des lors Roberto ne doute point que Lorenzo n'ait bû, et reprend un air calme.)

JULIA, (*d'une voix altérée.*)

Qu'ai-je entendu ?

ROBERTO, (*à haute voix et du côté de la fenêtre.*)

Ne craignez rien, madame, vous ne courez pas le moindre danger.

LORENZO.

Sans doute ; sois tranquille, ma Julia.

ANTONIA, (*à part.*)

Julia ! oui, c'est elle. Oh ! mon dieu, seconde moi jusqu'à la fin !

FABIO, (*avec inquiétude.*)

Qu'est-ce que je viens d'entendre ?

VINCENTI.

Nous le saurons tout-à-l'heure, Stephano est sorti pour cela.

ROBERTO, (*à Julia.*)

Qu'avez vous donc, madame ? vous semblez bien émue.

ANTONIA, (*vivement.*)

C'est sans doute la fatigue... retirons nous, (*d part.*) prévenons-les de ce que j'ai fait.

ROBERTO.

Eh bien, nous allons vous laisser seuls. Je vous souhaite une bonne nuit.

LORENZO.

Je vous suis obligé.

ANTONIA.

N'avez vous besoin de rien?

LORENZO.

Je voudrois avoir de l'encre et du papier, j'ai quelques lettres à écrire.

ANTONIA.

En voilà. Est-ce là tout ce que vous desirez?

LORENZO.

Oui.

(*Lorenzo est toujours assis à la même place; Roberto a le dos tourné et ouvre la porte pour sortir; Antonia après avoir posé l'écritoire presse le bras de Lorenzo, et lui dit confidemment:*)

ANTONIA.

Avant de...

ROBERTO, (*se retourne et lui dit brusquement.*)

Allons donc, ne vois tu pas que je t'attends?

ANTONIA, (*déconcertée et tremblante.*)

Me voilà. (*à part.*) Quel supplice! (*haut à Julia.*) Bonsoir, madame.

(*Roberto la fait sortir devant lui, sort lui-même en murmurant, et laisse les voyageurs stupéfait; il ferme visiblement la porte en dehors.*)

SCENE IV.

LORENZO, JULIA, (*dans la chambre.*) FABIO, VINCENTI, (*dans la grange.*)

(*Dès que Roberto est sorti, Julia se leve et court à la porte pour chercher à la fermer en dedans.*)

VINCENTI, (*à Fabio.*)

Vuidons encore une bouteille.

FABIO.

Ma foi, je ne demande pas mieux.

LORENZO, (*allant à Julia.*)

Qui peut te troubler ainsi, ma chère Julia ?

JULIA.

Je te l'avoue, Lorenzo, le refus de cette femme de nous laisser passer la nuit ici, son air mystérieux depuis que nous y sommes entrés, les attentions multipliées de son mari, tout cela me semble cacher un secret qui me désespère.

LORENZO.

Calme tes inquiétudes. Le crime n'a point ce langage doux, ces manières franches et affectueuses.

JULIA.

Il ne les emprunte que trop souvent pour frapper d'une manière plus sûre.

LORENZO.

Faut-il donc se défier de tous les hommes ?

JULIA.

Mais, toi-même ?... tu n'es point tranquille... Non, ta feinte sécurité ne m'en impose pas.

LORENZO.

Je t'assure...

JULIA.

Tu cherches en vain à me rassurer. Ou je me trompe fort, ou cet homme est un des voleurs qui infestent ces forêts.

LORENZO.

Quelle idée !

JULIA.

Tout ce que tu peux me dire ne sauroit dissiper mes allarmes; je suis decidée à ne point dormir de la nuit. Trop heureux si nous sortons d'ici sans accident.

LORENZO.

Non, julia; je ne souffrirai point que tu altéres ainsi ta santé : vas te reposer, je te promets de veiller près de toi jusqu'au jour.

JULIA.

Mais toi, mon ami...

LORENZO.

Je veillerai sur tout ce que j'aime !...

JULIA.

Tu le veux donc ?

LORENZO.
Je t'en prie, vas... repose sans crainte.
JULIA.
Bonsoir, mon ami. *(elle entre dans le cabinet.)*

SCENE V.

LORENZO, *(dans la chambre.)* FABIO, VINCENTI.
(dans la grange.)

LORENZO.

AH! vraiment, je ne partage que trop son inquiétude; mais sans armes, sans autre soutien qu'un valet imbécille et craintif, quelle résistance opposer à cet homme qui sans doute ne manque pas de gens disposés à le servir ? *(il se met à écrire.)*

SCENE VI.

LES MÊMES, STEPHANO, *(revenant dans la grange.)*

VINCENTI, *(à Stéphano.)*

EH bien quelle nouvelle?

STEPHANO, *(avec indifférence.)*

Ma foi je n'ai rien vu. *(bas et vivement à Vincenti.)* On vient d'attaquer nos camarades. Il faut aller à leur secours.

FABIO.

Vous verrez que ce sera quelque voleur, car ces forêts en sont pleines.

VINCENTI.

Oui dà. Qui vous a si bien instruit ?

FABIO.

Mes yeux.

VINCENTI.

Quoi? vous en auriez vu?

FABIO.

Oh mon dieu! comme je vous vois.

VINCENTI.

C'est singulier.

LORENZO, *(jettant sa plume, et rêvant.)*

Ma situation est elle assez pénible ?

FABIO.

Tenez. Je veux vous conter cela, parce que vous êtes d'honnêtes gens, vous autres, et incapables de nuire à personne.

VINCENTI.

Il paroît que vous vous y connoissez.

FABIO.

Pardi! si je m'y connois! vous saurez donc que mon maître est un riche propriétaire des environs, et qu'il vient de recueillir à Palerme la succession d'un oncle très-avare.

VINCENTI, *(avec une feinte indifférence.)*

Ah, ah.

FABIO.

Quatre mille ducats faisant partie de cette succession étoient renfermés dans une valise.

VINCENTI, *(de même.)*

Quatre mille ducats dans une valise !

FABIO.

Tout autant. Il semble que ces messieurs l'avoient deviné.

VINCENTI.

De qui parlez vous ?

FABIO.

De ces officieux qui se tiennent là... sur la grande route... quand le jour baisse.... Vous m'entendez ?...

VINCENTI.

Oui, oui. *(bas à Stephano.)* C'est la nôtre je crois ?

STEPHANO, *(à part.)*

Deux mille ducats chacun ?!...Quelle aubaine !

LORENZO.

Si je pouvois me procurer une arme....Visitons cette chambre.
(Il cherche par tout avec la lumière, dans l'armoire, sous les meubles.)

FABIO.

Mais nous avons été aussi fins qu'eux... Ah ! ah ! ils seront bien attrapés quand ils reviendront chercher leur trésor !...

VINCENTI, *(très-vivement.)*

Comment celà ?

STEPHANO, *(de même.)*

Que voulez-vous dire ?

FABIO.

Imaginez-vous qu'en allant chercher du secours à mon maître, je m'étois égaré dans la forêt. Tout d'un coup, j'entends du bruit... j'écoute...je regarde et vois venir à moi deux hommes...

VINCENTI.

C'étoit...

FABIO.

Les deux coquins...

STEPHANO, (à part.)

C'étoit bien nous.

FABIO.

Qui avoient volé mon maître.

VINCENTI.

J'y suis.

FABIO.

Voilà la peur qui me prend, oh ! mais une peur, que ce n'est rien de le dire.

VINCENTI.

Il paroît que vous n'êtes pas brave ?

FABIO.

Non pas ordinairement. Je grimpe sur un arbre me croyant bien en sûreté. Point du tout. Mes voleurs viennent s'établir au pied, et y déposent la valise.

STEPHANO, (à part.)

Fatale précaution !

VINCENTI, (bas à Stephano.)

Voilà le fruit de tes conseils.

FABIO.

Dès qu'ils sont partis je descends, je déterre les ducats...

STEPHANO, (à part.)

Haï ! haï !

FABIO.

Et me hâte de chercher pour cette nuit, l'asyle que sans s'en douter mes fripons m'avoient indiqué. Eh bien ne trouvez-vous pas cette aventure fort plaisante ?...

VINCENTI, (avec un rire forcé.)

Oui...oui... très-plaisante assurément.

FABIO.

C'est que je vois d'ici leur mine allongée...

STEPHANO.

Ah ça...et la valise ?....

FABIO.

Je l'ai remise en bonnes mains.

VINCENTI, (à part.)

C'en est fait, nous ne la reverrons plus.

FABIO.

Votre maître s'en est chargé.

VINCENTI.

Oui, comme vous dites fort bien, elle est en bonnes mains.

STEPHANO.

Camarade, notre maître a besoin de nous...

VINCENTI.

Nous allons vous laisser dormir.

FABIO.

Ne soyez pas long-tems au moins. Je vous avoue que je n'aime pas à rester seul.

VINCENTI.

Soyez tranquille, nous ne tarderons pas à revenir.

FABIO.

Bonsoir.   (*Ils sortent.*)

SCENE VII.

LORENZO, (*dans la chambre.*) FABIO, (*dans la grange.*)

LORENZO.

JE ne vois rien qui puisse servir à ma défense. Espérons tout du ciel et de la pitié d'Antonia.

FABIO.

Ils ont l'air de bonnes personnes, ces gens là. Ce n'est pas comme ceux de tantôt qui me faisoient une peur rien que de les entendre... Mais couchons nous, car il est déjà tard, et demain à la pointe du jour il faudra se remettre en route.

LORENZO.

Je ne sais que résoudre. Fatal voyage!

FABIO.

En tout cas ma chambre à coucher n'est pas brillante; n'importe, je la préfère encore à celle de tantôt.

(*il éteint la lampe et se couche.*)
(*Ici Julia jette un cri d'horreur.*)

DE SICILE.
LORENZO.

Qu'entends-je?...

(*Il se lève précipitamment et court au cabinet. Julia en sort les cheveux épars, en désordre, et tenant à la main un poignard. Elle chancelle un moment, et vient tomber au devant de la scène.*)

SCENE VIII.

LORENZO. JULIA, (*dans la chambre.*) FABIO, (*endormi dans la grange.*)

DUO.

JULIA, (*d'une voix entrecoupée.*)
Qu'ai-je vu! grands dieux!
O monstre abominable!
Quel spectacle effroyable
Vient de frapper mes yeux!
Le scélérat! quelle rage l'anime!
J'ai trouvé dans ce lit...

LORENZO.
Quoi?

JULIA, (*elle lui montre le poignard, et le rejette au loin.*)
Ce poignard sanglant.

LORENZO.
O ciel!

ENSEMBLE.
Toi qui défends le foible qu'on opprime,
Verras-tu consommer encor ce nouveau crime,
Sans écraser un tel brigand?

JULIA.
Hélas! en ce moment funeste,
Nous n'avons d'espoir que la mort.
Jour fatal! jour que je déteste!
Est-il un plus horrible sort?

ENSEMBLE.

LORENZO.	JULIA.
Rassure-toi; reprends courage.	Jour fatal! jour que je déteste!
Oui, je le sens à mon transport,	Est-il un plus horrible sort?
Du monstre je brave la rage,	Hélas! en ce moment funeste
Qu'il vienne; il recevra la mort.	Nous n'avons d'espoir que la mort.

(*Julia tombe accablée, Lorenzo cherche à la rassurer.*)

C

SCENE IX.

Les mêmes, Antonia, (*dans la grange.*)

Antonia, (*ouvre la palissade, et court à Fabio.*)

Mon ami ! mon ami !

Fabio, (*s'éveillant.*)

Eh bien ? qu'est-ce que vous voulez vous autres ?

Antonia.

Paix ! c'est moi. Votre maître court ici le plus grand danger.

Fabio, (*assis, et se frottant les yeux.*)

Le plus grand danger !

Antonia.

Rien n'est plus vrai. Levez-vous, et courez promptement au village voisin.

Fabio, (*se levant.*)

Et comment me retrouver dans cette diable de forêt ?

Antonia, (*rapidement.*)

Vous suivrez un sentier que vous trouverez à gauche en sortant de la palissade, il vous conduira droit à la grande route. De-là il n'y a plus que deux pas jusqu'au village. Allez vite.

Fabio.

J'y cours.

Antonia, (*l'arrêtant.*)

Si vous rencontrez les voleurs, vous leur direz que vous allez chercher des ouvriers pour raccommoder la voiture de votre maître....

Fabio.

Bon.

Antonia.

Ils croiront que Roberto a voulu se débarrasser de vous, et vous laisseront passer.

Fabio, (*sortant.*)

Ah mon dieu !

Antonia, (*à demi-voix.*)

Le sentier à gauche !... puis tout droit...sur tout de la diligence.

SCENE X.
LORENZO, JULIA, ANTONIA.

(*Dès qu'Antonia a perdu de vue Fabio, elle va frapper à la porte de communication.*)

JULIA, (*avec effroi.*)

Entends-tu, mon ami ? c'est fait de nous.

LORENZO, (*près la porte.*)

Qui frappe ?

ANTONIA, (*avec impatience et inquiétude.*)

Ouvrez...ouvrez vite...c'est moi.

LORENZO.

C'est la voix d'Antonia.

JULIA.

Ouvre lui, mon ami, peut être vient-elle nous délivrer.

(*Lorenzo ouvre et referme la porte. Julia se précipite aux pieds d'Antonia.*)

JULIA.

Ma chère Antonia, ne vous refusez point à ma prière. Au nom du ciel sauvez nous du péril affreux qui nous menace.

ANTONIA, (*la relevant.*)

Oui, femme intéressante, je viens vous sauver. Ah ! quand mon cœur ne m'auroit point porté à vous secourir, la reconnoissance m'en feroit un devoir.

LORENZO.

Comment ?

JULIA.

Que voulez vous dire ?

ANTONIA.

Vous le saurez dans un autre moment. Nous n'avons pas un instant à perdre. Roberto vient de sortir pour aller chercher ses complices, fuyons...suivez-moi.

LORENZO.

Mais ou trouver des armes ?

ANTONIA, (*lui donnant un pistolet.*)

Voilà un pistolet ; (*avec énergie.*) je garde l'autre.

LORENZO.

Donnez..donnez..femme généreuse.

SCENE XI.

Les mêmes, ROBERTO, VINCENTI, STEPHANO.

(*Ici Roberto, suivi de Vincenti et de Stephano, entre dans la grange. Il place Vincenti à la porte de communication, et Stephano près de la palissade.*)

ANTONIA.

N'oublions pas mon fils...

LORENZO, (*prêtant l'oreille du côté de la grange.*)
Paix!... (*Ils écoutent tous trois.*)

ROBERTO, (*dans la grange.*)
(*A Vincenti.*) Toi, garde la porte, je te recommande le valet. (*A Stephano.*) Toi, reste là pour nous prêter main-forte en cas de résistance, je vais expédier le maître.

JULIA.
Ce n'est rien, partons.

ANTONIA.
Sortons par la grange, nous courrons moins de risque. (*Elle va à la porte.*) J'entends du bruit!... la fuite devient impossible de ce côté.

LORENZO, (*vivement, en montrant la porte d'entrée.*)
Passons par celui-ci.

ANTONIA.
Soit. (*Elle va pour ouvrir la porte.*) O ciel! la porte est fermée!

JULIA.
Que faire!

ANTONIA, (*lui mettant la main sur la bouche.*)
Paix!...(*après un silence,*) on vient.... c'est Roberto!
(*Mouvement général d'horreur et d'effroi.*)

JULIA, (*désespérée.*)
Nous sommes perdus!

ANTONIA.
Comment nous tirer de là?

JULIA.
Oh mon dieu! prends pitié de nous!

LORENZO.

Quoi ! nul moyen ?..

ANTONIA, (*après un moment de réflexion.*)

Je n'en vois qu'un ; dangereux, il est vrai, mais qui peut nous sauver. Feignez tous deux de dormir. Je vous avertirai quand il sera tems d'agir.

(*La table est au devant de la scène, et touche à la cloison. Lorenzo s'asseoit devant. Il a la tête posée sur le bras gauche, et tient de la main droite le pistolet qu'Antonia lui a donné. Julia est assise à droite de la scène. Tous deux font semblant de dormir. Antonia se cache dans le cabinet du fond.*)

ROBERTO, (*entrant avec précaution.*)

Ils dorment !....bon ! la victoire est à nous.

Il s'avance doucement vers Lorenzo, et tire un poignard de sa ceinture. Antonia sort du cabinet, et gagne la porte d'entrée. Au moment où Roberto lève le bras pour consommer son crime, Antonia qui a bien pris son tems, l'ajuste, et l'étend mort d'un coup de pistolet. (1)

LORENZO.

Fuyons.

(*A ce moment Vincenti ébranle fortement la porte de communication. Antonia le remarque.*)

ANTONIA, (*à Lorenzo.*)

Seigneur ! songez à vous défendre.

(*Lorenzo va à la porte et l'enfonce. Vincenti recule jusqu'à la première coulisse, lui tire un coup de pistolet et le manque. Lorenzo va fondre sur lui, quand Fabio accourt.*)

SCENE XII et dernière.

LES MÊMES, FABIO, Paysans et gens de Lorenzo.
(*Dont plusieurs sont armés.*)

FABIO, (*en dehors.*)

C'est par ici !.. courons. (*Il entre, on se jette sur Vincenti.*) Malheureux ! tremblez...

---

(1) S'il arrive que le pistolet d'Antonia ne parte point, Roberto doit se retourner au bruit qu'il entend, et fondre sur elle ; alors Lorenzo se retourne, et le tue par derrière avec le pistolet dont il est armé.

(*On entraîne Vincenti et Stéphano. Fabio entre dans la chambre, et se précipite dans les bras de son maître.*)

JULIA.

Cher Fabio! combien nous te devons aujourd'hui!

LORENZO.

Mais par quel miracle?...

FABIO.

Je courois au village voisin, lorsque j'ai rencontré à l'entrée de la forêt tous ces braves gens que monsieur votre père, inquiét de votre retard, avoit envoyé au-devant de vous. Ils ont rencontré les voleurs, en ont tué un bon nombre et le reste s'est enfui. Instruits du danger que vous couriez, ils ont volé à votre secours et le ciel a exaucé leurs vœux.

JULIA.

Nous ne devons pas moins à la courageuse Antonia.

ANTONIA.

Je n'ai fait qu'acquitter la dette de mon cœur. Reconnoissez dans Antonia cette Dorothée qui fut l'amie, la compagne de votre mere, et qui tient tout des bontés de votre famille.

JULIA.

Vous Dorothée!...

LORENZO.

Quoi! vous seriez?...

ANTONIA.

J'étois comme vous une des victimes de ce brigand.

LORENZO.

Partons pour le château.

FABIO.

Mais s'ils alloient nous attaquer?...

LORENZO.

Je ne crois pas l'osent. Au reste nous sommes en force. Dorothée vous ne nous quitterez plus.

FABIO, (*reprenant la valise.*)

Cette chere valise! vas, vas, tu l'as échappé belle! après tant de périls et d'évènemens, tu reviens enfin à ton maître! combien d'autres n'auront pas un sort aussi heureux!

Chœur général.

Le ciel à sauvé l'innocence,
Louons sans cesse ses bienfaits;
S'il suspend souvent sa vengeance
C'est pour mieux punir les forfaits.

FIN.

VICTOR,

OU

L'ENFANT DE LA FORÊT,

MÉLO-DRAME

EN TROIS ACTES, EN PROSE ET A GRAND SPECTACLE.

PAR R. C. GUILBERT-PIXERÉCOURT.

Représenté, pour la première fois, sur le théâtre de l'Ambigu-Comique, le 22 prairial an VI, et remis sur le théâtre de la porte Saint-Martin, le vendredi 26 frimaire an XI (17 décembre 1802.)

A PARIS,

Chez BARBA, libraire, palais du Tribunat, galerie derrière le théâtre Français, N°. 51.

AN XI. — 1803.

PERSONNAGES.	ACTEURS.
	MM.
ROGER, chef des indépendans.	Révalard.
VICTOR, fils de Roger, adopté par le baron de Fritzierne.	Adnet.
Le baron de FRITZIERNE, ancien officier général de troupes de l'empereur.	Dugrand.
VALENTIN, vieil invalide attaché à Victor.	Bignon.
FORBAN,	Creuston.
MORNECK, principaux officiers	Parisot.
FAUSMANN, de Roger.	Acne.
DRAGOVICK,	Montel.
	Mlles.
CLÉMENCE, fille du Baron.	Ag. Gavaudan.
	Percheron.
Mme GERMAIN,	Mme Florigny.
UN OFFICIER GÉNÉRAL ALLEMAND.	Patrat.
UN HABITANT DU CHATEAU.	Rivoile.
DEUX INDÉPENDANS.	
Quatre officiers allemands.	
Six lutteurs.	
Six nègres.	
Habitans du château.	
Troupes d'indépendans.	
Troupes allemandes.	

La scène est en Bohême.

VICTOR,

OU

L'ENFANT DE LA FORÊT.

ACTE PREMIER.

Le théâtre représente le jardin d'un château fort; il se termine dans le fond par le fossé, et à droite (1) par un mur épais, dans lequel est une petite porte qui donne de plein pied dans la campagne. A gauche on aperçoit le dernier corps de logis d'un château gothique, surmonté de tourelles; du même côté, sur le devant, une arcade ruinée, au-dessous de laquelle est un berceau de verdure; dans le lointain la campagne.

SCÈNE PREMIÈRE.

VICTOR, *seul, se promenant, et plongé dans une profonde rêverie.*

Oui, je dois fuir ce séjour; l'honneur l'exige. Ce château où l'on éleva mon enfance; ce jardin où je reçus cent fois les innocentes caresses de ma Clémence, de Clémence qui ne voit qu'un frère dans celui que le plus violent amour consume, je quitterai tout... oui, tout. Mais mon protecteur!.... cet homme

---

(1) Toutes les indications qu'on trouvera dans le cours de cette pièce doivent être prises relativement aux spectateurs.

respectable et vertueux qui compte sur moi pour adoucir les ennuis de sa vieillesse, aurai-je bien le courage de l'abandonner?... Ingrat Victor ! l'as-tu pu concevoir cet affreux projet ?... et pourquoi fuir ?... Si je lui déclarais mon amour pour sa fille, cet amour pur et fondé sur la reconnaissance, pourrait-il me repousser de son sein après m'avoir tant de fois accablé des bontés les plus touchantes ?... Non : le baron de Fritzierne est sage, il fait peu de cas de la naissance, des dons de la fortune ; il n'estime que l'honneur et la probité : il me jugera digne de sa fille, il nous unira..... O ma Clémence !... et que dis-je ? insensé !... toi, malheureux enfant trouvé dans une forêt ; toi, sans parens, sans amis, sans appui sur la terre, tu deviendrais le gendre de l'un des plus riches seigneurs d'Allemagne !.. Non, non, Victor, cesse de t'abuser ; ce bonheur n'est pas fait pour toi. Fuis, malheureux !..... fuis des lieux que ta présence ne tarderait point à troubler. *(Il s'assied sous le berceau, et retombe dans la rêverie.)*

SCENE II.

VICTOR, CLÉMENCE.

CLÉMENCE *s'approche doucement de Victor, et va pour l'embrasser.*

Bonjour, Victor.

VICTOR *se relève vivement, et la repousse.*

Que vas-tu faire ?

CLÉMENCE.

Est-ce que mes caresses te déplaisent ? tu n'aimes donc plus ta sœur ?

VICTOR, *à part, et douloureusement.*

Ma sœur !

CLÉMENCE.

Y a-t-il du mal à embrasser son frère ?

VICTOR.

Ton frère, Clémence !

CLÉMENCE.

Eh oui, mon frère. Mais voyez donc comme il me parle aujourd'hui !

VICTOR, *la repoussant doucement.*

Laisse-moi.

CLÉMENCE.

Je te suis donc importune ?

VICTOR.

Non pas; mais...

CLÉMENCE.

Tu as du chagrin, n'est-ce pas?

VICTOR.

Hélas!

CLÉMENCE.

Oui. C'est pour cela que tu as besoin de moi : qui adoucira tes peines? qui les partagera? qui te consolera, si ce n'est ta sœur... ta sœur qui t'aime?...

VICTOR, *avec une sorte d'effroi.*

Tu m'aimes, Clémence?

CLÉMENCE.

Tenez... il en doute à présent! Tu sais combien je chéris mon père; hé bien, je ne sais pourquoi; il me semble que tu m'es encore plus cher que lui; c'est peut-être mal à moi, mais mon cœur n'est pas maître de surmonter cet excès de tendresse.

VICTOR, *avec peine.*

Que me dis-tu?

CLÉMENCE.

La vérité.

VICTOR.

Ah! par pitié, Clémence, éloigne-toi; laisse-moi te fuir.

CLÉMENCE, *vivement.*

Toi, nous fuir!... tu n'y songes pas... (*Avec beaucoup d'intérêt.*) N'est-ce pas, Victor, tu n'en as pas envie?...

VICTOR, *froidement.*

Laisse-moi, laisse-moi seul avec ma douleur.

CLÉMENCE.

Mais que t'ai-je donc fait pour me traiter avec tant de froideur? depuis quelque tems tu m'évites, tu repousses mes caresses, tout à l'heure, encore...

VICTOR, *agité.*

Ah! Clémence, si tu savais...

CLÉMENCE.

Parle, mon cher Victor; si tu as quelque secret, dis-le moi. Je suis jeune encore, mais digne de toute ta confiance.

VICTOR.

Tu l'apprendras trop tôt ce fatal secret. (*Il s'éloigne.*)

CLÉMENCE, *l'arrêtant.*

Peux-tu me refuser!... Mon frère... mon cher Victor, tu ne m'aimes donc plus? (*Elle passe son bras autour du col de*

Victor, et, dans l'attitude la plus suppliante et la plus expressive, le presse de lui apprendre son secret. Victor hésite long-tems, mais l'amour l'emporte.)

VICTOR.

Clémence, promets-moi de garder dans ton sein l'aveu que je vais te faire.

CLÉMENCE.

Parle, parle, Victor.

VICTOR.

Jure moi...

CLÉMENCE, *avec abandon.*

Qu'est-il besoin de serment? ton cœur et le mien ne font qu'un.

VICTOR.

Femme divine!... apprends...

CLÉMENCE.

Hé bien?

VICTOR.

Apprends qu'un feu dévorant circule dans mes veines, que je t'aime, que je t'adore...

CLÉMENCE, *naïvement.*

Quel mal est-il à cela? Et moi aussi je t'aime, je t'adore.

VICTOR, *avec force.*

Et sais-tu ce qui fait mon tourment?

CLÉMENCE.

Non.

VICTOR.

Apprends que tu n'es pas ma sœur.

CLÉMENCE, *étonnée.*

Quoi! je ne suis pas...

VICTOR.

Non, je ne suis pas ton frère: je ne suis qu'un amant ivre de tes charmes, de tes vertus, un enfant trouvé dans une forêt, recueilli par ton père, élevé par lui comme son propre fils. Voilà tout ce que je suis.

CLÉMENCE.

Tu n'es pas mon frère!... quel bonheur!

VICTOR.

Quoi! tu me pardonnes de t'aimer? tu ne me punis point...

CLÉMENCE.

Et de quoi, mon ami? au contraire, nous avons maintenant l'espérance d'être unis.

VICTOR.

Qu'entends-je! il se pourrait...

CLÉMENCE.

Oui, Victor, que cet espoir consolateur dissipe ta tristesse. Tu connais mon père ; tu sais combien il a le cœur bon, généreux !

VICTOR.

Que veux-tu dire ?

CLÉMENCE.

Qu'il nous unira. Apprends qu'il m'a dit cent fois : « Ma fille, aime Victor ; aime-le bien, aime-le comme un autre moi-même : j'ai des projets sur lui. »

VICTOR.

Comment ! il t'aurait dit...

CLÉMENCE.

« Un jour, ajoutait-il, ce frère chéri pourra faire ton bonheur, celui de ma vieillesse. »

VICTOR.

Et tu crois...

CLÉMENCE.

Que c'est de notre hymen qu'il parlait. Oui, Victor, il te regarde déjà comme un fils, comme un gendre.

VICTOR.

Clémence, il ne faut pas qu'un fol amour nous aveugle : je ne suis qu'un orphelin, sans amis, sans parens, et je ne dois point prétendre...

CLÉMENCE.

Viens toujours, mon cher Victor, mon frère... (*Tendrement.*) Ah ! pardonne-moi ce nom qui m'est échappé.

VICTOR.

Oh oui ! nomme-moi ton frère ; que je conserve toujours ce titre près de toi, puisqu'il ne m'est pas permis d'en espérer un plus doux.

CLÉMENCE.

Viens, te dis-je ; allons trouver mon père : il saura l'amour que nous avons l'un pour l'autre..

VICTOR.

Gardons-nous de l'en instruire ; je crains tout de sa colère s'il apprenait que j'eusse osé élever mes vœux jusqu'à toi.

CLÉMENCE.

Non, mon ami, ne crains point qu'il ait cette rigueur extrême : un père peut-il ne pas vouloir le bonheur de ses enfans ?

VICTOR.

Mais Victor n'a point de richesses.

CLÉMENCE, *vivement.*

Ton amour les remplacera. Courons, te dis-je, nous jeter

dans ses bras; il ne tardera point à sceller notre bonheur. Victor avant peu sera mon époux.

VICTOR.

(*A part avec effroi.*) Moi, son époux! où m'égaré-je! (*Haut, d'une voix mal assurée.*) Clémence, va trouver ton père: préviens-le, surtout ce que j'ai à lui dire; un premier aveu de ta part le disposera à m'entendre plus favorablement. Je ne tarderai point à te suivre; je joindrai mes instances aux tiennes, et...

CLÉMENCE.

Tu as raison; j'y vole. Mais ne tarde pas à me rejoindre.

VICTOR.

Peux-tu croire...

CLÉMENCE, *avec beaucoup d'affection.*

Tu hésites, mon ami... promets-moi de venir bientôt me retrouver.

VICTOR, *hésitant.*

Je... te... le promets.

CLÉMENCE.

Adieu, Victor.

VICTOR.

Adieu, Clémence.

CLÉMENCE. (*Elle s'éloigne, et revient sur ses pas.*)

Ne tarde pas, au moins. (*Elle sort.*)

SCENE III.

VICTOR, *seul.*

Malheureux! qu'allais-je faire?... me présenter au baron de Fritzierne! lui demander la main de sa fille! quel délire m'entraînait! Cesse de t'aveugler, Victor; ce bon vieillard t'estime, il te traite comme son fils; mais ce sont les liens de la fraternité, et non ceux de l'amour qu'il a voulu resserrer entre sa fille et toi; jamais il ne consentirait à une union aussi disproportionnée. Va, fuis, il le faut, d'après l'aveu que tu viens de faire. J'abhorre jusqu'à l'idée de la séduction, et cet homme généreux m'accuserait d'ingratitude!... Fuyons.

SCENE IV.

VICTOR, VALENTIN.

VALENTIN, *qui a entendu la fin du monologue, s'avance et arrête Victor.*

Non, monsieur, vous ne fuirez pas.
VICTOR.
C'est toi, Valentin ; et d'où sais-tu...
VALENTIN, *d'un ton de reproche.*
Je sais tout, monsieur ; et ce qu'il y a de plus affreux, c'est que je l'ai appris par un autre que vous.
VICTOR.
Valentin !..
VALENTIN.
Oui, monsieur, je vous en veux beaucoup !
VICTOR.
Mon ami !...
VALENTIN, *d'un air piqué.*
Je ne le suis pas, monsieur : on n'a point de secret pour son ami, et je vois bien que je ne suis que votre domestique.
VICTOR.
Mais enfin qui t'a dit..
VALENTIN.
C'est mademoiselle Clémence.
VICTOR.
Clémence !
VALENTIN.
Oh mon dieu, oui, elle-même. Elle vient de me dire tout à l'heure, avec cette grâce que vous lui connaissez,...
VICTOR.
Hé bien, elle t'a dit...
VALENTIN.
Que vous n'étiez pas son frère. Ça, je le savais bien : il me semble encore vous voir dans votre petit berceau le jour que monsieur le baron vous rapporta.
VICTOR.
Ensuite ?
VALENTIN.
Après m'avoir raconté ce qui vient de se passer, elle m'a dit : Mon cher Valentin, veille bien sur ton maître ; observe jusqu'à ses moindres démarches, et viens m'en rendre compte.

VICTOR.

Et tu as entendu...

VALENTIN.

Que vous vouliez quitter cette maison. Ah ça, voyons! pourquoi voulez-vous vous en aller? qu'est-ce qui vous y force? Vous aimez mademoiselle Clémence, elle vous aime aussi, rien de plus naturel : vous n'êtes pas son frère : tant mieux : vous avez l'espérance de l'obtenir.

VICTOR.

Jamais, Valentin.

VALENTIN.

Et moi, je vous dis que vous l'obtiendrez : monsieur le baron est un homme d'esprit; il se gardera bien de refuser sa fille à un jeune homme aussi sage, aussi spirituel, aussi bien tourné que vous. Si par hasard il vous refusait, j'irais, oui, monsieur, j'irais moi-même lui dire qu'il a tort, qu'il fait mal, qu'il...

VICTOR.

Valentin!

VALENTIN, *s'échauffant.*

Oui, monsieur, j'irais! C'est que je n'aime pas les injustices, moi! et c'en serait une grande de ne pas faire votre bonheur à tous deux quand il n'a pour cela à dire qu'un oui.

VICTOR.

Songe donc, mon ami, que les convenances...

VALENTIN.

Est-ce qu'il doit y avoir d'autres convenances entre les honnêtes gens que celles qui font le bonheur de la société? D'ailleurs, qui est-ce qui serait assez hardi pour vous reprocher quelque chose?... N'êtes-vous pas honnête et vertueux? N'avez-vous pas cent fois donné des preuves de courage dans les deux campagnes que vous venez de faire sous les ordres de monsieur le baron? Ah! je voudrais bien que quelqu'un s'avisât de parler mal de vous devant moi!... nous verrions beau jeu, vraiment!

VICTOR.

Mais ma naissance...

VALENTIN.

Bel obstacle! est-ce votre faute si votre père vous a abandonné? devez-vous être malheureux toute votre vie, parce que vos parens sont ingrats et dénaturés? Voilà de belles raisons que vous me donnez là!

VICTOR.

Si du moins je connaissais le nom de mon père!

VALENTIN.

Vous l'apprendrez peut-être un jour. Tant il y a que vous

êtes ici, que vous avez été élevé par monsieur le baron, qui vous chérit comme son fils, et qu'il y aurait de l'ingratitude à lui percer l'ame, en le quittant aussi brusquement.

VICTOR.

Il y en aurait bien davantage à nourrir dans le cœur de sa fille une passion funeste qui ne peut que faire son malheur. Non, Valentin, tout ce que tu peux me dire ne changera rien à ma résolution; elle est invariable : le soleil ne me retrouvera plus dans ce château.

VALENTIN.

C'est votre dernier mot ?

VICTOR.

Oui, mon ami.

VALENTIN.

Hé bien, monsieur, attendez-moi là un moment.

VICTOR, *l'arrêtant*.

Où vas-tu ?... trouver Clémence, peut-être...

VALENTIN.

Non pas, monsieur. J'ai cherché à vous détourner de ce projet insensé, mes raisons n'ont rien pu sur vous : je cours chercher mes effets.

VICTOR.

Pourquoi faire ?

VALENTIN.

Pour vous suivre, monsieur. Quand un maître a la dureté de partir sans moi, croyez-vous que j'aie le courage de l'abandonner ?

VICTOR.

Quoi !... tu veux...

VALENTIN.

Vous suivre partout, ne vous quitter qu'à la mort.

VICTOR.

Y songes-tu, Valentin ? je n'ai ni fortune, ni amis.

VALENTIN.

Des amis, monsieur ? vous en aurez un. De la fortune ? voyez-vous cette bourse ; c'est le fruit de mes épargnes, elle est à vous.

VICTOR.

Jamais.

VALENTIN, *très-vivement*.

A vous, à moi, à nous, comme vous voudrez.

VICTOR, *l'embrassant*.

Brave homme !

VALENTIN.

Eh ! cela n'est-il pas tout simple ?

VICTOR.

Non, Valentin, je ne consentirai pas que tu me suives : reste plutôt près de Clémence ; je serai sûr du moins que quelqu'un lui parlera de moi quand je n'y serai plus. Entends-tu.. je ne veux pas...

VALENTIN, *l'interrompant, et presque en colère.*

Ah ! vous ne voulez pas ! hé bien ! je veux voyager, moi ! Ah ça, je suis mon maître, peut-être ! vous ne pouvez pas m'empêcher d'aller où je voudrai ! Hé bien ! c'est à présent que je m'en vais ! je suivrai la route que vous prendrez ; si vous ne voulez pas de ma compagnie, vous me chasserez, à la bonne heure.

VICTOR, *avec attendrissement.*

Moi te chasser !... bon Valentin !... oh ! jamais.

VALENTIN, *avec joie.*

Hé bien, voilà qui est dit, n'est-ce pas ? nous faisons route ensemble.

VICTOR.

Oui, mon ami, nous ne nous quittons plus.

VALENTIN.

Nous ne nous séparerons jamais. (*Ils s'embrassent.*) Attendez-moi là ; je suis à vous dans l'instant.

VICTOR.

Non pas ; il est plus prudent de m'éloigner..... Je vais sortir par la petite porte. (*Il montre celle de droite.*) Tu me rejoindras par le sentier qui conduit à la forêt.

VALENTIN.

Cela suffit, monsieur.

VICTOR.

De la discrétion surtout.

VALENTIN.

Ne craignez rien. (*Il s'éloigne.*)

SCENE V.

VICTOR, *seul.*

C'en est fait, je vais quitter ces lieux où je laisse tout ce qui pouvait m'attacher à la vie, et je les quitte pour n'y jamais revenir ! (*Il s'avance vers la petite porte : mais à peine est-elle ouverte, qu'un homme bien armé s'y présente, et entre d'un air déterminé.*)

SCENE VI.

VICTOR, FORBAN.

FORBAN.

Merci, l'ami. Jamais porte ne fut ouverte plus à propos.

VICTOR

Qi êtes-vous ?

FORBAN.

Tu le sauras.

VICTOR.

Que voulez-vous ?

FORBAN.

Un mot. Es-tu de ce château ?

VICTOR.

Oui. Pourquoi ?

FORBAN.

Connais-tu le baron de Fritzierne ?

VICTOR.

Sans doute.

FORBAN.

Va lui porter cette lettre.

VICTOR.

Que ne la lui remettez-vous vous-même ?

FORBAN.

J'ai juré de ne jamais lui parler.

VICTOR.

De qui est cette lettre ?

FORBAN.

De qui ? c'est un secret.

VICTOR.

Un secret !

FORBAN.

Pour toi. Mais il faut qu'il la reçoive s'il ne veut périr.

VICTOR.

Périr !

FORBAN.

Oui : cette lettre doit lui sauver la vie.

VICTOR.

Oh ciel ! mon bienfaiteur !..... ses jours seraient menacés !

FORBAN.

Très-fort.

VICTOR, *s'animant.*

Et par qui ?..... serait-ce toi....

FORBAN.

Moi ?.... non, je ne lui en veux pas.

VICTOR.

Et qui donc ?

FORBAN.

Un homme puissant, un homme dont la seule menace est un arrêt de mort, et à qui le baron doit une satisfaction dont ses jours répondent.

VICTOR, *à part.*

Ses jours sont en danger, et j'allais le quitter ! *(Haut.)* Mais c'est une insulte qu'on lui fait : le baron est vertueux ; il ne peut avoir offensé personne. *(D'un ton menaçant.)* Et toi, qui te charges d'un semblable message, qui que tu sois, tremble de l'avoir outragé.

FORBAN, *avec le plus grand sang-froid.*

Doucement, jeune homme : ne t'y fie pas ; tu ne serais pas le plus fort. Adieu : fais ma commission, ou tu es perdu toi-même. *(Victor prend la lettre, et Forban sort.)*

SCENE VII.

VICTOR, *seul.*

« Il faut qu'il la reçoive, s'il ne veut périr, » a dit cet homme. Ah ! courons, courons la lui porter. Mais que lui dire s'il a vu Clémence ?..... s'il sait... et qu'importe ; sauvons d'abord ses jours.

SCENE VIII.

VICTOR, VALENTIN.

VICTOR.

Te voilà, Valentin.

VALENTIN.

Oui, monsieur. Vous vous impatientez peut-être ?

VICTOR.
Non. Dis-moi... le baron.....
VALENTIN.
Allez, allez, monsieur, tout est bien changé !
VICTOR.
Comment ?
VALENTIN.
Nous ne partons plus.
VICTOR.
Qui te l'a dit ?
VALENTIN.
Je viens de voir monsieur le baron.
VICTOR.
Que veux-tu dire ?
VALENTIN.
Il était avec sa fille.
VICTOR.
Mais quel rapport...
VALENTIN.
Elle lui racontait tout.
VICTOR.
Hé bien ?
VALENTIN.
Quand il l'a vu pleurer.....
VICTOR.
Va donc.
VALENTIN.
Il s'est attendri.
VICTOR.
Ensuite ?
VALENTIN.
Alors... j'ai peut-être mal fait...
VICTOR.
Achève donc.
VALENTIN.
Je lui ai tout dit...
VICTOR.
Après ?
VALENTIN.
Il s'est levé tout d'un coup ; puis il est parti.
VICTOR.
Où est-il ?

VALENTIN.
Mais j'ai couru plus fort que lui.
VICTOR.
Où est-il, te dis-je ?
VALENTIN.
Il suit mes pas.
VICTOR.
Il faut que je lui parle.
VALENTIN.
Le voilà.

SCENE IX.

LES PRÉCÉDENS, LE BARON, CLÉMENCE.

CLÉMENCE, *arrivant la première.*
Il n'est pas parti, mon père..... le voilà !
LE BARON, *embrassant Victor.*
Est-il vrai, mon ami, que tu voulais nous fuir ?
CLÉMENCE, *à Victor, d'un ton de reproche.*
C'est donc ainsi que tu tiens tes promesses ?
LE BARON.
Il faut que tu m'estimes bien peu pour me croire capable de sacrifier le bonheur de ma fille à l'orgueil et à l'ambition !
CLÉMENCE, *à Victor.*
Ne te l'avais-je pas dit ? Il n'a cependant pas voulu me croire.
VICTOR.
Pardon, mon père, et vous, ma Clémence. Un intérêt plus pressant me ramène vers vous....
CLÉMENCE.
Que signifie...
VICTOR.
Je viens de sauver vos jours.
LE BARON.
Que veux-tu dire ?
VICTOR.
Un homme d'un aspect effrayant, et armé jusqu'aux dents, vient de me remettre cette lettre de laquelle dépend, dit-il, votre vie.
LE BARON.
Et c'est pour me la donner que tu as changé de dessein ?

VICTOR.

On menaçait vos jours, et j'aurais pu vous quitter!

LE BARON.

Bon jeune homme!

VALENTIN.

Oh! je le reconnais bien là!

LE BARON.

Va, tu en seras bien récompensé.

VICTOR.

Voyez donc, mon père, ce que contient cette lettre mystérieuse.

LE BARON.

Voyons. *(Il l'ouvre, et voit la signature.)* Roger.

VALENTIN.

Roger!

VICTOR.

Quoi! le chef des brigands qui infestent l'Allemagne depuis si long-tems?

LE BARON.

Lui-même.

VALENTIN.

Mais depuis plus de quinze ans il a quitté ce pays.

LE BARON.

On m'a assuré qu'il y était de retour, et qu'il avait traversé, il y a environ un mois, les terres du comte de Moldar, notre voisin.

VICTOR.

Lisez donc, mon père.

LE BARON *lit*:

« *Tu sais si j'ai les moyens de punir quand on n'obéit point*
« *à mes ordres.*

VALENTIN.

L'insolent!

LE BARON *continue*.

« *Je te promets de respecter ton château et tes propriétés, si*
« *tu m'accordes ce que je desire Une femme que deux de mes*
« *soldats conduisaient à mon camp, il y a trois jours, a été*
« *arrachée de leurs bras par tes gens....*

CLÉMENCE.

Quoi! madame Germain...

LE BARON.

Apparemment.

VICTOR.

Achevez, de grâce.

LE BARON *continue*.

« *Cette femme que tu as retirée chez toi est essentiellement*

« nécessaire à mon repos ; il faut que tu me la livres dans vingt-
« quatre heures...

VICTOR.

Quelle audace !

LE BARON continue.

« Tu la feras accompagner jusqu'à mon premier poste dans
« la forêt de Kingratz...

VALENTIN.

Ce n'est qu'à une demi-lieue d'ici.

LE BARON continue.

« Si ce terme expiré, elle n'est point en mon pouvoir, tu
« me verras de près.

ROGER, chef des indépendans. »

Quelle insolence !

VICTOR.

Cette pauvre madame Germain ! ne lui aurions-nous donné
l'hospitalité que pour la livrer aussi lâchement ?

LE BARON.

Cette idée est affreuse.

CLÉMENCE.

Tu la défendras, n'est-ce pas Victor ? (*A part.*) Courons
la prévenir de ce qui se passe : ses instances décideront mon
père.

(*Elle sort.*)

SCENE X.

LE BARON, VICTOR, VALENTIN.

VALENTIN.

Il ignore donc Roger qu'outre cinquante hommes des troupes de l'empereur, qui sont ici sous vos ordres, vous avez
encore plus de cent vassaux bien exercés et prêts à verser leur
sang pour vous défendre ?

LE BARON.

Il est lui-même à la tête d'une troupe formidable ; il fera
le siège du château.

VALENTIN.

Je ne crois pas qu'il l'ose.

LE BARON.

C'est un scélérat, mais doué d'un grand caractère. Il est
capable de tout pour enlever cette femme.

VICTOR.
N'importe. Auriez-vous la faiblesse de céder à ses menaces?
LE BARON.
Non, sans doute ; mais sommes-nous en force ?
VALENTIN.
Oui, oui, monsieur le Baron.
VICTOR.
Mon père, vous avez du monde ici, le château est fortifié; permettez-moi de me mettre à la tête de vos gens, et je vous réponds d'une vigoureuse résistance.
LE BARON.
Hé bien, soit ; je te charge de l'exécution. Moi, qui n'ai plus ta force, j'ordonnerai dans l'intérieur, je veillerai à ce que rien ne vous manque ; et la victoire demeurera de notre côté, si tu sais unir la prudence à la valeur, car ce n'est pas tout, mon fils, que de bien commander une armée, il faut savoir ménager le sang des soldats ; c'est là le premier talent du général. Toi, Valentin, comme ancien militaire, tu commanderas sous Victor. Va rassembler notre petite armée.
VALENTIN.
Monsieur le Baron, cette affaire-là ne sera pas la moins honorable pour moi, j'en réponds ! *(Il sort.)*

SCENE XI.

LE BARON, VICTOR.

LE BARON.
Conçois-tu, Victor, ce que veut dire Roger en réclamant cette femme comme essentiellement nécessaire à son repos ? d'où la connaît-il ? quel rapport peut-il y avoir entre le crime et la vertu ? car à dieu ne plaise que je la soupçonne de nous en avoir imposé par les dehors les plus séduisans !
VICTOR.
Elle semble bien malheureuse !
LE BARON.
Mais son refus obstiné de nous confier ses chagrins.... le mystère dont elle s'environne...
VICTOR.
Quelque considération puissante la force sans doute à se conduire ainsi ; mais je la crois vertueuse.

LE BARON.
Je le crois de même ; cependant je prétends qu'elle s'explique.

SCENE XII.

LES PRÉCÉDENS, CLÉMENCE, Mad. GERMAIN.

Mad. GERMAIN *accourant*.
Ah ! monsieur le Baron, parlez... rendez-moi la vie. Vous venez de recevoir une lettre.
LE BARON.
Oui, madame, une lettre qui vous concerne.
Mad. GERMAIN.
Elle est de...
LE BARON.
Roger ; oui, madame : la voilà.
Mad. GERMAIN, *après avoir lu la lettre, se jette aux du Baron.*
Grand dieu ! sauvez-moi d'un barbare.
LE BARON.
Oui, je vous sauverai, femme infortunée. Relevez-vous, mais relevez-vous donc, madame ; on croirait que vous êtes obligée de me prier.
Mad. GERMAIN.
Non, monsieur, je ne me relève point que vous ne m'ayez promis de ne pas céder aux vœux d'un monstre qui a fait mon malheur.
LE BARON.
Vous craignez donc tout de sa fureur ?
Mad. GERMAIN.
Oh oui ! tout.
LE BARON.
Il suffit, madame ; je prendrai votre défense.
Mad. GERMAIN.
Homme généreux !
LE BARON.
Mais, dites-moi... quelle liaison y a-t-il entre cet homme et vous ? où l'avez-vous connu ? que veut-il de vous, enfin ?
Mad. GERMAIN.
Monsieur.. *(A part.)* Que lui dire ?

LE BARON.

Il faut que je le sache pour régler ma conduite avec lui.

Mad. GERMAIN.

Croyez, monsieur, qu'il en coûte à ma reconnaissance de ne pouvoir vous satisfaire. Mais, je vous l'ai déjà dit, je ne puis parler.

LE BARON.

Vous ne pouvez parler? que puis-je penser d'une dissimulation aussi profonde?

Mad. GERMAIN.

Qu'il vous suffise de savoir que je n'ai point mérité les maux qui m'accablent : oui, le ciel est témoin de mon innocence, de la pureté de ma conduite. Le reste est le secret d'une amie que j'ai juré de ne point trahir. Si vous persistez à vouloir le connaître, je cours me livrer à Roger : j'aime mieux mourir que de manquer à l'honneur.

VICTOR.

Non, non, vous ne partirez point.

CLÉMENCE.

Souffrirez-vous, mon père...

LE BARON.

C'en est assez ; je ne vous presse plus, et vais répondre à Roger comme je le dois.

Mad. GERMAIN.

Famille généreuse! comment pourrai-je m'acquitter envers vous?

SCENE XIII.

LES PRÉCÉDENS, VALENTIN, SOLDATS, GENS DU CHATEAU.

VALENTIN.

Monsieur le baron, voici nos guerriers, et en bonnes dispositions.

LE BARON.

Fais-les avancer. (*Valentin se met à la tête de sa troupe, qui s'avance en bon ordre, et vient se ranger en bataille.*) Mes amis, le chef des brigands qui désolent l'Allemagne, Roger, ose me menacer : il prétend arracher de ces lieux une victime que vous avez soustraite à sa fureur ; mais je compte sur votre courage pour défendre une aussi juste cause.

VICTOR.

Je réponds d'eux, mon père.

VALENTIN.

Quand il s'agit de servir l'innocence, je me sens dix fois plus de force.

Mad. GERMAIN.

O mon dieu! quand finiront tant de maux?

LE BARON, *à ses soldats.*

J'étais sûr de vos cœurs et de votre obéissance. Pendant que je vais répondre à Roger, toi, Victor, fais tout disposer pour notre défense, car je crois qu'il ne tardera point à venir nous attaquer.

VICTOR.

Marchons, mes amis.

(*La troupe défile, et se retire, ayant à sa tête Victor et Valentin. Le baron, madame Germain et Clémence rentrent au château.*)

FIN DU PREMIER ACTE.

ACTE SECOND.

Le théâtre représente une cour intérieure du château, dont on voit à droite la façade gothique. Au dessus de la porte d'entrée est une espèce de plate-forme entourée d'une balustrade ; plus loin, du même côté, une vieille tour qui communique à la plate-forme par une petite porte. Toute la gauche est occupée par un rempart élevé, dans le milieu duquel est placée la porte principale, et en avant le pont-levis. Le mur qui borde le fossé s'étend d'un côté à l'autre, et occupe tout le fond. Il n'est pas tellement élevé qu'il empêche de voir la campagne.

Au lever du rideau tout est dans la plus grande activité. Les soldats du baron sont occupés à placer sur le rempart du fond des canons, des tonneaux de poudre, des munitions de toute espèce.

Valentin passe en revue une partie de sa troupe, place les sentinelles, et fait toutes les dispositions nécessaires pour soutenir le siège.

SCÈNE PREMIÈRE.

VALENTIN, UN HABITANT, SOLDATS, GENS DU CHATEAU.

VALENTIN.

Vienne maintenant l'ennemi quand il voudra, nous sommes en état de le recevoir.

UN HABITANT.

Et d'importance !

VALENTIN.

Buvons un coup, mes amis ; le vin donne des forces, et ne fera qu'augmenter nos bonnes dispositions.

(24)

UN HABITANT.

Bien vu, pas vrai, camarades ?

(*On apporte du vin, tous se rangent autour d'un banc, et boivent.*)

A la santé de notre commandant.

TOUS.

A sa santé.

VALENTIN.

Merci, mes amis.

UN HABITANT.

Monsieur Valentin, en attendant que le capitaine Roger nous mette à même d'exercer nos bras, si vous vouliez nous chanter une de ces chansons militaires qu'on chantait de votre tems... la... vous entendez bien ce que je veux dire ?

VALENTIN.

Oui, oui.

TOUS.

Ah oui, monsieur Valentin, une petite chanson.

UN HABITANT.

Tenez, celle-là que vous chantez si bien...

VALENTIN.

Celle qui dit que le vin mène à la gloire ?

UN HABITANT.

Oui, c'est cela : nous serons tous charmés de vous entendre.

VALENTIN.

Volontiers, mes amis. Ah ça, vous répéterez le refrain en chœur.

UN HABITANT.

Oui, oui.

VALENTIN.

Allons... j'y suis.

COUPLETS.

Musique de Blasius.

I.

Sur un ennemi déloyal
Remportons-nous une victoire,
Chacun se croit un Annibal
Digne d'enrichir notre histoire,
Et, dans son triomphe idéal,
Se voit au temple de mémoire.
La gloire, le vin et l'amour,
Nous rendent heureux tour à tour.

CHŒUR.

Amis, célébrons tour à tour
La gloire, le vin et l'amour.

I I.

Pour se remettre du combat,
Bientôt, dans une paix profonde,
Le verre en main, chaque soldat
Chante ses exploits à la ronde,
Et, parmi ses joyeux vivat,
Oublie et la gloire et le monde.
La gloire, le vin et l'amour
Nous rendent heureux tour à tour.

CHŒUR.

Amis, etc.

I I I.

Mais de retour dans ses foyers,
Près de la beauté qu'il préfère,
Le plus vaillant de nos guerriers
Devient un amant ordinaire,
Et change bientôt ses lauriers
Contre les myrtes de Cythère.
La gloire, le vin et l'amour
Nous rendent heureux tour à tour.

CHŒUR.

Amis, etc.

VALENTIN.

Voici monsieur Victor : allez tous à vos postes.

(*Ils se retirent.*)

SCENE II.
VICTOR, VALENTIN.

VICTOR.

Hé bien, Valentin, tout est-il disposé ?

VALENTIN.

Oui, mon général.

VICTOR.

Les remparts ?

VALENTIN.

Sont amplement garnis d'artillerie. Tous les postes sont gardés ; le pont-levis est défendu par une batterie qui fera un bruit d'enfer, et leur tuera bien du monde s'ils osent en approcher.

VICTOR.

Les fossés ?

VALENTIN.

Sont pleins d'eau.

VICTOR.

Bien. Et la vieille tour ? *(En désignant celle de droite.)*

VALENTIN.

Comme c'est l'endroit le plus faible du château et qu'ils peuvent facilement s'en emparer en forçant la petite porte du rempart, j'ai fait remplir le bas de matières combustibles, auxquelles on mettra le feu dès qu'ils y seront entrés.

VICTOR.

Ah, Valentin !... ce moyen....

VALENTIN.

Est excusable. N'avons-nous pas à combattre des ennemis dix fois plus nombreux que nous ? et des brigands ! Il faut leur ôter l'envie d'y revenir.

VICTOR.

Va dans la chambre qui est au-dessous de la tourelle du nord ; tu observeras les mouvemens de l'ennemi, et tu viendras m'en rendre compte.

VALENTIN.

J'y vais, mon général. Ah ! ah ! nous allons voir beau jeu !

SCENE III.
VICTOR, LE BARON, CLÉMENCE, Mad. GERMAIN.

VICTOR.
Vous voilà, mon père! et toi aussi, ma Clémence!... pourquoi quittez-vous l'asyle que je vous ai choisi?

LE BARON.
Le danger n'est point assez pressant pour que ces dames se séparent de nous; quant à moi, je prétends bien ne pas rester dans l'inaction tandis que tu combattras pour nous défendre.

VICTOR.
Je ne souffrirai pas que vous exposiez vos jours.

LE BARON.
As-tu quelque renseignement sur la force et la position de l'ennemi? car je ne doute pas qu'après ma réponse Roger ne se mette bientôt en campagne.

VICTOR.
Valentin est en vedette, et nous instruira à tems de tous ses mouvemens.

LE BARON.
Nous pouvons donc causer un moment des intérêts qui te sont chers.

VICTOR.
Bon père!

LE BARON.
Je te l'ai déjà dit, tu seras mon gendre. C'est ta femme, ton vieux père, ce sont tes possessions que tu vas défendre. Je ne te dis pas cela pour augmenter ton courage; tout me prouve assez que je puis compter sur ta tendresse et ton appui. Oui, Victor, tu seras l'époux de Clémence; j'ai nourri dès long-tems dans mon sein cet espoir consolant: je me suis dit cent fois: Voilà celui qui me succédera, qui protégera ma fille, et soutiendra ma vieillesse!

CLÉMENCE.
Pourquoi ne lui as-tu pas dit cela plutôt?.... combien de chagrins tu lui aurais épargnés!...

VICTOR.
Quoi! ce n'est point une erreur?... votre main bienfaisante daignera serrer des nœuds...

LE BARON.
Oui, mon ami. J'y mets cependant une condition.

CLÉMENCE.
Tu la rempliras, n'est-ce pas Victor?

VICTOR.
Parlez, mon père.
LE BARON.
Tu sais que je fais peu de cas de la naissance et de la fortune : l'honneur et la probité sont les seuls titres que je veux trouver dans mon gendre et sa famille. Tes parens, Victor, je ne les connais point ; toi-même ignores à qui tu dois le jour ; il faut que tu le saches. Tu vas voir si j'exige trop : quelque part que soit ton père, quel que soit son état et sa fortune, s'il est honnête homme tu seras l'époux de ma fille. Me trouves-tu déraisonnable ?
VICTOR.
Pourriez-vous le croire ?
LE BARON.
Exempt de presque tous les préjugés qui affligent la société, un principe bien puissant dirige ma conduite, et sera toujours le mobile de mes actions ; c'est que j'adore la vertu, et que j'abhorre le crime. Oui, la vertu malheureuse est digne de mon hommage, de tous mes bienfaits ; mais le crime, fût-il couvert d'or, rien ne saurait m'en rapprocher : la ligne qui nous sépare ira se perdre dans mon tombeau.
VICTOR.
N'en doutez pas ; mon père, quel qu'il soit, doit être vertueux, je le sens à mon cœur, à mon amour pour le bien ; il ne peut être que malheureux.
LE BARON.
Ce sera un titre de plus à mon estime.
VICTOR.
Hé bien, homme généreux ! dès que les dangers qui vous menacent seront dissipés, je partirai, et ne tarderai point, je l'espère, à revenir vous sommer de faire mon bonheur.
LE BARON.
La main de Clémence t'attend au retour.
VICTOR.
Mais où le chercher ce père tant desiré ? quels lieux m'ont vu naître ? et puis-je me flatter de l'y trouver encore ?
LE BARON.
Je te dois à cet égard tous les renseignemens qui sont en mon pouvoir. Tu sais que je t'ai trouvé exposé, il y a bientôt vingt-quatre ans, dans une caverne à l'entrée de la forêt de Kingratz.
Mad. GERMAIN, à part.
A l'entrée de la forêt de Kingratz ! il y vingt-quatre ans !
LE BARON.
La richesse de ton berceau m'a toujours fait présumer que tes

parens n'étaient point dans l'indigence ; mais que quelque circonstance impérieuse les avait forcés d'en agir ainsi. Ce portrait que je trouvai sur toi n'a servi qu'à confirmer mes conjectures. Je te le remets ; il peut t'être utile dans la recherche que tu vas entreprendre.

CLÉMENCE, *prenant le portrait.*

C'est une femme... oh ! qu'elle est jolie !... *(A madame Germain.)* Vois donc, ma bonne amie.

Mad. GERMAIN, *après avoir regardé le portrait.*

Se peut-il ! ô ciel !

LE BARON.

Qu'avez-vous, madame Germain ?

VICTOR.

D'où naît ce trouble ?

Mad. GERMAIN.

Ce portrait... monsieur...

LE BARON.

Hé bien... ce portrait.

Mad. GERMAIN.

Sachez.....

CLÉMENCE.

Achevez donc.

Mad. GERMAIN.

Sachez que c'est...

SCENE IV.

LES PRÉCÉDENS, VALENTIN.

(On sonne l'alarme, des cris de aux armes se font entendre. Le jour baisse.)

VALENTIN, *accourant.*

Eh vîte ! eh vîte ! sauvez-vous ; Roger sera dans un moment au pied des murailles...

LE BARON, *à Clémence et à Mad. Germain.*

Rentrez dans le château.

VALENTIN.

Il est suivi d'une troupe nombreuse.

VICTOR.

Retire-toi, ma Clémence.

CLÉMENCE.

Mon père, cette nuit parait devoir être terrible : qui peut deviner l'issue d'un combat incertain ?... Permettez que mon amant...

LE BARON.

Je t'entends. Viens, mon fils, viens presser sur ton cœur celle que tu vas défendre. *(Victor et Clémence s'embrassent.)*

VICTOR.

Vienne maintenant Roger !.... je me sens invincible.

CLÉMENCE, *à Victor.*

N'expose pas trop des jours qui me sont chers.

VICTOR.

Valentin, je te recommande ces dames. Rentrez aussi, mon père.

VALENTIN.

Reposez-vous sur moi.

LE BARON, *à Victor.*

Je te rejoindrai bientôt. *(Tous, excepté Victor, rentrent dans le château.)*

(Il fait nuit.)

SCÈNE V.

(Victor crie aux armes, la trompette sonne l'alarme dans les cours, et le son lugubre du beffroi se fait entendre de la tourelle du fond. Victor fait la revue de ses troupes, et les distribue aux différens postes.)

(On voit défiler dans le lointain les troupes de Roger conduites par lui-même. Plusieurs des brigands portent des flambeaux. On les perd de vue un moment, mais ils reparaissent bientôt, et viennent s'établir vis-à-vis le rempart du fond. Un hérault s'avance jusqu'au bord du fossé, et sonne trois fois du cor : voyant que personne ne se présente, Roger fait recommencer. Alors, un officier paraît en haut de la vieille tour, et lui répond :)

L'OFFICIER.

On n'a rien à démêler avec un brigand tel que toi. Fuis, si tu crains la mort.

ROGER.

Moi fuir !... Amis, secondez ma fureur.

(Roger dirige une partie de sa troupe vers le pont-levis, et, suivi d'un petit nombre, s'avance bien distinctement vers la droite, comme pour s'emparer de la vieille tour.)

(*Les remparts sont bientôt garnis : on se bat avec acharnement. La scène n'est plus éclairée que par les torches et le feu de la mousqueterie. Les assiégeans sont repoussés au fond. Alors tous leurs efforts se dirigent sur le pont-levis : il est enfoncé, et les indépendans se précipitent dans la cour. Mais Victor, suivi d'un bon nombre des siens, les repousse : ils sont contraints de repasser le pont, et Victor les poursuit encore au-delà des remparts.*)

(*Dès que Victor et sa suite ont disparu, Forban paraît à l'angle de la vieille tour, et s'avance avec précaution pour s'assurer que les combattans se sont éloignés.*)

FORBAN, *à demi-voix.*

Capitaine..... capitaine..... *(Roger paraît accompagné de quelques brigands.)* les ennemis sont sortis ; relevons le pont... la victoire est à nous. *(La porte du bâtiment de droite s'ouvre ; le baron en sort bien accompagné.*)

LE BARON.

C'est ce que nous allons voir.

(*Les gens du baron fondent sur les brigands qui, étant en nombre inférieur, s'échappent et fuent de toutes parts. Le baron reste seul avec Roger : il se livre entre eux un combat assez vif. Le baron se défend vigoureusement ; mais enfin ses forces le trahissent, il va succomber...*)

ROGER.

Rends-toi, ou tu es mort.

LE BARON.

Moi me rendre à Roger !...

VICTOR, *accourant.*

Tu es Roger !... monstre, tu vas périr !...

(*Victor dégage le baron, et se bat avec fureur contre Roger. Dans ce moment, madame Germain, forcée par l'incendie de la vieille tour de se sauver, sort par la petite porte qui donne sur la plate-forme. Le combat de Victor et de Roger la frappe : elle rentre dans le bâtiment, et descend avec précipitation. La victoire, long-tems incertaine, penche enfin du côté de Victor : il désarme Roger, et va le percer, quand celui-ci s'échappe, passe derrière une colonne, et lui tire un coup de pistolet. Victor, furieux, fond sur lui, le terrasse, et lève le bras pour frapper. Madame Germain accourt, se jette au-devant du coup, et s'écrie :*)

Mad. GERMAIN.

Arrêtez, malheureux ! vous allez commettre un crime.

VICTOR.

Un crime !

Mad. GERMAIN.

Sauve-toi, Roger ; ne t'expose pas à périr de la main de ce jeune homme.

(*Stupéfaction générale. Tableau. Victor, anéanti, laisse échapper son sabre Le baron, qui pendant le combat de Roger et de Victor, était sorti par le pont-levis pour aller chercher du secours, rentre, et reste immobile, ainsi que sa suite. Clémence est consternée; madame Germain est toujours devant Victor, et retient son bras. Roger seul est de sang-froid : il profite de leur étonnement, se leve, s'échappe, saute sur le rempart, et se précipite dans le fossé. Des cris de victoire retentissent dans tout le château On voit les indépendans en désordre regagner les montagnes en fuyant.*)

SCENE VII.

LES PRÉCÉDENS, VALENTIN, *avec le reste des troupes du château.*

VALENTIN.

Ah! ah! je vous l'avais bien dit, monsieur le baron, que nous leur ôterions l'envie d'y revenir!

VICTOR.

Allez-vous reposer, mes amis.

VALENTIN.

J'irai bientôt vous aider à réparer le désordre. (*Tout le monde sort.*)

SCENE VIII.

LE BARON, VICTOR, CLÉMENCE, Mad. GERMAIN, VALENTIN.

LE BARON, *à madame Germain.*

Je prétends savoir, madame, quel intérêt vous attache à ce brigand. Sans autre recommandation que celle du malheur, nous nous armons pour votre défense; votre ennemi prétendu tombe entre nos mains, et vous nous l'arrachez au moment où sa mort allait délivrer l'Allemagne d'un de ses fléaux les plus terribles!

Mad. GERMAIN.

Monsieur. (*A part.*) Pourquoi suis-je venue ici?

VICTOR.

Répondez, madame ; êtes-vous la complice, la femme ou l'amie d'un monstre pour lequel vous témoignez tant d'attachement ?

Mad GERMAIN.

Que me demandez-vous ?

VICTOR.

La vérité.

Mad. GERMAIN.

Tremblez de l'apprendre ce terrible secret.

LE BARON.

Expliquez-vous.

VICTOR.

Parlez, madame..... quel est-ce brigand ?

Mad. GERMAIN.

C'est vous qui m'y forcez.....

LE BARON.

Je le veux.

VICTOR.

Je l'exige.

Mad. GERMAIN, *à Victor.*

Eh ! malheureux ! c'est ton père.

LE BARON.

Son père !

CLÉMENCE, VALENTIN.

Roger son père !

VICTOR, *tombant dans les bras de Valentin.*

Lui mon père !... Oh mon dieu ! (*Tous sont consternés.*)

Mad. GERMAIN.

Oui, Roger est son père... Je fus l'amie de la malheureuse Adèle sa mère, que ce monstre avait enlevée à ses parens, et que je ne voulus jamais abandonner. Cette infortunée, affaiblie par la douleur, et sentant sa fin approcher, me conjura de soustraire cet enfant qu'elle chérissait à l'infame métier auquel le destinait son père. « Oh mon amie ! me dit-elle, dérobons cette innocente créature au crime qui l'entoure et qui l'attend ; confions-le aux « soins de quelque étranger généreux et compatissant ; je « consens à me priver de mon fils pourvu qu'il soit vertueux. » Environnées de brigands qui nous surveillaient, je fus long-tems sans trouver l'occasion de la satisfaire. Enfin, elle se présenta : j'aperçus un jour un homme endormi à l'entrée d'une des cavernes que nous occupions dans la forêt de Kingratz ; cet homme c'était vous, monsieur le baron. Vos vêtemens m'annoncèrent que vous étiez dans l'opulence : j'examinai vos traits ; ils portaient tous l'empreinte de la probité. Oui, me disje, voilà celui que je cherche. Je cours prendre ce dépôt précieux, et je l'apporte à vos pieds. Mais, ô fatale précaution !...

VICTOR.

Qu'allez-vous encore m'apprendre ?

Mad. GERMAIN.

Roger, de retour d'une expédition, demande à embrasser son fils. « Tu ne le verras plus, lui répond ma courageuse amie, je l'ai soustrait à tes infames projets.... Malheureuse ! poursuit Roger. Où est-il ? rends-moi mon fils. — Non, jamais Il est perdu pour toi. » A ces mots, le tigre se précipite sur elle, et lui perce le sein.

VICTOR.

O jour d'horreur !

LE BARON.

O crime abominable !

Mad. GERMAIN.

L'infortunée expira dans mes bras après avoir exigé de moi le serment de ne jamais révéler ses cruelles aventures, et de ne point apprendre à son fils le mystère de sa naissance, si le hasard me le faisait rencontrer. Je sens que je vous déchire l'ame....

VICTOR.

Qu'avez-vous fait, femme imprudente !

Mad. GERMAIN.

J'ai dû empêcher un parricide.

CLÉMENCE.

Pauvre Victor ! que je te plains !

VALENTIN.

Malheureux jeune homme ! il est donc vrai que la vertu peut naître du crime !

LE BARON.

Viens, ma fille ; suis-moi.

VICTOR, *se jetant à ses pieds.*

Ne fuyez pas l'infortuné Victor... Arrêtez mon pè... monsieur... Ah ! je le vois, je ne suis pour vous qu'un objet d'horreur.

LE BARON.

Qu'un malheureux... que je plains... que j'estime.

VICTOR.

Est-il bien vrai que vous me conservez votre estime ?

VALENTIN.

Avez-vous rien fait pour qu'on vous en prive ?... Je réponds, moi, que vous la méritez plus que jamais.

VICTOR.

Mon bonheur serait...

LE BARON, *le fixant.*

Dieu !.. ce sont les traits de son père !... Viens, Clémence...

CLÉMENCE.

Mais songe qu'il n'a pas son cœur.

Mad. GERMAIN.

Il a votre ame toute entière.

VALENTIN.

Et qu'importe son père ?.. n'est-il pas bon et vertueux ?

CLÉMENCE, *au baron.*

Toi-même te plaisais souvent à le dire... Comment un seul mot a-t-il pu changer les projets que tu viens de faire ?...

LE BARON.

Moi t'unir au fils de Roger !... que je déshonore ma famille par cet hymen honteux ! cesse de l'espérer... Viens.

CLÉMENCE.

Puis-je le quitter dans cet affreux moment ?

LE BARON.

Viens, te dis-je...

CLÉMENCE.

Mon père !...

LE BARON.

Je l'exige. *(Il l'entraîne.)*

VICTOR.

Clémence, et toi aussi tu me fuis !...

CLÉMENCE *échappe à son père, et se précipite dans les bras de Victor.*

Non, Victor, je ne te quitte plus.

LE BARON.

C'est trop me résister. *(Il l'entraîne de nouveau.)*

CLÉMENCE *jette un cri perçant, et tombe aux genoux de son père.*

Mon père !...

VICTOR, *se jetant au-devant du baron, et se menaçant d'un poignard.*

Arrêtez, ou je meurs à vos yeux.

Mad. GERMAIN, *à genoux.*

Prenez pitié de leur douleur.

VALENTIN, *avec beaucoup de feu.*

Comment a-t-il pu mériter tant de rigueur ? il est malheureux, d'accord ; mais n'est-il pas toujours, dites-moi, ce même Victor que vous chérissiez tant, que vous vous plaisiez à nommer sans cesse votre fils ?.... Hé bien ! peut-il être responsable des torts de son père ? devez-vous, pouvez-vous le punir d'une faute qu'il n'a point partagée ?... Non, monsieur... vous vous êtes montré jusqu'à présent trop sensible, trop équitable pour vouloir commettre une injustice aussi révoltante...

(Ici le baron fait un mouvement d'impatience. Valentin se jete à genoux, et poursuit avec la plus grande sensibilité.)

Oh ! je vous demande bien pardon, monsieur le baron..... mais c'est que je l'aime tant.... je le vois si malheureux, que mon cœur ne peut plus se contenir.... Je vous le demande en grace... ne le désespérez pas, ce pauvre jeune homme.

CLÉMENCE.

Mon père, n'est-ce pas toi qui m'as ordonné de l'aimer?...

LE BARON, *vivement ému.*

Levez-vous, mes enfans, et venez sur mon sein. *(Victor et Clémence se lèvent, et se précipitent dans ses bras.)* Vous m'avez attendri; votre douleur l'emporte, et tu peux encore espérer d'être l'époux de ma fille.

VICTOR, *avec ivresse.*

Moi son époux!

LE BARON.

Oui, tu le peux. Ecoute le projet que je viens de former : madame Germain nous a dit que Roger brûlait de retrouver son fils, et qu'il était disposé à l'accabler de toute la tendresse d'un père : hé bien ! va le trouver, rends-lui son fils pour un moment, dis-lui que, s'il souscrit à mes vœux, l'hymen va t'unir à ma fille; mais que j'exige d'abord qu'il renonce à son infame métier, qu'il quitte un nom couvert d'opprobre, pour en prendre un dont tu n'aies point à rougir : dis-lui qu'il aura, par mes soins, une retraite assurée dans la partie la plus agréable de l'Allemagne. Mais que je veux de sa part un entier sacrifice. S'il t'en fait le serment, et qu'il y soit fidèle, je te jure que tu seras l'époux de Clémence : s'il refuse mes offres, au contraire, tu ne la reverras jamais... Qu'en penses-tu, Victor, puis-je faire davantage ?

VICTOR.

O digne bienfaiteur ! tant de bonté m'accable. Oui, je vais le trouver.... je saurai la soumettre cette ame fière et rebelle !... Roger ne pourra résister aux tendres sollicitations d'un fils qui attend de lui son bonheur.

VALENTIN.

Pour cette fois, monsieur, je vous suivrai.

VICTOR.

Non, Valentin; mon absence ne sera pas longue.

VALENTIN.

C'est égal, monsieur. Croyez-vous que je vous laisse aller seul au milieu d'une troupe de brigands ?..... Ils n'auraient qu'à vous tuer.... je me reprocherais votre mort toute ma vie... au lieu qu'à deux on peut se défendre au moins.

VICTOR.

Sois tranquille; je ne cours aucun danger.... *(Au baron.)*

Je vais donc partir, et ne tarderai point à revenir digne de vos bienfaits.

LE BARON.

Ce sera combler mes desirs. Je vais tout disposer pour ton départ. (*Il sort. Clémence et madame Germain vont pour le suivre. Victor arrête Clémence.*)

SCENE IX.

LES PRÉCÉDENS, *excepté* LE BARON.

VICTOR.

Clémence, quoique j'espère triompher de Roger, et le rendre à la vertu, je ne me dissimule point cependant les difficultés d'une pareille entreprise, et je frémis de la condition que m'a imposée ton père, si le succès ne couronnait point notre attente.....

CLÉMENCE.

Ne parle pas de cela, Victor.... tu me désespères.

VICTOR.

Accepte, ma Clémence, comme un gage de mon amour, ce bracelet de cheveux que ta main a tissus; porte-le toujours, qu'il te rappelle un infortuné qui méritait peut-être un meilleur sort.

CLÉMENCE, *détachant son écharpe.*

Tiens, Victor, prends cette écharpe; qu'elle te conduise partout au champ d'honneur, et si le sort nous sépare, qu'elle te rappelle ta Clémence et cette maison hospitalière où ton enfance trouva un asile doux et tranquille. Jure moi qu'elle ne te quittera jamais, et que jamais surtout elle n'ornera le sein d'une rivale.

VICTOR.

Je le jure.

(*Victor met un genou en terre, et Clémence le ceint de son écharpe; ensuite elle se jette à genoux près de lui, et tous deux prononcent le serment suivant:*)

VICTOR.

O Dieu! toi qui connais nos cœurs et la pureté de nos sermens, daigne les consacrer ces sermens inviolables par ton auguste protection.

CLÉMENCE.

Je jure en ta présence et celle de nos amis les plus chers,

de ne vivre que pour celui que mon cœur a choisi dès l'enfance, et de n'être jamais à d'autre.

(*Ils se relèvent d'un air calme et serein. Clémence tend la main à Victor, qui la couvre de baisers; puis elle rentre dans le bâtiment de droite, soutenue par madame Germain, tandis que Victor et Valentin vont rejoindre le baron. La toile tombe sur ce tableau.*)

FIN DU SECOND ACTE.

ACTE III.

Le théâtre représente un lieu sauvage où est assis le camp des indépendans. A gauche, sur le devant, est une espèce de tente pour Roger, formée par une draperie suspendue à des arbres ; dans le fond, plusieurs arcades taillées dans le roc, et qui paraissent servir d'entrée à des souterrains ; au-dessus des rochers un bois, dans lequel on a placé des sentinelles.

Le vaste intervalle qui est entre la tente et les souterrains est occupé par des grouppes de brigands dont les uns dorment, les autres boivent, jouent, etc.

Roger est assis sous sa tente, le bras appuyé sur un tronc d'arbre, et paraît quelque tems absorbé dans ses réflexions.

Morneck est couché sur le devant à droite.

SCENE PREMIERE.

ROGER, MORNECK, Indépendans.

ROGER.

Non, je ne reviens point de ma surprise ! Roger qu'aucun péril n'effraie, que jamais personne n'a vaincu... Roger a échoué devant un enfant ! Oh ! je m'en vengerai cruellement ! je prétends avant trois jours réduire en cendres le château de cet insolent baron..... il apprendra si c'est impunément qu'on me résiste.

SCENE II.

LES PRÉCÉDENS, FORBAN.

(On entend dans le lointain une marche militaire.)

FORBAN.

Capitaine, la troupe de Dragovick rentre au camp, et demande à partager les prises qu'elle a faites.

ROGER.

J'y vais. A-t-on relevé les postes ?

FORBAN.

Oui, capitaine.

(Roger sort.)

SCENE III.

FORBAN, MORNECK, INDÉPENDANS.

MORNECK, *se levant.*

Forban, les prises sont-elles considérables ?

FORBAN.

Mais pas mal.

MORNECK.

Il aurait mieux valu pour nous que nous fussions de cette expédition que d'aller attaquer ce diable de château.

FORBAN.

Oui : vraiment : cette nuit nous a coûté cher.

MORNECK.

Nous avons perdu là de braves camarades.

FORBAN.

Et demandez-moi pourquoi tant de monde tué ? pour une femme. Comme si le capitaine Roger n'en avait pas d'autres cent fois plus belles à sa disposition.

MORNECK.

Ce n'est pas qu'il en soit amoureux. Mais elle fut autrefois l'amie de sa femme, et il espère toujours la forcer de lui apprendre ce qu'est devenu ce fils qu'il regrette, et dont il nous entretient quelquefois. Il serait à peu près du même âge que le fils du baron ; et Roger comptait en faire un jour notre chef.

FORBAN.

A propos de ce jeune homme, sais-tu qu'il est intrépide ; il se bat comme un enragé.

MORNECK.

Comment, diable !... il a failli tuer notre capitaine.

FORBAN.

Lui !

MORNECK.

Oui, vraiment.

FORBAN.

Ah ! mille morts ! c'est fait de lui s'il tombe jamais entre nos mains ! *(Il se fait un grand bruit en-dehors.)*

VICTOR, *en dehors.*

Je veux voir Roger.

UN INDÉPENDANT, *de même.*

Tu ne le verras pas.

VICTOR, *de même.*

Je le verrai, vous dis-je.

MORNECK.

Vois donc, Forban, quel est cet homme qu'on amène.

FORBAN.

Heureux hasard ! c'est lui-même... j'en veux faire un sacrifice.

SCÈNE IV.

LES PRÉCÉDENS, VICTOR, *désarmé et conduit par plusieurs indépendans.*

MORNECK.

Que viens-tu faire ici, jeune insensé ?

FORBAN.

C'est donc toi qui as fait égorger et brûler nos camarades ? Je ne sais qui retient ma colère... je devrais...

(Il tire un pistolet de sa ceinture ; Morneck l'arrête.)

VICTOR.

Lâche ! il est bien digne de toi d'insulter un ennemi sans défense !... Si je disais un mot tu rentrerais dans la poussière, et Roger lui-même prendrait soin de me venger ; mais tu es trop vil à mes yeux pour que je m'abaisse à te punir.

MORNECK.

Mais, enfin, qui t'amène en ces lieux ?

VICTOR.

J'y viens parler à Roger.

FORBAN.

Et que lui veux-tu ?

VICTOR.

Tu le sauras, s'il juge à propos de t'en instruire.

FORBAN, *faisant mine de vouloir le tuer.*

C'en est trop... *(A Morneck qui le retient encore.)* laisse-moi venger nos camarades.

VICTOR.

Qu'on me conduise à lui, et tu vas pâlir en sachant qui je suis.

FORBAN.

Le voici.

SCÈNE V.

LES PRÉCÉDENS, ROGER.

MORNECK.

Capitaine, un envoyé du baron de Fritzierne demande à te voir.

ROGER, *reconnaissant Victor.*

C'est toi, jeune homme ! que me veux-tu ?

VICTOR.

Te parler sans témoins.

ROGER.

Parle ; ce sont mes amis.

VICTOR.

Je ne le puis : il s'agit d'un secret qui te concerne.

ROGER.

D'un secret...qui...me...concerne ? *(A ses officiers.)* éloignez-vous un moment.

(Forban en s'éloignant témoigne de l'humeur.)

Nous sommes seuls, qu'as-tu à me dire ?

SCÈNE VI.

VICTOR, ROGER, INDÉPENDANS.

VICTOR.

Me connais-tu, Roger ?

ROGER.

Oui, comme un ennemi que j'ai combattu.

VICTOR.

Sais-tu qui je suis ?

ROGER.

Non : mais, enfin, qui t'amène ici ?

VICTOR.

Il te souvient du jour où la malheureuse Adèle expira sous tes coups.

ROGER.

Ah ! ne me rappelle pas ce douloureux souvenir !

VICTOR.

Hé bien ! ce fils qui causa la mort de sa mère....

ROGER, *vivement et avec ame.*

Parle...oh !..oui...parle-moi de ce fils que j'aime, et que toutes mes recherches n'ont pu faire découvrir.

VICTOR.

Ce fils qu'on t'a enlevé...

ROGER.

Le connaîtrais-tu ?

VICTOR.

Et qui jusqu'à présent n'avait connu que le bonheur....

ROGER.

Il serait malheureux ! dis-moi, où est-il ?... que fait-il ?

VICTOR.

Il vient trouver son père.

ROGER, *avec ivresse.*

Trop heureux Roger ! tu vas revoir ton fils ! je vole au-devant de lui... Achève... de grâce... où est-il ?...

VICTOR.

Devant toi.

ROGER.

Quoi ! tu serais...

VICTOR.

Oui, je suis le fils d'Adèle.

ROGER.

Mais comment...

VICTOR, *lui présentant le portrait d'Adèle.*

Reconnais-tu ce portrait ?

ROGER.

C'est elle; oui, la voilà !.. Viens dans mes bras... que je te presse sur ce sein paternel !... (*Avec beaucoup d'ame.*) Dis-moi, mais dis-moi donc qui m'a rendu mon fils, et à qui je dois le bonheur de le revoir ?

VICTOR.

A madame Germain : c'est elle qui m'a révélé le secret de

ma naissance, et qui m'a remis entre les mains du baron de Fritzierne, à qui je dois tout.

ROGER.

Le baron de Fritzierne !...

VICTOR.

Hélas ! elle a détruit d'un mot tout le charme de ma vie.

ROGER.

Je ne te comprends pas.

VICTOR.

Oui, les liens qui m'attachent à toi causent à jamais mon malheur.

ROGER.

Moi causer le malheur de mon fils !

VICTOR.

Mais d'un mot tu pourrais le faire cesser.

ROGER.

Serait-il vrai ?

VICTOR.

Oui, il dépend de toi...

ROGER.

Parle... parle, mon fils.

VICTOR.

Le baron de Fritzierne a une fille charmante : Clémence était l'objet de tous mes vœux ; nous nous aimions, son père consentait à nous unir, j'allais être heureux, lorsque le fatal secret de ma naissance se découvre. Dès lors le mépris m'environne, on me rejette au loin, et le sang de la vertu ne peut s'unir au mien.

ROGER.

Achève.

VICTOR.

Je voulais fuir, ensevelir ma honte au fond des déserts : une voix bienfaisante me rappelle : « Va trouver ton père, me dit ce tendre protecteur ; dis-lui que je puis tout oublier s'il se rend à mes vœux ; que je partage avec lui ma fortune, pourvu qu'il abandonne ses complices, qu'il fuie pour jamais une terre arrosée du sang de l'innocent, qu'il aille vivre dans une retraite profonde ; qu'enfin il ne soit plus Roger, et je te donne ma fille...

ROGER, *à part*.

Quel orgueil !

VICTOR.

« Mais s'il se refuse à tes desirs, s'il rejette mes bienfaits, va, fuis loin de moi, de ton amante : le même lieu ne nous verra plus réunis. »

ROGER.
Hé bien ?
VICTOR.
Voilà, Roger, ce que m'a dit le plus généreux des hommes. Tel est le motif qui m'a fait chercher ta présence. Parle, te sens-tu la vertu nécessaire pour quitter le métier que tu fais ? pour assurer le bonheur de ton fils et le repos de ta vieillesse ? J'attends ta réponse pour te serrer dans mes bras, ou te fuir pour jamais.
ROGER.
A-t-il pu croire, ton orgueilleux baron, que je serais assez lâche pour abandonner les guerriers qui me suivent, l'éclat qui m'environne, pour aller vivre obscurément comme celui que la nature a formé sans courage et sans forces ! Non, qu'il ne l'espère pas.
VICTOR.
Tu refuses donc de faire mon bonheur ?
ROGER, *avec effusion.*
Au contraire, mon fils. Consens à rester près de moi, tu me verras sans cesse occupé des moyens de te plaire et de te rendre agréable ce séjour. (*Avec dignité.*) Va, tu préféreras bientôt les charmes d'une vie libre et indépendante aux prétendus avantages que les préjugés semblent te promettre dans la société : chacun de mes soldats, qui ne voit en moi qu'un père, te regardera comme un nouvel ami ; tes exploits ne tarderont point à t'associer à ma gloire, et ton nom, devenu fameux, sera bientôt digne du mien.
VICTOR.
Ainsi l'éclat d'une fausse gloire, l'espoir d'un bonheur imaginaire ferme ton cœur aux plus doux sentimens de la nature, et te prive des plus précieuses jouissances !...
ROGER, *avec tendresse.*
L'amour de mon fils me suffit.
VICTOR.
Hé bien ! rends-toi donc à ses desirs... Roger !... peux-tu demeurer insensible à mes prières, à ma douleur ?...
ROGER, *un moment ému, reprend d'un ton calme et ferme.*
Non, mon fils, je ne puis céder à tes vœux. Mes trésors, ma vie même, j'aurais pu te les donner ; mais le sort de mes camarades, leur bonheur, leur amour, tout cela n'est point à moi ; je ne puis en disposer. C'est à regret que je t'afflige ; mais rien ne me fera changer.
VICTOR, *s'éloignant.*
Adieu, Roger.
ROGER, *vivement.*
Quoi !... tu veux déjà te séparer de moi ? Non, mon fils, je ne te laisserai point partir sitôt.

VICTOR.

Voudrais-tu me retenir?

ROGER.

Je ne prétends point disposer de ta liberté. Tu partiras, mais dans quelques jours, lorsque j'aurai eu le tems de te faire connaître ces hommes que tu méprises, et ton père lui-même que tu crains d'appeler de ce doux nom.

VICTOR.

Moi que je consente jamais à vivre avec de tels brigands!

ROGER.

Brigands!.. et qui t'a dit que mes camarades méritassent de porter ce nom? Je ne te cacherai pas que plusieurs d'entr'eux avaient eu une jeunesse fougueuse, et que moi-même, poussé avec ardeur vers le vice, qui me semblait plus attrayant que la vertu, j'avais bien quelques torts à me reprocher: quoiqu'il en soit, ces hommes ardens, audacieux, m'ont choisi pour leur chef, pour leur premier ami; dès ce moment j'ai formé le projet de les rendre meilleurs, de les soumettre à des statuts, à des convenances sociales, et tu vas voir si j'y suis parvenu. *(Il tire un coup de pistolet: tous les indépendans se lèvent; Forban, Fausmann, Morneck et Dragovick accourent.*

SCENE VII.

LES PRÉCÉDENS, FORBAN, FAUSMANN, MORNECK, DRAGOVICK, INDÉPENDANS.

ROGER.

Camarades, ce jeune homme est le fils d'une victime innocente qui est tombée sous mes coups: il m'est cher comme mon propre fils; que tout le monde ait ici pour lui les plus grands égards: la moindre insulte qui lui serait faite serait regardée par moi comme un outrage envers ma personne, et je la vengerais dans le sang du coupable. Vous m'entendez. Il n'y aura point de travaux aujourd'hui: que chacun se prépare aux honneurs que je vais rendre à ce jeune étranger. Forban, rassemble nos camarades, et que mes ordres soient promptement exécutés. *(Tout le monde se retire.)*

SCENE VIII.
ROGER, VICTOR.

ROGER.

Tu les connaîtras bientôt ces hommes que tu traites de

brigands, et tu me diras alors si tu as vu dans la Misnie, la Moldávie, dans toute l'Allemagne des troupes mieux tenues, plus soumises et mieux disciplinées !

VICTOR.

Eh ! n'est-ce point avec ces mêmes hommes que depuis vingt ans tu portes le deuil et la désolation par toute l'Allemagne ?

ROGER.

Tu te trompes, mon fils ; je n'ai fait que défendre le faible contre les vexations des riches insolens et oppresseurs.

VICTOR.

Qui t'en a donné le droit ?

ROGER.

Mon amour pour l'humanité.

VICTOR.

Et qui t'a dit qu'ils fussent coupables ?

ROGER.

Leurs victimes.

VICTOR.

S'il était vrai, la loi les eût frappés.

ROGER.

Elle ne l'a point fait.

VICTOR.

N'importe ; les punir autrement est un assassinat.

ROGER, *avec impatience.*

Mon fils !

VICTOR

Quoi ! sans autre droit qu'un horrible caprice, qu'une criminelle ambition, vous allez ravager leurs terres, dévaster leurs campagnes, la crainte et l'effroi volent devant vous, le feu, le sang, le carnage et la mort vous suivent et vous accompagnent ; Ah ! Roger !... quand même on les eût égarés, ce n'est point en les égorgeant qu'on ramène les hommes.

ROGER, *d'un ton ferme.*

C'est assez... je pardonne à ton aveuglement.

VICTOR, *à part.*

C'en est fait, ma Clémence, je te perds pour jamais !

SCENE IX.

LES PRÉCÉDENS, FORBAN, MORNECK, DRAGOVICK, FAUSMANN, INDÉPENDANS, NÈGRES, LUTTEURS.

(*Une musique guerrière et bruyante se fait entendre. On voit arriver en bon ordre les différens corps de la troupe de Roger: Le premier est commandé par Forban, le second par Mor-*

neck, le troisième par Fausmann, le quatrième par Dragovick. Au milieu des pelotons, on distingue six lutteurs nus et couverts d'une simple draperie. Les troupes exécutent en présence de Victor différentes évolutions; ensuite elles forment une enceinte, dans laquelle entrent les lutteurs. Les prix destinés aux vainqueurs sont portés sur des carreaux par des nègres. Les luttes commencent. Après le premier assaut, les vainqueurs se présentent à Roger pour être couronnés; mais Dragovick quitte son rang, et vient les défier : il les combat, les défait tous, et remporte le prix.)

(Après la lutte, six concurrens se présentent pour un combat au sabre Forban et Dragovick combattent à la hache; Morneck et Fausmann s'attaquent au poignard. Ces combats particuliers sont suivis d'un assaut général, dans lequel tout est confondu. On voit les sabres et les haches voler sur la tête des lutteurs. Enfin, les vaincus sont terrassés, et le tournoi se termine par un tableau vigoureusement dessiné, dans lequel les vainqueurs emploient tour à tour la force et l'adresse pour retenir leurs adversaires.)

(Une fanfare annonce la fin du tournoi, les vainqueurs sont conduits à Roger qui les couronne, ils rentrent ensuite dans les pelotons, et les troupes défilent dans le même ordre qu'auparavant.)

SCENE X.

ROGER, VICTOR.

ROGER, *à Victor.*

Suis-moi; viens visiter mon camp; j'espère détruire entièrement tes préjugés à notre égard.

VICTOR.

Ne t'en flatte pas, Roger.

ROGER.

Hé bien! si tu persistes, tu seras maître alors de me quitter; mais ce ne sera pas du moins sans que je t'aie comblé de bienfaits qui te mettent à l'abri de l'infortune. Viens.

VALENTIN, *en-dehors.*

Je lui parlerai, vous dis-je; je veux voir mon maître: je ne m'en retournerai pas sans l'avoir vu, d'abord... On me tuerait plutôt.

CLEMENCE, *en-dehors.*

Le voilà, Valentin!... le voilà!...

SCÈNE XI.

LES MÊMES, VALENTIN. CLÉMENCE *en habits d'homme*

VICTOR, *allant à eux, et les embrassant.*

Valentin !... Clémence !...

VALENTIN.

Mon cher maître !

CLÉMENCE.

Victor !

VALENTIN.

Mon bon maître ! que je suis heureux de vous revoir !

ROGER.

Que sont ces étrangers ?

VALENTIN.

Je suis son vieil ami ; c'est moi qui l'ai élevé. Il ne m'a pas permis de le suivre ce matin ; mais je n'ai pu résister au désir de savoir quelle impression ses discours avaient produit sur vous. (*A Victor.*) Mademoiselle Clémence, ai-je dit, il faut que j'aille voir ce que fait là-bas notre jeune maître... C'est que, vraiment, ça me tourmentait de ne plus vous voir..... Oh ! je n'y étais plus... Enfin, que vous dirai-je ? Quand mademoiselle m'a vu bien décidé à venir vous trouver, elle m'a dit : Mais Valentin, si je t'accompagnais, si j'allais joindre mes instances à celles de Victor ?... Sans doute, mademoiselle, venez... cela ne peut que produire un bon effet : un homme, quelque dur qu'il soit, ne peut être tout à fait insensible aux larmes d'une jeune et jolie femme... Mettez vos habits d'homme, et sortons comme si nous allions à la promenade... Nous sommes partis... et nous voilà.

VICTOR, *les embrassant.*

Mes bons... mes chers amis !

VALENTIN.

Mais à présent... voilà qui est bien décidé, je ne vous quitte plus... j'ai eu trop peur de vous perdre.

ROGER, *à Victor, en montrant Clémence.*

Quoi ! c'est là...

VICTOR.

Oui, c'est là cette Clémence que j'adore, que tu refuses de nommer un jour ta fille, et qui ne craint point de venir te prier de céder à mes vœux...

ROGER.

C'est à ce regret que je vous afflige, mais je te l'ai déjà

7

dit, je ne puis quitter mes camarades... Un serment solemnel m'attache à eux...

CLÉMENCE.

Hé quoi! tu pourrais être insensible au cri de la nature!...

VICTOR.

Ah, Roger, rends-moi mon père : je le sens à mon cœur, il m'est impossible d'étouffer la voix qui me parle pour toi.

ROGER.

O mon cher fils!... qu'ils me sont doux ces tendres épanchemens!...

VICTOR.

Hé bien! si tu l'aimes ce fils, souscris à ses desirs.

CLÉMENCE.

Peux-tu rien comparer aux plaisirs qui t'attendent, lorsque, vivant sans crainte, sans remords, dans une retraite ignorée et profonde...

VICTOR.

Au milieu des enfans dont tu auras comblé les vœux, et qui te devront leur bonheur.

CLÉMENCE.

Nous te prodiguerons chaque jour les plus tendres caresses...

VICTOR.

Et que tu verras s'élever autour de toi des êtres intéressans, à qui nous apprendrons, dès leur naissance, à te bénir, à t'aimer...

CLÉMENCE.

Crois-moi, Roger, rien ne remplace ces délicieux instans.

ROGER, *avec émotion.*

Laissez-moi, mes amis...

VICTOR.

Tu t'attendris, Roger!

CLÉMENCE, VICTOR, *se jetant à genoux.*

Cède! ah! cède à ma prière!...

VALENTIN.

Consentez à faire leur bonheur....

CLÉMENCE, *aussi à genoux.*

Un mot...

VICTOR.

Un seul mot.... et tu es digne d'être père!...

ROGER, *se baissant pour les relever, et avec beaucoup d'émotion.*

Levez-vous, mes enfans..... Vos larmes..... votre douleur ont fait sur moi....

(*On entend un son de trompette en signe d'alarme : Roge se relève, et Morneck entre.*)

SCENE XII.

LES MÊMES, MORNECK.

MORNECK.

Capitaine, le corps considérable qui nous poursuit, et que nos vedettes avaient signalé hier, s'avance sur la forêt. Si tu n'y prends garde, nous ne tarderons point à être investis.

ROGER.

Il suffit.

VICTOR, *à part*.

Qu'entends-je !

CLÉMENCE.

O mon père !

ROGER.

Morneck, pendant que je vais donner mes ordres, et disposer tout pour notre défense, toi, conduis ce jeune homme et ses deux amis dans la caverne où est placé le corps de réserve : je te charge de veiller sur eux ; s'il leur arrive le moindre mal, tu m'en réponds sur ta tête.

VICTOR.

Mais Roger, pourquoi nous retenir ?

ROGER.

La fuite devient impossible actuellement, et votre propre sûreté exige que vous restiez ici.

CLÉMENCE.

Ah, Victor ! qu'allons-nous devenir ?

ROGER.

Ne craignez rien, madame ; nous mourrons tous avant qu'on parvienne jusqu'à vous.

VICTOR.

Adieu, Roger.

ROGER.

Viens dans mes bras, mon fils ; peut-être cet embrassement sera-t-il le dernier !

(*Victor et Roger s'embrassent ; puis Morneck conduit Victor, Clémence et Valentin dans une des cavernes du fond.*

SCENE XIII.

ROGER, FORBAN, FAUSMANN, DRAGOVICK, INDÉPENDANS.

(Roger tire un coup de pistolet: tous les indépendans accourent et se rangent autour de lui.)

ROGER.

Camarades, un ennemi puissant, que nous avons fait repentir plus d'une fois de sa témérité, ose encore nous attaquer : les troupes de l'empereur marchent vers notre retraite. Je ne vous retracerai point les belles actions qui vous ont illustrés, je ne chercherai point à exciter votre courage ; il m'est trop connu : je vous rappellerai seulement que nous n'avons d'espoir que dans une vigoureuse résistance, et qu'une mort ignominieuse attend ceux d'entre nous qui tomberaient vivans entre les mains de l'ennemi. Jurons donc, mes amis, de nous battre jusqu'au dernier soupir ; jurons, si nous succombions au nombre, de nous réfugier dans ce souterrain que j'ai fait miner à cet effet, et d'y périr plutôt que de nous rendre.

TOUS.

Nous le jurons !

(Roger fait défiler devant lui toute sa troupe, et se met à la tête pour aller à la rencontre des Allemands : il sort par la droite. L'ennemi ne tarde point à paraître par le côté opposé ; les sentinelles font une légère résistance, mais on passe bientôt outre. Les deux partis en viennent aux mains, et se battent avec acharnement. Roger est tantôt vainqueur, tantôt vaincu : il fait des prodiges de valeur ; mais enfin il paraît contraint de céder au nombre, et se replie sur sa droite. On entend un grand bruit d'armes, d'artillerie, etc. Plusieurs pelotons de la troupe de Roger paraissent fuir l'ennemi qui les presse vivement : ils tâchent, en se battant, de gagner l'entrée des cavernes, et s'y précipitent. Les Allemands les y poursuivent, et veulent s'y introduire ; mais l'entrée en est bientôt fermée par des morceaux de roche. Alors on se dispose à la forcer. On se bat encore dans le bois qui est au-dessus des cavernes, lorsque la mine éclate et renverse tous ceux qui sont dessus. Les arcades sont brisées, et tout le fond ne présente plus qu'un amas de ruines fumantes. Roger paraît sur le haut des cavernes : il se défend contre plusieurs soldats

ennemis ; mais il est accablé par le nombre, et tombe atteint d'un coup de pistolet. Un moment après, on voit Victor poursuivi par plusieurs Allemands, et se défendant avec la plus grande intrépidité. Victor se met au-devant de Clémence, et pare tous les coups qu'on lui porte : mais il a beau se défendre, il va périr.)

SCENE XIV.

Les mêmes, LE BARON, VALENTIN, Mad. GERMAIN, UN OFFICIER GÉNÉRAL.

VALENTIN, *accourant.*

Les voilà !... les voilà !... sauvez-les...

LE BARON, *aux soldats.*

Arrêtez !.. ce jeune homme est mon fils !

VICTOR ET CLÉMENCE, *se jetant dans les bras du baron.*

Mon père !

LE BARON.

Que je suis heureux de vous rejoindre, mes chers enfans ! que d'inquiétudes vous m'avez causées !... (*A Victor.*) Tu étais à peine sorti du château, lorsque j'appris que les troupes de l'empereur, attirées par le combat de cette nuit, se disposaient à forcer la retraite de Roger : tremblant qu'on ne te prît pour un des brigands de sa suite, et que ma Clémence ne fût la victime de son amour et de son imprudence, j'ai volé à votre secours : mais le ciel est juste, je le vois ; il n'a point souffert que l'innocent fût confondu avec le coupable. (*A l'officier.*) Monsieur, je vous réponds de ce jeune homme.

L'OFFICIER GÉNÉRAL.

Il suffit, M. le baron. Je vais vous donner une escorte pour vous conduire à votre château.

LE BARON.

Il n'en est pas besoin ; mes gens m'ont accompagné.

CLÉMENCE.

Pauvre Victor ! quel danger tu as couru !

VALENTIN.

Les enragés comme ils y allaient !

SCENE XV.

LES MÊMES, UN OFFICIER.

L'OFFICIER.

Roger, blessé dangereusement, demande à voir le jeune homme qui l'est venu trouver aujourd'hui.

LE BARON.

Qu'on l'amène.

SCENE XVI.

LES MÊMES, ROGER, INDÉPENDANS enchaînés, TROUPES ALLEMANDES.

(On apporte Roger sur un brancard en feuillage et couvert d'une draperie. Il fait signe qu'on s'éloigne, et, quand il est seul avec le baron, sa fille, Victor, Valentin, et madame Germain, il dit d'une voix mourante et entrecoupée :)

J'ai voulu te voir à mes derniers momens, mon fils; j'ai voulu te faire l'aveu des crimes que j'ai cherché vainement à déguiser sous les systèmes les plus faux et les plus dangereux. *(Au baron.)* Vous, à qui je dois le bonheur d'avoir vu mon fils, et qui l'avez préservé de la séduction et des crimes auxquels mon exemple aurait pu le porter, vous qui méritez seul d'être nommé son père, ne l'abandonnez pas; oubliez le sang dont il sort, pour ne vous souvenir que de ses vertus .... Consentez à l'unir à votre fille. Ah! si la mort n'était pas venue m'arracher à tout ce que j'aime, Roger aurait pu vous forcer peut-être à l'estimer, Clémence aurait pu sans rougir se nommer ma fille... Adieu, Victor... adieu!... pardonne-moi ta triste existence.

LE BARON.

Soldats, et vous tous qui êtes ici témoins de la fin déplorable d'un homme qui, dirigé vers le bien, eût été peut-être un héros, n'oubliez jamais son exemple, ses remords; que ce triste moment soit sans cesse présent à votre pensée; qu'il vous rappelle qu'il est une heure suprême où le coupable ne peut plus se faire illusion sur ses crimes, et qu'il n'est de repos à ses derniers instans que pour celui qui ne s'est jamais écarté du sentier de l'honneur et de la vertu.

(Roger, avant de mourir, tend la main à Victor, qui se jette à genoux devant lui. Tout le monde est consterné. Il se fait un roulement. Tableau général.)

FIN.

LE CHÂTEAU DES APENNINS

OU LE FANTÔME VIVANT,

DRAME EN CINQ ACTES, EN PROSE,

ET A GRAND SPECTACLE.

Imité du Roman Anglais, *les Mystères d'Udolphe.*

Par R. C. GUILBERT PIXERÉCOURT.

Ballets de L. J. MILON, *du Théâtre des Arts.*

Représenté, pour les premières fois, sur le théâtre de l'Ambigu-Comique, les 19, 20, 21, 22, 23 et 24 Frimaire, an VII.

A PARIS,

Chez BARBA, Libraire, au Magasin des pièces de théâtre, au petit Dunkerque, près le Pont-Neuf.

AN SEPTIÈME.

PERSONNAGES.	ARTISTES.
	Cns. et Cnes.
MONTONI, chef de Condottieri, et oncle d'Emilie.	BITHEMER.
MORANO, second chef de Condottieri, promis à Emilie.	ISIDOR.
ALFRED, officier supérieur des troupes Vénitiennes, et amant d'Emilie.	CAMAILLE ST.-AUBIN.
LUDOVICO, ancien serviteur de Laurentina, attaché à Emilie, et amant d'Anna.	DUPARRAY.
CESARIO, concierge et geolier du château, scélérat dévoué à Morano.	REVALARD.
EMILIE, nièce de Montoni, et amante d'Alfred.	JULIE-DIANCOURT.
ANNA, suivante d'Emilie, jeune fille timide et ingénue.	COUSIN. Fe. PICARD.

Un Officier Vénitien.

Une Vénitienne.

Un paysan Vénitien.

Un Officier de Condottieri.

Vénitiens et Vénitiennes.

Condottieri.

Troupes Vénitiennes.

Paysans et Vassaux de Montoni.

Les décorations sont peintes par S. MOENCK, *père.*

La Scène est au château d'Udolphe, dans les Apennins.

LE CHÂTEAU DES APENNINS,

OU

LE FANTÔME VIVANT,

DRAME.

ACTE PREMIER.

Le théâtre représente un jardin magnifiquement orné, et dans lequel tout est préparé pour une fête; des verres de mille couleurs et des guirlandes de fleurs pendent en festons d'un côté à l'autre de l'avenue; sur la gauche, est une estrade surmontée d'un dôme en verdure et en fleurs et couverte d'un riche tapis; un canal occupe tout le fond; au-delà, sur un des côtés, se voit un temple de marbre, décoré avec la plus grande élégance; dans le lointain, la façade du château brillamment illuminée.

SCENE PREMIERE.

LUDOVICO, suite de **MONTONI**.

Au lever du rideau, on voit les domestiques du château et les ouvriers terminer les préparatifs de la fête. On place autour de l'estrade et le long du canal, des vases élégans remplis de fleurs; Ludovico préside à tous les travaux et les dirige. Pendant la scène suivante, les ouvriers s'éloignent.

SCÈNE II.

LUDOVICO, ANNA.

ANNA, *accourant.*

C'est vous que je cherche, monsieur Ludovico.... Oh! mon dieu! mon dieu! que je suis contente!....

LUDOVICO.

D'où vous vient cette grande joie, ma chère Anna?

ANNA.

En vérité, je ne m'attendois plus à voir un visage aimable dans ce vilain château : c'est que depuis un mois que nous y sommes arrivées, je n'ai pas apperçu l'ombre d'une figure humaine. (*après une pause, et souriant avec grace.*) Excepté vous, monsieur Ludovico.

LUDOVICO.

Grand merci de l'exception. Mais apprenez-moi donc la cause de votre gaîté?

ANNA.

Comment!.... vous ne savez pas qu'il vient d'arriver de Venise beaucoup de Signors et de belles dames?.... La grande cour du côté du Nord, est remplie des voitures qui les ont amenés... c'est un train!... un mouvement!... oh! comme nous allons mener joyeuse vie! nous irons danser et chanter dans la petite salle, n'est-ce pas, monsieur Ludovico? et puis vous nous conterez encore de ces belles histoires que vous contez si bien, et qui me font si peur? Oh! je vous le dis, monsieur Ludovico, j'étois si contente quand je les ai vus passer sous la grande grille, que j'aurois volontiers baisé les chevaux qui nous amenoient si belle compagnie.

LUDOVICO.

Vous modérerez bientôt votre joie, quand vous saurez que tout ce monde n'a été mandé par le signor Montoni, que pour célébrer d'une manière plus pompeuse, le mariage de sa nièce avec le comte Morano.

ANNA.

Que me dites-vous là? Quoi! tous ces préparatifs....

LUDOVICO.

Sont pour la fête qu'on célèbre ce soir.

ANNA

Comment ! ma maîtresse épouseroit ce vilain comte qui me fait toujours trembler, tant il a l'air méchant ?

LUDOVICO.

Du moins, son oncle le veut ainsi.

ANNA.

Mais, grand dieu ! quelle raison peut le porter à sacrifier une jeune signora toute aimable et qui aime ailleurs un objet vraiment fait pour plaire ? vous n'avez pas vu le signor Alfred ? Eh bien ! je vous assure, là, sans flatterie, qu'après vous, monsieur Ludovico, je ne connois personne qui mérite plus d'être aimé que lui ; mais encore un coup, qui peut engager le signor Montoni, à agir de la sorte ?

LUDOVICO.

Son intérêt, Anna.

ANNA.

Son intérêt ?.... Qui peut en trouver à faire du mal ?

LUDOVICO.

Les méchans.

ANNA.

Expliquez-vous mieux, je ne vous comprends pas.

LUDOVICO.

Soyez discrète, Anna.

ANNA.

Tant que je le pourrai, monsieur Ludovico.

LUDOVICO.

Songez qu'une indiscrétion me perdroit..

ANNA, *vivement*.

Soyez tranquille, j'ai trop envie de vous conserver.

LUDOVICO.

Bonne Anna ! (*confidemment.*) vous avez été témoin des excès auxquels le signor Montoni se livroit à Venise ; mais vous n'avez jamais su que les pertes considérables qu'il fit au jeu, et ses débauches continuelles, causèrent dans sa fortune un tel dérangement, qu'il se vit dépouillé de tous ses biens et réduit à venir habiter ce triste château.

ANNA.

Ah, vraiment ! je me rappelle qu'à cette époque il nous

relégua dans un couvent, ma pauvre maîtresse et moi, malgré les instances de la signora Laurentina qui ne vouloit pas quitter sa nièce; elle prévoyoit peut-être qu'elle ne la reverroit plus.

LUDOVICO.

Montoni avoit ses raisons pour agir ainsi, il vouloit écarter les regards importuns. Un mois après son arrivée à Udolphe, la signora Laurentina mourut subitement, du moins, on nous l'assura ; je vous ai déjà raconté les circonstances qui ont accompagné cette mort singulière.

ANNA, *presque tremblante.*

Oh! je ne m'en souviens que trop!... Mais revenez donc au signor Montoni.

LUDOVICO.

Bientôt fatigué de la vie monotone qu'il menoit ici, et pour se distraire peut-être de fâcheux souvenirs, il chercha les moyens de réparer ses pertes. Pour y parvenir, il appela à lui tous ses compagnons de débauche qui se rendirent en foule au château... (*ici Anna écoute avec beaucoup plus d'attention et se rapproche de Ludovico.*) et amenèrent avec eux un grand nombre de déserteurs et de gens sans aveu, dont ils composèrent une espèce d'armée sous le nom de *Condottieri*, sorte de partisans trop fameux dans nos guerres civiles.

ANNA, *d'une voix altérée.*

Vous me faites frémir!.. seroit-il vrai, comme on le dit tout bas.... que le signor fût...

LUDOVICO.

Un chef de voleurs?... pas tout-à-fait, mais à-peu-près; seulement il fait les choses en grand. Il profite des dissentions qui déchirent notre malheureux pays, pour servir tantôt un parti, tantôt l'autre, et acquérir des richesses immenses, en pillant et ravageant tour-à-tour les possessions de ceux contre lesquels il sert.

ANNA.

Oh! mon dieu! tout cela est-il bien possible?

LUDOVICO.

C'est surtout depuis un an, qu'enflé de ses succès et de sa puissance, son caractère s'est entièrement déployé à nos yeux; l'orgueil, l'ambition, l'avarice et la vengeance, sont les seules passions qu'il connoisse. Aucune considération ne l'arrête, aucun obstacle ne peut éluder la profondeur de ses stratagêmes. Méfiant et soupçonneux à l'excès, il ne connoît point d'amis, et conserve à l'égard de ses officiers cet air de hauteur qui commande la soumission aux esprits lâches et timides, mais qui excite la fierté et la haine dans les esprits élevés ; aussi est-il entouré de nombreux et mortels ennemis; le comte Morano, surtout....

ANNA.

Comment! celui à qui il donne sa nièce ?...

LUDOVICO.

Justement: c'est parce qu'il le craint qu'il veut se l'attacher. Ce jeune homme, d'un caractère ardent, impétueux, est jaloux de la puissance de Montoni, et voudroit la partager. Celui-ci s'en est aperçu....

ANNA.

Et il sacrifie sa nièce à son ambition. Pauvre Signora! c'étoit bien la peine de lui faire quitter le couvent, pour lui donner un pareil mari !...

LUDOVICO.

Je la plains bien sincèrement. Elle ne peut qu'être malheureuse avec un tel homme.

ANNA.

Si du moins il lui restoit quelque espérance; mais comment résister à la volonté de ce méchant Signor, quand elle a perdu sa tante qui pouvoit seule la protéger, et qu'elle est éloignée peut-être pour toujours de celui qu'elle aime ?.. car, lorsque nous avons quitté Venise, il y avoit plus de six mois que signor Alfred étoit parti pour l'armée, et depuis lors nous n'en avons point entendu parler.

LUDOVICO.

Vous m'avez dit souvent qu'il étoit brave.... et les combats qui se livrent entre les deux partis, sont toujours sanglans et marqués par de grandes pertes.

ANNA.

Tout cela est bien affligeant, monsieur Ludovico, car je ne vous cache pas que si ma maitresse étoit heureuse, j'accepterois de tout mon cœur, l'offre que vous m'avez faite de me prendre pour votre femme ; (*en soupirant*) mais elle ne l'est pas, et Anna se reprocheroit de goûter le moindre plaisir, quand celle à qui elle doit tout est dans l'infortune. Vous avez trop bon cœur, pour me blâmer, n'est-ce pas, monsieur Ludovico ?

LUDOVICO.

Ces sentimens vous rendent encore plus chère à mon cœur.

ANNA.

Faut-il cependant se désespérer tout-à-fait?... n'y-a-t-il plus de moyens?...

LUDOVICO.

Je n'en vois aucun... séparons-nous, Anna. Il me reste quelques ordres à donner, et vous savez combien Montoni est sévère.

ANNA.

Oh! oui, monsieur Ludovico, conservez-vous pour la pauvre Anna. Car, malgré que j'aime beaucoup ma maitresse, s'il me falloit ne plus vous voir, je sens que je serois bien triste.

LUDOVICO.

Bonne enfant ! du courage.

ANNA.

J'en aurai, puisque vous me le conseillez.

LUDOVICO.

Dites à votre maitresse, combien sa situation me touche.

ANNA.

Elle le saura, monsieur Ludovico, soyez-en sûr.

LUDOVICO.

Au revoir, Anna.

ANNA.

Adieu, monsieur Ludovico.

(*Ludovico sort.*)

SCÈNE III.

ANNA.

Le brave garçon !... comment ne pas l'aimer ?... pour moi, d'abord, je ne saurois m'en défendre ; cependant, quand je pense à tout ce qui se passe dans ce château, à tout ce qu'on raconte d'extraordinaire, et au danger que nous courons d'être tuées par ces vilains soldats, ou enlevées quelque nuit par les esprits, je ne puis m'empêcher de regretter Venise. Mais si je n'étois pas venue à Udolphe, aurois-je connu Ludovico?.. Non, sans doute.... cette idée me console, et me donne du courage... Ah! voilà ce méchant Césario. Fuyons.

SCENE IV.
CESARIO, ANNA.

CESARIO, (*retenant Anna qui s'éloigne.*)
Demeurez, Anna.

ANNA.
Je ne le puis.

CESARIO.
Un mot.

ANNA.
Qu'avez-vous encore à me dire?

CESARIO.
Vous feignez de l'ignorer!

ANNA.
Je ne veux point le savoir. Laissez-moi.

CESARIO.
Vous ne fuyez pas ainsi tout le monde.

ANNA.
Pourquoi fuirois-je ceux que j'aime?

CESARIO.
Ah! vous aimez donc?

ANNA.
Et pourquoi pas, si l'on me paroît aimable?

CESARIO.
Cruelle Anna! vous me percez l'ame!

ANNA.
Ce n'est pas ma faute.

CESARIO.
Pouvez-vous tourmenter ainsi un homme qui vous adore?

ANNA.
Tant pis pour vous.

CESARIO.
Mais enfin, quelle raison vous porte à me haïr?

ANNA.

Je ne vous hais point ; mais je ne vous aime pas.

CESARIO.

Qu'ai-je fait pour cela ?

ANNA.

Faut-il vous le dire ? votre air méchant me fait peur, et vous savez qu'on aime rarement ceux qu'on craint.

CESARIO.

Ainsi je dois renoncer à l'espoir de toucher votre cœur ?

ANNA.

Oh ! vous ferez bien.

CESARIO.

Vous ne changerez point de sentiment à mon égard ?

ANNA.

Jamais, je vous le promets. (*Elle s'éloigne en courant.*)

SCENE V.

CESARIO.

Il est donc vrai qu'elle aime Ludovico !... je soupçonnois dès long-tems leur secrète intelligence ; mais je n'en puis plus douter maintenant.. elle l'aime ! trop heureux rival ! elle te coûtera cher la préférence qu'on t'accorde sur moi ! Tu connoîtras bientôt ce que peut la haine de Césario. Et toi, qui rejettes mes vœux, ne pense pas m'échapper... je saurai te faire repentir de tes dédains... (*Il se retourne, et apperçoit Morano qui s'avance en rêvant.*) C'est vous, monsieur le comte?

SCENE VI.

MORANO, CESARIO.

MORANO.

Je te cherchois, Césario.

CESARIO.

Et quoi ! quand tout s'apprête pour votre hymen, seigneur, vous fuyez les plaisirs, et l'on vous trouve seul et pensif en ce lieu solitaire ?

DRAME.

MORANO.

Je méditois un grand dessein.

CESARIO.

La belle Emilie auroit bien, ce me semble, quelques reproches à vous faire sur votre indifférence.

MORANO.

As-tu pu croire que l'amour fût pour quelque chose dans les liens que je vais former ?

CESARIO.

Seigneur...

MORANO.

Penses-tu qu'un tel sentiment puisse jamais entrer dans mon cœur ?

CESARIO.

J'ai tort, j'aurois dû savoir que cela est impossible. Mais quel est donc votre projet en épousant Emilie ?

MORANO.

De m'assurer des biens de Montoni, dont elle est l'unique héritière.

CESARIO.

Cette espérance est encore éloignée ; Montoni dans la force de l'âge, jouit d'une santé parfaite...

MORANO, *impatiemment*.

Je le sais.

CESARIO.

Et ce n'est qu'après sa mort...

MORANO, *à part*.

Qui n'est pas loin peut-être.

CESARIO.

Que vous pourrez prétendre...

MORANO, *l'interrompant vivement*.

Veux-tu me servir, Césario ?

CESARIO.

En douter, seroit m'offenser, seigneur. C'est à vous que je dois le poste lucratif que j'occupe dans ce château, et quand la reconnoissance ne me feroit point un devoir de vous être utile, ce que mon zèle a tenté pour vous en diverses occasions doit pleinement vous rassurer sur mon compte.

MORANO, *confidemment*.

Je veux perdre Montoni.

CESARIO, *avec un grand sang-froid.*

Je m'en doutois, seigneur.

MORANO.

Son orgueil, l'air insultant qu'il affecte vis-à-vis ses officiers, et son refus de partager avec moi le commandement, avec moi, qui suis le principal auteur de sa fortune actuelle; tous ces motifs ont excité dans mon cœur une haine qui s'accroit chaque jour, et qu'il me seroit bientôt impossible de dissimuler.

CESARIO, *de même.*

Elle est bien légitime.

MORANO.

Un autre motif, non moins puissant, m'engage à ne pas différer l'instant de ma vengeance. Le Sénat à qui nos usurpations et nos brigandages ont fait concevoir de vives inquiétudes, est décidé à employer la force pour soumettre Montoni; il a rassemblé des troupes, et avant un mois peut-être Montoni et ses partisans seront en son pouvoir.

CESARIO.

Avant un mois!

MORANO.

Oui. Instruit de ces dispositions pendant mon dernier voyage à Venise, j'ai promis au Sénat de lui livrer Montoni. C'est à ce prix qu'il m'accorde ma grace.

CESARIO.

Mais quel moyen comptez-vous employer?

MORANO.

La fête qu'on va donner, m'en offre un infaillible.

CESARIO.

Je vous comprends. Dans le tumulte et la confusion, une main adroite..... (*Il fait le mouvement d'un coup de poignard.*)

MORANO.

Ce seroit commettre un crime infructueux; je connois mieux mon intérêt. Tu sais qu'à l'issue du bal, Montoni a ordonné un repas splendide, et qu'il a permis, pour qu'on se livrât davantage à la gaîté, qu'on s'y présentât masqué...

CESARIO.

Eh bien?

MORANO.

Voici mon projet. Masqué et vêtu comme l'un de ses serviteurs, je m'approche de lui pendant le repas, je jette dans sa coupe un poison, qui sans être trop actif, doit lui procurer une mort certaine. Quand je suis assuré d'avoir réussi, je me perds dans la foule des danseurs, je reprends par tes soins un autre déguisement et reviens bientôt mêler ma joie à celle des convives Le repas fini, mon hymen se termine, et demain la mort me venge d'un ennemi, et me rend seul possesseur de ses biens.

CESARIO.

Ce plan est d'autant mieux conçu que jamais les soupçons n'oseront s'étendre jusqu'à vous. On ne pensera point que vous ayez choisi pour vous venger de Montoni, le jour de votre alliance avec lui.

MORANO.

Ainsi je puis compter sur toi ?

CESARIO.

Comme sur vous-même.

MORANO.

J'apperçois Montoni... Il est avec sa nièce... Dérobons-lui notre secrète intelligence.

(*Ils s'enfoncent dans le bosquet à gauche.*)

SCENE VII.

MONTONI, EMILIE.

EMILIE.

Ah seigneur ! je vous en conjure, rendez-vous aux vœux de la tremblante Emilie; différez encore quelque tems la conclusion de cet affreux hymen.

MONTONI.

Je ne le puis; ma parole est engagée.

EMILIE.

Souvenez-vous que ma main fut promise à Alfred avant votre départ de Venise. Rappelez-vous que cette union auroit comblé les desirs de ma tante. Souffrez du moins qu'avant de m'engager ailleurs, je puisse acquérir la triste certitude d'avoir perdu celui que j'aime.

MONTONI.

Tout ce que vous pourrez m'objecter, doit céder à des considérations d'un avantage plus solide; mon honneur est engagé, j'ai promis votre main au comte, et vous l'épouserez.

EMILIE.

J'avois espéré, seigneur, que d'après l'explication que nous avons eue déjà sur ce sujet, vous m'épargneriez la peine de vous déclarer de nouveau mes sentimens; mais puisque vous m'y forcez, je vous proteste et pour la dernière fois que je n'accepterai jamais la main du comte Morano.

MONTONI.

Me croyez-vous disposé à servir de jouet à vos caprices?

EMILIE.

Je ne crois pas, non plus, devoir être sacrifiée aux vôtres; du moins, ce ne fut jamais l'intention de ma tante.

MONTONI.

Votre tante n'est plus.

EMILIE, *douloureusement.*

Je ne le sais que trop.

MONTONI.

Oser refuser un pareil époux!.. vous qui devriez vous trouver trop honorée de ma protection et de ses recherches!... songez à votre naissance...

EMILIE, *vivement et avec dignité.*

Je m'en fais gloire, seigneur, mes parens étoient vertueux...

MONTONI, *avec dédain.*

Et pauvres.

EMILIE.

Ils en étoient plus estimables.

MONTONI.

Dites-moi si jamais vous pouviez prétendre à un parti aussi avantageux?...

EMILIE.

Je n'ai point assez d'orgueil...

MONTONI, *vivement et avec ironie.*

Je pense au contraire que vous en avez beaucoup. Au reste, c'étoit encore là une des qualités de votre père.

EMILIE, *avec calme et dignité.*

L'orgueil de mon père, seigneur, avoit un noble objet. Il

ne le fit jamais consister à surpasser personne en fortune. Il ne dédaignoit point ceux qu'accabloient le malheur et la pauvreté ;... seulement il méprisoit quelquefois les personnes qui, au sein de la prospérité, se rendoient méprisables à force de vanité, d'ignorance, ou de cruauté. Je mettrai toujours ma gloire à suivre un tel exemple.

MONTONI, *dissimulant à peine sa colère.*

Vous vous livrez à la satire, je crois ?.. Mais avant de vous permettre de gouverner les autres, apprenez d'abord à pratiquer les vertus qu'on exige des femmes, la modestie et l'obéissance.

EMILIE.

N'attendez pas que je vous obéisse jamais à cet égard.

MONTONI, *d'une voix menaçante.*

Terminons un débat qui m'irrite. Je vous préviens que je n'entends pas à être joué plus long-tems. Cet hymen est pour vous d'un si grand avantage que ce seroit folie de vous y opposer. Il m'importe peu que vous y consentiez ou non; mais il sera célébré ce soir à l'issue de la fête.

EMILIE.

Et de quel droit enfin, exercez-vous sur moi une autorité aussi absolue?

MONTONI.

(*Avec ironie.*) De quel droit ?... (*avec force.*) Du droit de ma volonté ! Songez-y bien, Emilie, c'est votre intérêt seul qui me détermine ; mais si vous me forcez à devenir votre ennemi, tremblez... la punition surpassera v o attente

EMILIE, (*avec effroi.*)

Seigneur, calmez ce courroux.

MONTONI.

Un cachot éternel, me répondra de votre obéissance.

EMILIE.

Vous me faites trembler !

MONTONI.

Cet arrêt est irrévocable.

EMILIE.

Ah seigneur ! laissez-vous fléchir.

MONTONI.

Jamais.

(*Emilie, éperdue, se jette à genoux, le supplie quelque tems; mais il est sourd à toutes ses prières. Il veut s'éloigner, elle s'attache à lui, et il se dégage en la repoussant durement jusqu'à terre où elle tombe presque évanouie.*)

EMILIE.

Donnez-moi plutôt la mort.

MONTONI.

Non, vous m'obéirez.

EMILIE, (*avec l'accent du désespoir.*)

Malheureuse Emilie!

(*On entend le prélude du chœur suivant.*)

MONTONI.

On s'avance pour la fête, (*il la relève brusquement*) relevez-vous, et songez que j'ai les yeux sur vous.

SCENE VIII.
Les mêmes, VÉNITIENS ET VÉNITIENNES.

Un grouppe de Vénitiens et de Vénitiennes, vient saluer Emilie, et l'engager à assister à la fête.

Montoni conduit Emilie vers l'estrade, et s'assied à côté d'elle; des Vénitiens et Vénitiennes masqués, s'avancent, et exécutent des danses variées et agréables...

Au son d'une musique majestueuse, on voit arriver sur le canal, dans une espèce de conque traînée par des Tritons, une Vénitienne vêtue en naïade entourée d'enfans, représentans les ris et les jeux, et grouppés diversement.

La conque s'arrête au milieu du canal. La Vénitienne et sa suite, descendent dans le jardin.

Deux enfans représentant l'amour et l'hymen, s'unissent pour féliciter Emilie, et lui présenter la couronne de l'hymen.

Emilie descend de l'estrade pour la recevoir, et retombe dans une profonde rêverie, après avoir jetté un regard douloureux sur tout ce qui l'environne. Alors un masque s'approche doucement d'elle après s'être assuré qu'il n'est point observé.

SCÈNE IX.

LES MÊMES, UN INCONNU, *masqué et vêtu en magicien.*

L'INCONNU, *(bas, et d'un ton mystérieux à Emilie.)*
Suspendez, s'il se peut, la conclusion de votre hymen.

EMILIE, *(sortant tout-à-coup de sa rêverie.)*
Que voulez-vous dire ?...

L'INCONNU, *(poursuivant sur le même ton.)*
Paix ! on nous observe ; et trouvez-vous à minuit dans les ruines de la chapelle, vous y apprendrez un secret important.

EMILIE.
Dans les ruines de la chapelle ?.... A minuit ?...

L'INCONNU.
Oui, soyez exacte. *(Emilie veut répondre et l'arrêter ; mais il lui échappe et se perd dans la foule.)*

(Les ris et les jeux forment autour d'Emilie, des danses vives et légères.)

Quand le bal a cessé, Montoni fait apporter un couvert magnifiquement servi.

SCÈNE X.

LES MÊMES, MORANO, *masqué et couvert d'un domino.*

CESARIO, LUDOVICO, ANNA.

Pendant qu'on se met à table, on voit Morano s'avancer vers la gauche ; Césario qui l'appercoit, quitte sa place et vient près de lui.

CESARIO, *(bas à Morano.)*
Est-ce vous, monsieur le comte ?

MORANO, *(de même à Césario, et lui prenant la main.)*
Oui, tout est prêt.

(Césario s'éloigne, Morano se place derrière Montoni. La

B

Vénitienne s'avance et chante pendant le repas les couplets suivans, dont le refrein est repété en chœur et dansé par les enfans.)

UNE VÉNITIENNE.

Couplets.

Chacun doit rendre hommage
A l'empire amoureux ;
Il faut, si l'on est sage,
Aimer pour être heureux ;
   Répétons sans cesse,
   Vive la tendresse !
   Qui vit sans d'amour,
   N'a pas un beau jour.

L'hymen seul ne peut plaire,
Il est trop sérieux ;
Il faut qu'amour, son frère,
Vienne égayer nos nœuds ;
   Répétons, etc.

Dans des chaînes si belles,
Coulez d'heureux instans ;
Soyez amans fidèles,
Soyez époux constans ;
Et répétez sans cesse,
   Vive la tendresse !
   Qui vit sans amour,
   N'a pas un beau jour.

MONTONI, se levant.

Messieurs, buvons à nos exploits.

UN SEIGNEUR VÉNITIEN.

Buvons d'abord à la belle Emilie.

MONTONI.

Soit. (Pendant que Césario et Ludovico versent à boire aux convives, Morano prend la coupe de Montoni, y jette du poison qu'il tire de son sein, et la remplit ensuite ; puis il la rend à Montoni et attend impatiemment, les yeux fixés sur lui, le moment qui va le défaire de son ennemi ; tout le monde se lève et salue Emilie.)

TOUS.

A la belle Emilie.

MONTONI *porte la coupe à ses lèvres, quand tout-à-coup fixant la liqueur, il s'arrête et s'écrie d'une voix terrible.*

Il y a un traître ici !

TOUS.

Un traître !

MONTONI.

Oui ! sachez que cette coupe précieuse, conservée dès long-tems dans notre famille, a la propriété de ne pouvoir contenir de liqueur empoisonnée, sans se briser aussitôt qu'elle l'a reçue.

TOUS *avec effroi.*

Eh bien ?

MONTONI.

Vous le voyez... le vin bouillonne.... Le vase éclate....: (*En effet, la coupe se brise et tombe en morceaux.*) Mais qu'il tremble, l'infâme auteur de cet horrible attentat !.... J'en aurai vengeance. Soldats, accourez tous.

SCÈNE XI.

MONTONI, MORANO, CESARIO, LUDOVICO, EMILIE, ANNA, VENITIENS, CONDOTTIERIS.

Une garde nombreuse vient prendre la place des danseurs et danseuses qui s'éloignent en fuyant, Morano fait un mouvement pour s'échapper ; Montoni le retient par le bras.)

MONTONI, *à Morano.*

Demeure.

MORANO, *à part.*

Fatal contre-tems !

MONTONI.

Que tout le monde se démasque.

(*Tous les convives se démasquent, Montoni les examine avec une curiosité féroce.*)

MORANO, *à part.*

O rage !

MONTONI, *s'apperçoit du mouvement de Morano.*

Tu frémis !... Seroit-ce toi ?... *il lui arrache son masque.*
Que vois-je ?... Morano !...

TOUS.

Morano !

(*Tableau général, dans lequel l'étonnement, la fureur et l'effroi se peignent sur les visages.*)

MORANO.

Oui, j'ai voulu te perdre ; mais ce que la ruse n'a pu faire, je l'obtiendrai par la force. Amis, unissez-vous à moi, frappons un tyran.

(*Il tire son stilet et veut frapper Montoni ; un soldat arrête son bras.*)

MONTONI, *avec un grand sang-froid.*

Soldats, vous ne connoissez ici d'autre maître que moi.... Qu'on l'entraîne à l'instant, et qu'il soit conduit à la tour de l'Ouest, jusqu'à ce que j'aie fait prononcer sur son sort. C'est à toi, Césario, que sa garde est remise.

PLUSIEURS VÉNITIENS.

Mais, seigneur.....

MONTONI, *d'un ton menaçant, et tirant son épée.*

Obéissez.

Tout le monde se lève en tumulte, Ludovico et Anna emmènent Emilie, qui s'est évanouie pendant cette scène, tandis que Montoni fait arrêter Morano, et qu'on l'entraîne malgré les efforts de quelques-uns de ses partisans.

FIN DU PREMIER ACTE.

ACTE II.

Le théâtre représente une chambre gothique et ténébreuse, au fond de laquelle on voit dans une alcove un lit couvert d'un tapis de velours noir. Tout y est dans le plus grand désordre; quelques tableaux garnissent les murs; des meubles tombant de vétusté, sont placés çà et là; à droite, une table en marbre; du devant, quelques fauteuils. La porte d'entrée est à gauche dans le fond. Il fait nuit. Pendant l'entr'acte, on entend un orage violent.

SCENE PREMIERE.

EMILIE, LUDOVICO.

LUDOVICO *entre le premier, tenant une lampe d'une main et conduisant Emilie de l'autre.*

Voici la chambre où votre oncle m'a ordonné de vous conduire; elle est fort éloignée du jardin. Vous y serez à l'abri de tout danger et pourrez y passer tranquillement la nuit.

EMILIE.

Comment espérer du repos dans un lieu que chaque jour rend témoin de scènes aussi horribles? (*Elle s'assied.*)

LUDOVICO.

Bien loin de m'affliger de celle qui vient de se passer, je m'en réjouis puisqu'elle rompt pour jamais un hymen que je regardois pour vous comme le plus grand malheur.

EMILIE.

Ah! Ludovico! quelle nuit affreuse.

LUDOVICO.

Je crois, signora, qu'elle ne peut avoir que des résultats heureux. Il ne sauroit désormais exister la moindre liaison entre le comte Morano et votre oncle, ils se sont juré une haine éternelle.

EMILIE.

Si le comte triomphoit?

LUDOVICO.

Ne le croyez pas. On les hait tous deux; mais on craint davantage Montoni et la victoire demeurera de son côté.

EMILIE.

Puissiez-vous dire vrai! Mais dans la précipitation avec laquelle nous avons fui ce spectacle de mort, nous avons perdu de vue ma pauvre Anna. Que sera-t-elle devenue? pourra-t-elle découvrir cette retraite?

LUDOVICO.

La pauvre enfant doit avoir bien peur. Je vais, si vous le permettez, vous laisser seule un moment et ne tarderai point à vous l'amener.

EMILIE.

Allez, Ludovico. (*On entend frapper rudement à la porte*). On frappe..... Ne répondez pas. (*Ils prêtent une oreille attentive ; on frappe de nouveau*).

ANNA, *en dehors d'une voix tremblante et altérée.*

Etes-vous là?..... Ludovico!.... Oh mon dieu!..... répondez-moi de grace.... je meurs d'effroi.

EMILIE.

C'est Anna.

Ludovico va ouvrir. Anna entre éperdue, et tombe dans un fauteuil.

SCENE II.

LES MÊMES, ANNA.

LUDOVICO.

Qu'avez-vous donc, Anna?

ANNA.

Ce que j'ai?.... Oh! l'infernale maison!.... Il est sûr que je n'en sortirai jamais vivante.

EMILIE.

Que t'est-il arrivé?

ANNA.

Pour cette fois je l'ai vu.

LUDOVICO.

Qui?

ANNA.

Je ne sais si j'aurai la force de vous le raconter.

LUDOVICO.

Calmez-vous, Anna.

ANNA.

J'avois déjà parcouru un grand nombre de corridors en cherchant à vous rejoindre et pour échapper au danger d'être tuée par ces méchans signors et ces soldats qui se battent entr'eux; lorsqu'au milieu de la galerie longue et obscure qui conduit à cette chambre, et que je traversois en courant de toutes mes forces, sans oser seulement tourner la tête; j'entends tout-à-coup.....

LUDOVICO.

Eh bien?..... vous entendez ?.....

ANNA.

Vous allez encore vous moquer de moi, monsieur Ludovico; mais cela est aussi vrai que l'apparition qui eut lieu l'autre nuit sur les remparts........ Vous vous souvenez bien de ce grand fantôme qui fit si peur à un soldat ?.....

EMILIE.

Poursuis donc, Anna.

ANNA.

Oui, signora, j'entends un long gémissement..... puis une grande figure blanche se présente.... *(Ludovico rit)*. Oh! vous avez beau rire. Je ne l'ai pas moins vu, comme je vous vois. Vous jugez bien que la frayeur ne m'a pas permis d'en voir davantage, je ne sais ce que je suis devenue, ni comment j'ai pu arriver jusqu'à cette porte ; mais ce qu'il y a de certain, c'est que le fantôme m'a parlé.

LUDOVICO, *(souriant).*

A vous ?

ANNA.

Eh oui, à moi. Il a prononcé bien distinctement mon no et à plusieurs reprises. Ah! monsieur Ludovico, ne nous quittez pas, je vous en prie; tenez, je ne voudrois pas pour mille sequins, rester une heure dans cette partie du château.

LUDOVICO.

Il vous faudra cependant y passer la nuit.

ANNA.

Passer la nuit..... où ?

LUDOVICO.

Ici.

ANNA.

Ici!... y songez-vous, signora? j'aimerois mieux dormir sur le canon du rempart que dans cette chambre.

LUDOVICO.

C'est cependant une des plus belles du château; ma pauvre maitresse l'avoit choisie de préférence, parce que de cette croisée, elle découvroit le sommet des Apennins, et que leur aspect sauvage et silencieux, servoit encore à entretenir sa mélancolie.

EMILIE.

Quoi! c'étoit ici l'appartement de ma tante?

LUDOVICO.

Oui, signora. Il est en bien mauvais état, n'est-ce pas? Je ne crois pas qu'on y soit entré depuis la mort de cette infortunée.

ANNA, *avec effroi*.

C'est ici qu'elle est morte?....

LUDOVICO.

Hélas! oui.

ANNA.

C'est fait de nous, nous n'y survivrons pas. (*En sanglottant.*) Oh! pour le coup me voilà dégoûtée des voyages; si jamais je puis retourner à Venise, rien au monde ne pourra m'engager à en sortir. Je ne pensois guère, en le quittant, venir me séquestrer dans un séjour diabolique, au milieu des plus affreuses montagnes, au risque d'y être tuée vingt fois par jour.

LUDOVICO.

Remettez-vous, Anna, votre imagination troublée.....

ANNA, *piquée*.

Je n'ai point d'imagination, monsieur, entendez-vous; je dis ce que j'ai vu, parce que cela est vrai. C'est vous qui avez l'esprit troublé, de nous amener dans la chambre d'un mort pour y passer la nuit.

LUDOVICO.

J'aurai soin, en vous quittant, de prendre avec moi la clef de cette porte, c'est la seule qui communique à cet appartement; ainsi, vous pourrez reposer sans crainte.

DRAME.

ANNA.
Dormir ici! je m'en garderai bien.

EMILIE.
Je meurs d'impatience et d'inquiétude, Ludovico; je voudrois savoir quelle a été l'issue de cet affreux combat, et ce qui me reste à espérer.

LUDOVICO.
Je vais m'en informer, signora; dans un moment je suis de retour.

EMILIE.
Comment pourrai-je récompenser tant de zèle?

LUDOVICO.
En acceptant toujours mes services. Votre tante m'a comblé de bienfaits, le peu que je possède est le fruit de ses dons; ainsi, vous voyez bien que vous ne me devez pas même de reconnoissance; je ne fais, en vous obligeant, qu'acquitter la dette de mon cœur.

EMILIE.
Bon, Ludovico!

ANNA.
Le brave garçon!.... Allons, cela me réconcilie avec vous. (*En lui faisant une petite révérence.*) Voulez-vous bien me permettre de vous embrasser?

LUDOVICO, *l'embrassant.*
Aimable enfant! rassurez-vous, je ne vous quitterai pas long-tems.

ANNA.
Revenez vite; surtout fermez bien la porte.

(*Ludovico sort.*)

SCENE III.

EMILIE, ANNA.

ANNA.
Ah, signora! l'affreux séjour que ce château!

EMILIE.
Hélas!

ANNA.
Mais vous ne savez pas comme moi ce qui s'y passe,

Benedetto m'a tout conté à Venise avant notre départ. Vous vous rappelez bien, Benedetto, le valet du signor Mazerini, ce beau jeune homme qui porte son manteau replié avec tant de graces, et qui venoit, au clair de la lune, chanter de si jolis vers sous ma jalousie.... Vous en souvenez-vous, maintenant ?

EMILIE.

Il me semble que ses vers ont emporté ton cœur.

ANNA.

Non, signora; quoique Ludovico ne me parle qu'en prose, je l'aime mieux que lui.

EMILIE.

Eh bien, que t'a dit Benedetto ?

ANNA.

Oh! je ne veux pas vous le raconter, cela vous effraieroit trop.

EMILIE.

Dis toujours.

ANNA.

Il savoit tout cela, lui, parce qu'il étoit venu passer ici un mois avec son maître....

EMILIE.

Mais, que t'a-t-il dit ?

ANNA.

Il m'a dit : — mademoiselle Anna, ne savez-vous rien sur ce château où vous allez demeurer ? — Non, lui dis-je, monsieur Benedetto ; que savez-vous donc, je vous prie ? — Mais, ajouta-t-il, êtes-vous capable de garder un secret ?.... car, autrement, je ne vous dirois rien. — Alors, j'ai promis de n'en pas parler.

EMILIE, *souriant*.

Si vous avez promis le secret, Anna, vous avez tort de le révéler.

ANNA.

Mais à vous, signora, je puis tout vous dire.

EMILIE.

Enfin, que t'a-t-il appris de si intéressant ?

ANNA, *confidemment*.

Benedetto assure que ces longues galeries et ces grandes salles, ne sont faites que pour les lutins et les revenans qui y vivent, et qui sont en grand nombre dans ce château. Oh, vraiment, je crois que si j'y vis encore long-tems, je deviendrai un revenant moi-même... Paix, signora, j'ai cru entendre du bruit....

EMILIE.

C'est le vent qui agite cette porte... poursuis.

ANNA.

Benedetto ajoute qu'on en voit souvent roder dans les bois et autour du château, pendant la nuit.

EMILIE.

Tu es folle.

ANNA, *avec un air d'horreur.*

Gardez-vous d'en rire, signora, cela n'est que trop vrai. On dit qu'il y a dans ce château plusieurs endroits où l'on n'ose pas aller.... entr'autres une vieille chapelle....

EMILIE, *l'interrompant vivement, et avec intérêt.*

Une vieille chapelle ?

ANNA.

Oui, signora, une vieille chapelle qui tient à la partie orientale du château, où, quelquefois à minuit, l'on entend des gémissemens ! des sons lugubres !.... que cela fait frémir !..

EMILIE.

A minuit, dis-tu ?

ANNA.

Oui, signora, à minuit.

EMILIE.

Quel étrange rapport ?

ANNA.

Ceci paroît vous inquiéter, signora ?

EMILIE.

Ce n'est pas sans raison. Apprends à ton tour ce qui m'est arrivé ce soir pendant le bal.

ANNA, *à part.*

Voilà ma frayeur qui redouble. (*haut.*) Je vous écoute, signora.

EMILIE.

J'étois plongée dans une rêverie profonde et ne songeois qu'à Alfred, au milieu d'une fête destinée à célébrer mon union avec un autre, lorsqu'un inconnu masqué et vêtu en magicien, s'approche doucement de moi et me dit d'un ton mystérieux de me trouver à minuit dans les ruines de la chapelle et que là on m'apprendra un secret important.

ANNA.

Gardez-vous d'y aller, signora; ce seroit votre dernière heure, vous n'en sortiriez jamais.

EMILIE.

Je ne puis me défendre d'un vif desir d'approfondir ce mystère.... cette voix m'a frappée; j'ai même cru reconnoître...

ANNA.

Ne savez-vous pas que les revenans empruntent souvent la voix des personnes qui nous sont chères, pour mieux nous tromper et nous entrainer dans les pièges qu'ils nous tendent ?.... De grace, Signora, résistez à cette fatale envie.

EMILIE.

C'est vainement que je voudrois y céder, puisqu'il est déjà dix heures et que je ne crois pas que nous puissions sortir de cet appartement avant le jour.

ANNA.

Le ciel nous préserve d'y passer la nuit !

EMILIE.

Qu'avons-nous à craindre dans une chambre bien fermée et où personne que Montoni ne peut songer à venir nous trouver ?

ANNA.

Les esprits passent partout.

EMILE, *souriant*.

En effet, ils sont si minces ! Allons, laisse là tes contes ridicules et songe plutôt à dormir.

ANNA.

Sans doute, si je le puis... mais ces fauteuils sont si incommodes.

EMILIE.

Si tu t'y trouves mal, va te reposer sur le lit.

ANNA.

Moi, Signora ! Jamais je n'oserois en approcher.

EMILIE.

Qu'as-tu à craindre ?... ne partagerai-je pas tes dangers.

ANNA.

Je n'ose...

EMILIE.

Prends la lampe, et tu te convaincras bientôt de la puérilité de tes craintes.

ANNA.

Cela n'est pas nécessaire.

EMILIE.

Vas, te dis-je.

ANNA.

Mais, Signora...

EMILIE.

Je le veux.

ANNA

A part. Quelle contrariété ! (*Elle prend la lampe et s'avance en tremblant du côté du lit. On entend le bruit éloigné du tonnerre ; quand elle est arrivée près du lit, il se fait un éclair très-fort, la foudre éclate. Anna jette un cri perçant, laisse tomber sa lampe et revient d'un air effrayé jusqu'au devant de la scène.*) Signora !.... Signora !... Quelqu'un est dans ce lit... J'ai vu les rideaux s'agiter...

EMILIE.

Je vous ordonne de vous taire, Anna.

ANNA, *sanglotant.*

Que je suis malheureuse !... *Elle va s'asseoir.* Mon dieu ! veille sur les jours de la pauvre Anna. (*Elle se retourne, et change souvent d'attitude en témoignant beaucoup d'inquiétude ; enfin elle s'endort à l'exemple d'Emilie.*)

SCENE IV.

Dès qu'elles sont endormies, le vent sifle avec violence, et semble s'engouffrer dans les longs corridors qui conduisent à cette chambre.

EMILIE, ANNA, *endormies*, **MORANO, CESARIO.**

(*On entend un bruit sourd du côté du lit; un pan de la boiserie s'ouvre à droite.*)

CESARIO, *entrant le premier, et tenant une lanterne sourde.*

Je crois que c'est dans cette chambre, autant que j'ai pu m'orienter à travers ces passages obscurs et dérobés.... Suivez-moi, monsieur le comte.

MORANO, *entre.*

J'y suis.

CESARIO.

Convenez donc qu'il est fort heureux que Montoni vous ait remis entre mes mains.

CESARIO, *avec ironie.*

Vraiment il ne pouvoit choisir un gardien plus fidèle.

CESARIO.

Il me semble que nous sommes dans l'appartement de Laurentina; en tout cas, je ne vois rien. Je ne me suis cependant point trompé, j'ai bien positivement entendu l'ordre que le duc donnoit à Ludovico de la conduire ici.

MORANO.

Passons plus loin. (*Il se fait quelques éclairs.*)

CESARIO.

Attendez... J'ai cru voir là-bas... Approchons.

MORANO.

En effet, j'apperçois quelque chose.

CESARIO, *s'approchant d'Emilie.*

C'est elle.

MORANO.

Mais elle n'est pas seule; de l'autre côté, je vois...

CESARIO.

C'est Anna; eh bien, le voyage sera plus gai; j'aurai

ma compagne aussi. Ah! je te tiens enfin, dédaigneuse créature, et tu ne saurois m'échapper!...

MORANO.
Elles dorment profondément.

CESARIO.
C'est ce qu'elles ont de mieux à faire.

MORANO.
Mais comment les emmener d'ici sans les réveiller?

CESARIO.
Prenons-y garde, car les cris d'Anna nous auroient bientôt trahis.

MORANO.
Il faut cependant trouver un moyen de les empêcher.

CESARIO, *après avoir rêvé un moment.*
Je n'en vois pas d'autre que de les transporter avec précaution dans le fauteuil où elles reposent, jusqu'à ce que nous soyons parvenus en un lieu où leurs cris ne puissent plus se faire entendre.... d'ailleurs, en cas de nécessité, ce bandeau....

MORANO.
Expédient merveilleux!... Procédons.

UNE VOIX.
Scélérat!

CESARIO, *avec émotion.*
Qu'ai-je entendu?

MORANO.
Ce n'est rien.

CESARIO.
Je vous assure, seigneur....

MORANO.
Aurois-tu la foiblesse de partager les craintes puériles des habitans de ce château?

CESARIO.
Mais, j'ai distingué clairement....

MORANO.
Un bruit confus occasionné par le retentissement des voix à travers ces longues voûtes. Allons, poursuivons notre dessein.

CESARIO.
Je suis prêt.

(*Ils s'approchent du fauteuil d'Emilie et l'enlèvent.*)

LA VOIX, *plus fort.*
Arrête!

(*Césario laisse tomber le fauteuil, Emilie se réveille.*)

EMILIE.

Que vois-je! Anna!

(*Anna se réveille et crie de toutes ses forces; Césario court à elle et lui couvre la bouche avec son bandeau.*)

MORANO.

(*A part.*) Fâcheux évènement! dissimulons. (*haut.*) Rassurez-vous, belle Emilie, mon intention n'est pas de vous causer le moindre effroi.

EMILIE.

Laissez-moi.

MORANO.

Ecoutez un homme qui vous adore, et que la crainte de vous perdre réduit au désespoir. Fuyez, Emilie, fuyez cette prison affreuse avec l'amant qui vous adore; fuyez, les portes vont s'ouvrir et demain le soleil vous verra dans Venise.... songez que chaque instant rend la fuite plus difficile; une voiture nous attend sous les murs du château... partons.

(*Anna arrache le bandeau, se dégage des bras de Césario, et jette un cri, mais Césario la saisit de nouveau, et la menace avec un poignard.*)

EMILIE.

Je vous rends grace, seigneur, de l'intérêt que vous prenez à mon sort; mais je vous demande encore, laissez-moi à ma destinée.

MORANO.

Plutôt périr!.... pardonnez cette violence, mais l'idée de vous perdre me trouble la raison.

EMILIE.

Calmez-vous, seigneur, et quittez ce château que rien ne sauroit m'engager à fuir avec vous.

MORANO.

Oui, je quitterai ce château, mais je n'en sortirai pas seul; mes prières n'ont pu rien obtenir, la force l'emportera.

EMILIE.

Seigneur...

MORANO.

Toute résistance est inutile... suivez-moi.

EMILIE.

Jamais.

DRAME.

MORANO.

A moi, Césario !

(*Césario enleve Anna qui se débat, tandis que Morano entraîne avec force Emilie vers la porte de l'escalier dérobé, en tâchant d'étouffer ses cris. Alors un fantôme sort du fond de l'alcove, et court se placer entre Morano et Césario, menaçant l'un d'un poignard, et l'autre d'un pistolet. Tableau. Césario effrayé, laisse échapper Anna qui court à la porte, et jette des cris perçans du côté de la galerie.*)

ANNA.

Au secours ! au secours !

(*On entend un grand bruit dans la galerie.*)

MONTONI, *en dehors*.

Vengeance !

CESARIO, *à part*.

Montoni vient !.. Je suis perdu !..

ANNA.

Du secours ! mon dieu ! du secours !

CESARIO, *à part*.

Fuyons.

Morano fait un mouvement pour tirer son épée; le fantôme change d'attitude, le retient d'une main et le menace de l'autre; pendant ce tems, Césario s'éloigne doucement et s'échappe par la porte dérobée. Morano qui s'en apperçoit veut le suivre, le fantôme l'arrête encore; le bruit redouble dans la galerie, Césario ferme la porte sur lui, le fantôme disparoît derrière le lit, et la porte de la galerie s'ouvre avec fracas. Emilie et Anna fuient dès que la porte est ouverte.

SCENE V.

MONTONI, MORANO, PLUSIEURS OFFICIERS, QUELQUES DOMESTIQUES *portant des flambeaux.*

MONTONI, *à Morano fondant sur lui l'épée à la main.*

Lâche, reçois la justice qui t'est due. (*Les officiers veulent s'élancer sur Morano, Montoni les retient.*) Arrêtez! je me réserve le soin de le punir.

Il s'engage un combat très-opiniâtre entre Montoni et Morano; enfin l'avantage se décide pour le premier, et Morano tombe sans connoissance.

MONTONI. (*On emporte Morano.*)

Qu'on l'emmène hors du château.; et nous signors, (*en parlant à ses officiers*) allons achever de soumettre les partisans de ce traître. Je remets à un autre moment le soin d'éclaircir comment tout ceci s'est passé.

Il sort fièrement suivi de ses officiers.

FIN DU DEUXIÈME ACTE.

ACTE III.

Le théâtre représente une cour du château remplie de ruines et de décombres, parmi lesquelles se trouvent des sapins, ciprès et melèses; dans le fond, le portail et les restes d'une chapelle gothique; à gauche, une vieille tour, au-devant de laquelle est un escalier à demi ruiné; à droite, dans le fond, une porte grillée qui conduit au pont-levis; en avant, du même côté, un vieux bâtiment. Il fait nuit.

SCENE PREMIERE.

CESARIO, *sortant du vieux bâtiment.*

Je n'entends plus rien, et le comte ne paroît pas!... Seroit-il tombé sous les coups de Montoni? Dans ce cas, tout espoir de fortune seroit évanoui pour moi. Que seroit-ce donc si je n'avois su m'évader à tems? Il m'eût fallu soutenir les regards terribles du duc, et subir un interrogatoire auquel je n'échapperai point peut-être... Comment lui faire croire que le comte prisonnier et commis à ma garde, ait pu se trouver un moment après dans l'appartement reculé où sa nièce a été conduite par son ordre, sans que j'aie favorisé son évasion et partagé ses desseins?... Mais, que dis-je?... cet évènement qui m'accuse, et semble devoir causer ma perte, je puis le tourner contre Ludovico; en effet, les passages dérobés qui m'ont conduit à cet appartement, et qui communiquent dans tout le château, à travers l'épaisseur des murs, sont inconnus à Montoni; ils avoient été découverts par mon prédécesseur, qui m'en confia le secret avant sa mort; Ludovico avoit seul une clef de cette chambre, il est donc clair que lui seul peut être coupable de trahison, ainsi je puis l'accuser avec succès; mais pour donner plus de poids à cette assertion, et dissiper entièrement les soupçons de Montoni, en lui donnant des preuves certains de mon zèle, je vais épier scrupuleusement les démarches de sa nièce, et de cette Anna, que je brûle d'avoir en ma puissance, peut-être avant peu.... Quelqu'un s'approche!... de la prudence.

SCENE II.

MORANO, *enveloppé dans son manteau*, CESARIO.

CESARIO.

Qui va là?

MORANO.

Est-ce toi, Césario?

CESARIO.

Oui, seigneur. Comment avez-vous pu échapper à la colère de Montoni?

MORANO.

Il vient de se livrer entre nous un combat très-vif, dans lequel, soit que l'adresse ou le sang-froid l'aient servi mieux que moi, tout l'avantage se décidoit pour lui; alors, me sentant vigoureusement pressé, j'ai feint d'être mortellement atteint et de tomber sans connoissance; le duc m'a cru mort, il a ordonné qu'on me transportât sur-le-champ hors du château. Quelques-uns de mes partisans que j'avois reconnus parmi les gens de sa suite, se sont chargés de ce soin et m'ont bientôt remis en liberté.

CESARIO.

Je ne desirois rien tant que la conservation de vos jours ; car, je pense, seigneur, que vous n'imputerez point à un manque de fidélité de ma part, ce qui vient de se passer, et que ce fâcheux contre-tems n'altérera point la confiance dont vous m'honorez.

MORANO.

Au contraire, je ne puis que louer ta prudence ; en demeurant avec moi, tu te perdois sans me servir, et tu t'enlevois désormais les moyens de m'être utile.

CESARIO.

Mais que pensez-vous, seigneur, du personnage mystérieux qui est venu si brusquement troubler nos projets ?

MORANO.

Je laisse à d'autres le soin d'éclaircir ce mystère. Quant à moi, je ne songe plus qu'à me venger.

CESARIO.

Que pouvez-vous à présent dans ces lieux où Montoni ne craint plus de rivaux, et va exercer plus que jamais un pouvoir despotique ?

MORANO.

Je ne prétends point y demeurer plus long-tems ; dans une heure je serai déjà loin d'Udolphe, et demain, je cours à Venise, solliciter du sénat, la faveur de commander moi-même les troupes destinées à attaquer Montoni. Avant huit jours ces murs seront témoins de ma vengeance et de mon triomphe. Cependant, soutiens toujours l'espoir de mes partisans ; surtout, surveille exactement les démarches d'Emilie, c'est à toi seul que je m'en remets du soin de la conserver ; songe que c'est à la possession de ses biens que j'attache le plus grand prix. Si je la trouve à mon retour, mille sequins et la maison d'Anna seront ta récompense.

CESARIO.

Je n'avois pas besoin de ce double motif pour vous servir, seigneur, vous connoissez mon attachement ?...

DRAME.

MORANO, *lui donnant une bourse.*

Voilà pour l'augmenter. Viens m'ouvrir les portes du château, et songe à exécuter ponctuellement mes ordres.

CESARIO.

Suivez-moi, seigneur.

(*Césario conduit Morano par la grille qui est à droite, dans le fond.*)

SCENE III.

EMILIE, ANNA, *paroissant du côté opposé.*

ANNA, *portant une lanterne sourde.*

Cet entêtement nous sera funeste, signora, vous le verrez. Quelle imprudence! deux femmes seules, parcourir, à l'heure qu'il est, un château ruiné, où tout dort, excepté les lutins et les revenans.

EMILIE, *sans l'écouter.*

Nous voici, je crois, dans les ruines de la chapelle?...

ANNA.

Hélas! je le crois de même. Malgré le vif attachement que je vous porte, je voudrois pour beaucoup, ne m'être point engagée dans cette périlleuse recherche.

EMILIE.

Tu es folle.

ANNA.

Plût à dieu!

EMILIE.

Que l'air est humide et froid dans ces cours!

ANNA.

Vraiment, je vous l'avois bien dit; croyez-moi, signora, retournons à votre appartement, votre santé pourroit être altérée....

EMILIE.

Non, je suis décidée à éclaircir le mystère caché sous ce rendez-vous; c'est à minuit, m'a-t-on dit...

ANNA, *à part.*

Justement, à l'heure où l'on voit les apparitions!

(*On entend sonner l'horloge du château.*)

Ah! mon dieu! pourvu que ce ne soit pas....

EMILIE.

Paix! (*Elles écoutent toutes deux.*)

C 3

SCENE IV.

LES MEMES, CESARIO.

CESARIO (*Il rentre par la grille, et paroît surpris de voir des femmes. Il approche doucement et les reconnoît.*)

Emilie! Anna! que peuvent-elles faire à cette heure dans ces lieux écartés?... Si je pouvois m'en emparer, sous prétexte d'exécuter les ordres de Montoni.... Sans doute... l'occasion est excellente; hâtons-nous d'en profiter.

(*Il rentre dans le vieux bâtiment de droite.*)

SCENE V.

EMILIE, ANNA.

(*L'horloge a sonné minuit.*)

EMILIE.

Minuit!

ANNA, *avec effroi.*

Minuit! c'est fait de nous! (*Elle tombe sur une pierre. On entend préluder sur un luth dans la tour de gauche.*)

EMILIE.

Qu'entends-je?

ANNA.

Fuyons, signora, il n'y a rien à gagner ici.

EMILIE.

Ecoutons.

(*Une voix venant de la même tour, chante la romance suivante, elle est accompagnée du luth.*)

ROMANCE.

PREMIER COUPLET.

D'un calme heureux tout ressent la douceur;
L'air est serein, la nature est tranquille;
Un long silence habite cet asyle;
Mais le repos a fui loin de mon cœur.

EMILIE.

Anna!

ANNA.

Signora?

EMILIE.

Reconnois-tu cette voix?

ANNA.
Dieu m'en préserve!

DEUXIEME COUPLET.
Echos plaintifs, qui répétez mes chants,
Tristes témoins de ma mélancolie,
Portez aux lieux où repose Emilie,
De son ami, les douloureux accens.

EMILIE.
Je n'en saurois douter.... C'est Alfred! c'est mon amant!

ANNA.
Y songez-vous, signora? Alfred dans ce château?

EMILIE, *douloureusement.*
Et prisonnier sans doute! *(Elle appelle.)* Alfred! Alfred! est-ce vous?

SCENE VI.

EMILIE, ANNA, ALFRED, *dans la tour près de la croisée.*

ALFRED.
Oh ma chère Emilie!

EMILIE.
Comment vous trouvez-vous dans cet affreux séjour?

ALFRED.
Parlez bas. Le logement du concierge est au bout de la cour.... on pourroit nous entendre.

EMILIE.
Cet escalier peut me conduire juqu'à vous.

ANNA.
N'y montez pas, signora; il vous arrivera quelque malheur.

EMILIE.
L'amour ne connoît point d'obstacles. (*Elle va pour monter l'escalier, lorsqu'on entend du bruit.*)

ANNA.
Quelqu'un vient de ce côté...

EMILIE.
Paix!

SCENE VII.
LES MEMES, LUDOVICO.

LUDOVICO, *dans le fond et à demi-voix.*
Signora ! signora !

ANNA, *bas à Emilie.*
C'est la voix de Ludovico, je crois ?

LUDOVICO, *de même.*
Signora !

EMILIE.
(*A Anna.*) C'est lui. (*haut.*) Que voulez-vous, Ludovico ?

LUDOVICO *accourant.*
Quelle imprudence ! vous vous perdez, signora.

ANNA, *d'un ton pleureur.*
Là !.. je vous l'avois bien dit.

LUDOVICO.
Montoni vient d'aller à votre appartement pour apprendre de vous par quel moyen le comte a pu s'introduire dans la chambre de Laurentina ; il est furieux de ne vous avoir pas trouvée et ne doute pas que Morano ne vous ait fait enlever. Tout est en rumeur dans le château ; il a ordonné qu'on fît à l'instant les plus exactes perquisitions. Fuyez promptement et tâchez de regagner votre appartement sans être apperçue.

ANNA.
Pour moi, je ne demande pas mieux ; vous nous accompagnerez, n'est-ce pas, monsieur Ludovico ?

ALFRED.
Vous me quittez, Emilie ?

EMILIE.
Il le faut bien.

LUDOVICO.
Vous n'avez pas de tems à perdre.

ALFRED.
Ah ! du moins, que je puisse baiser encore cette main qui me fut promise !... c'est pour la dernière fois peut-être....

EMILIE.
Chassez cette horrible idée.

ALFRED.
Me refuserez-vous une faveur si chère ?....

(*Emilie va pour monter l'escalier. Ludovico l'arrête.*)

DRAME.

LUDOVICO.

Prenez-y garde, signora ; cet escalier est tout-à-fait ruiné....

ALFRED.

Emilie !...

LUDOVICO, *retenant toujours Emilie.*

Ne vous exposez pas, je vous en prie.

Emilie lui échappe et monte rapidement l'escalier; quand elle est arrivée presqu'au haut, les marches qui sont au dessous d'elle s'écroulent et elle n'a que le tems de saisir la rampe à laquelle elle reste suspendue.

EMILIE.

Dieu !

ALFRED.

O ciel !

ANNA.

Nous sommes perdues ?

LUDOVICO.

Quel malheur !

On entend un son de trompe, en signe d'alarme dans l'intérieur du batiment de droite.

ANNA.

Qu'entends-je !

LUDOVICO.

C'est Montoni sans doute qui vient de ce côté.

EMILIE.

Mon oncle !

ANNA.

Que devenir ?

ALFRED.

Que faire ?

(*Ludovico va jusqu'à la porte du vieux bâtiment, Il écoute un moment, puis revient avec précipitation.*)

LUDOVICO.

On vient... (*à Anna.*) Cachez-vous. (*Il éteint la lanterne qu'Anna a posée sur une pierre.*) Silence.

ALFRED.

Grand Dieu ! protège-les.

Ludovico se cache sous une des voûtes de l'escalier, et Anna parmi les ruines qui sont au milieu, mais tous deux de manière à être vus du public.

SCENE VIII.

LES MEMES, CESARIO, CONDOTTIERI.

(Une patrouille conduite par Césario sort du vieux batiment.)

CESARIO, à part

Elles ne sauroient m'échapper!.... cherchons.

La patrouille parcourt les ruines ; quand elle a passé l'escalier, Anna quitte vivement sa place et vient se placer sur le devant, Ludovico se relève et examine tout en recommandant le plus grand silence ; enfin la patrouille s'éloigne et on la perd de vue à travers les ruines de la chapelle.

SCENE IX.

EMILIE, LUDOVICO, ANNA, ALFRED.
dans la tour.

ANNA, à Ludovico.

Sont-ils bien loin ?

LUDOVICO.

Oui.

ANNA.

Je suis morte de peur.

LUDOVICO, à Emilie.

Nous avons échappé à la vigilance de Césario, mais comment vous délivrer du péril où vous êtes ?

ALFRED, à Ludovico.

Brave homme, sauvez mon Emilie... et ma reconnoissance..

LUDOVICO.

Toujours de la reconnoissance!... comme si mon cœur ne me parloit pas avant tout!....

DRAME.

ANNA.

Dépêchez-vous, monsieur Ludovico. Il me semble que la lumière se rapproche de ces lieux.

LUDOVICO.

Attendez.. il me vient.... oui.... oui.... allons.... un moment de patience. (*Il approche quelques pierres sur lesquelles il monte ; puis s'élevant sur les pieds, il présente ses épaules à Emilie et se baisse par degrés, pour la descendre à terre. Pendant ce tems, Anna écoute et observe.*

ANNA.

Les voilà qui reviennent !

En effet Césario et la patrouille reparoissent par la grille traversent le fond et sortent par la gauche. Emilie et Ludovico restent immobiles et Anna se cache derriere les ruines en observant ce qui se passe dans le fond.

Ils sont partis !...

Ludovico descend doucement Emilie jusqu'à terre, elle l'embrasse ainsi qu'Anna ; et tous trois se jettent à genoux pour remercier le ciel.

LUDOVICO.

Sortons promptement de ces lieux. (*à Anna*) Pendant que je vais conduire votre maitresse à son appartement, par la grande terrasse et la galerie du nord; vous, Anna, tâchez de gagner l'office, et vous direz au vieux Carlos que la signora s'étant trouvée indisposée, vous êtes allées prendre l'air sur la terrasse; puis, vous le prierez de vous donner quelques restaurans, et vous viendrez nous rejoindre par l'escalier de marbre.

ANNA.

Y pensez-vous, monsieur Ludovico ? après tout ce qui m'est arrivé cette nuit, que je parcoure encore seule ce vilain château ?

LUDOVICO.

Songez au service important que vous rendez à votre maitresse, puisque par-là vous lui évitez avec Montoni une explication qui ne peut qu'être fâcheuse.

EMILIE.

Je t'en prie, Anna.

ANNA.

Comment vous refuser, puisque vous m'en priez ?.... j'aurai cependant bien peur.

LUDOVICO.
Allons, un peu de courage. Partons.

ALFRED.
Adieu, mon Emilie. Brave homme, veille sur elle.

LUDOVICO.
Comptez sur mes soins.

EMILIE.
Adieu, cher Alfred.

LUDOVICO.
Vous vous reverrez!.... et bientôt, peut-être.

ALFRED.
Adieu.... tout ce j'ai de plus cher.

(*Alfred se retire de la croisée, Ludovico conduit Emilie, tous deux sortent par les ruines du fond; quand Anna les a perdus de vue, elle va pour sortir par la gauche, mais elle apperçoit Césario, et revient précipitamment au-devant de la scène.*)

SCENE X.
ANNA, CESARIO, CONDOTTIERI.

ANNA, *avec le plus grand effroi.*
Je suis perdue!.... Voilà encore ce maudit concierge.

(*Césario et s suite reparoissent, et après avoir fait plusieurs tours, reviennent passer devant l'escalier dont la démolition les frappe; Anna s'est cachée sous la voûte, et ne tarde point à être découverte par Césario qui la tire brusquement à lui.*)

CESARIO.
Que faites-vous dans ces lieux à cette heure, malgré la défense de Montoni.

ANNA, *à part.*
Je ne sais que lui dire!

CESARIO, *à part.*
Enfin, je la tiens. (*haut.*) Eh' bien?

ANNA.
Je vous en prie, monsieur Césario, laissez-moi rejoindre ma maitresse.

CESARIO.

Mon devoir s'y oppose. (*à part.*) Qu'elle est intéressante!

ANNA.

Laissez-vous toucher.

CESARIO.

Ma responsabilité ne me permet pas de rien faire pour vous ; les ordres sont positifs ; je dois vous garder jusqu'au jour, et vous conduire à Montoni qui saura bien vous forcer à répondre.

ANNA, *à part.*

Oh! mon dieu! si Ludovico étoit ici!

CESARIO, *à part.*

Toujours Ludovico!.... ce nom accroit encore ma rage!...

ANNA.

Il est impossible que je m'échappe, vous le savez. Ainsi, laissez moi retourner chez de ma maitresse, et demain je me présenterai au signor quand il l'exigera.

CESARIO, *à part.*

Je m'en garderai bien. (*haut.*) Cela ne se peut pas. Rentrons.

ANNA.

Où me conduisez-vous ?

CESARIO.

Suivez-moi.

ANNA.

Non.

CESARIO.

Oh! que de résistance!

(*Il la relève avec force et veut l'entraîner, elle tombe à genoux et fait tous ses efforts pour le fléchir, ainsi que les soldats qui l'accompagnent ; mais ils sont tous insensibles, et l'entraînent avec violence dans le bâtiment de droite.*

FIN DU TROISIÈME ACTE.

ACTE IV.

Le théâtre est divisé en trois parties ; la gauche représente une espèce de guichet qui sert de chambre au geolier, et dans lequel on remarque quelques meubles grossiers ; la porte est au fond ; à gauche, est une petite fenêtre ronde et assez élevée. Une lampe est suspendue à la voûte.

La partie droite représente un cachot sombre qui communique par une porte à la chambre du geolier ; dans le fond est une porte secrette en pierre, et pratiquée dans le mur.

La troisième partie qui règne au dessus des deux autres, représente un bois très-couvert qui s'étend jusqu'aux portes d'Udolphe dont on voit les murs ; cette partie est éclairée par la lune.

SCENE PREMIERE.

ALFRED, *entrant par la porte secrette.*

O bonheur ! j'ai revu mon Emilie, et je l'ai revue fidelle à ses sermens ! Combien je bénis le hasard qui, en me faisant découvrir cette issue secrette, m'a procuré le moyen de pénétrer dans l'intérieur du château, et de soustraire Emilie aux entreprises funestes de Morano ! sans cette heureuse témérité, elle m'étoit ravie peut-être pour toujours ! Ah ! depuis près de deux mois que le sort de la guerre m'a fait tomber aux mains de Montoni, voilà le seul moment de plaisir qui soit venu ranimer mon cœur... mais je me sens renaître à l'espérance. Oncle barbare ! je saurai la délivrer de l'horrible oppression où elle gémit, et si le sénat tarde encore à punir ton audace et tes crimes, les moyens que je viens d'employer avec tant de succès, je pourrai les tenter de nouveau pour fuir cet odieux séjour, et délivrer mon amante..... Je sens mes yeux s'appésantir... Espérons qu'un sommeil doux et paisible viendra rafraîchir mes sens.... Songes légers, offrez-moi l'image d'Emilie, et si je cesse un instant de m'occuper d'elle, que ce soit pour y rêver encore. (*Il s'endort.*)

SCENE II.

ALFRED *endormi*, ANNA, CONDOTTIERI.

On entend un grand bruit du côté gauche ; la porte s'ouvre, plusieurs Condottieri poussent rudement Anna dans la chambre, et l'y enferment ; elle va tomber sur une chaise.

SCENE III.

ALFRED *endormi*, ANNA.

ANNA.
Elle reste quelque tems accablée, puis revient à elle et court à la porte.

Les méchans ! ils ont fermé la porte..... et me voilà exposée à tous les caprices de cet indigne concierge !.... J'avois bien raison de le haïr ! ah vraiment, quoique je n'aime guère le couvent, je voudrois pour beaucoup y être encore, plutôt que dans ce maudit château où je n'avois d'autre plaisir que de causer quelquefois avec Ludovico. C'est celui-là qui est honnête, doux, complaisant.... je suis sûre qu'il a plus d'honneur et de probité à lui seul, que tous les habitans du château !... mais voilà qui est fini !... je ne le verrai plus..... (*elle sanglotte.*) Ludovico ! Ludovico !... que je suis malheureuse !....

LUDOVICO, *en dehors, du côté de la fenêtre.*
Anna ! Anna !

ANNA, *se levant avec vivacité.*
Hein ?... j'ai cru entendre..... mais non, je me suis trompée.

LUDOVICO, *de même.*
Anna ! Anna !

ANNA, *avec joie.*
Ah mon dieu !.... c'est lui ! c'est lui !... (*Elle s'approche de la fenêtre en tâchant de voir en dehors.*) je vous entends, monsieur Ludovico ! tâchez donc que je sorte bientôt d'ici, car je m'y ennuie beaucoup.

LUDOVICO, *de même.*
Lisez ce billet, et conformez-vous exactement à ce qu'il

vous apprendra. (*Il jette par la fenêtre un papier roulé qui tombe aux pieds d'Anna*).

ANNA.

Je le tiens.

LUDOVICO, *de même*.

Au revoir, Anna.

ANNA.

Quoi ! vous partez sitôt ?

LUDOVICO, *de même*.

Il le faut bien.

ANNA.

M'aimez-vous toujours au moins ?

LUDOVICO, *de même*.

Plus que moi-même.

ANNA.

(*A part*). C'est bon, il m'aime toujours ! (*haut*). Pensez à moi.

LUDOVICO, *de même*.

Qui pourroit vous oublier ?... vous êtes si intéressante ?

ANNA, *à part*.

Il est galant, Ludovico !

LUDOVICO, *de même*.

Adieu, Anna.

ANNA.

Adieu, bon Ludovico. Viendra-t-on bientôt me faire sortir ?... hein ?... il ne me répond pas... est-ce que vous êtes parti ? oh mon dieu, oui, il est parti ! c'est bien dommage, car j'avois beaucoup de plaisir à causer avec lui.... mais lisons ce billet avant qu'on vienne m'interrompre.... c'est ma maitresse qui me l'écrit.... voyons : (*elle lit*) : « Je viens » d'apprendre qu'Alfred est enfermé dans un cachot qui » communique à la chambre du geolier.... (C'est apparemment là, (*en montrant la porte de communication*). » Il faut » absolument que je le voie : pour cela, il est nécessaire » d'écarter Césario. Au lieu de rejeter son amour, laisse- » lui concevoir quelqu'espérance ; surtout tâche de l'éloigner » promptement ; Ludovico et moi, nous serons aux aguets ; » dès qu'il sera parti, tu nous en instruiras par ce signal...». (*On entend à la porte un grand bruit de clefs et de verroux*). On vient !... cachons cette lettre. (*Elle va s'asseoir dans un coin, et paroît affligée.*

SCENE

SCENE IV.

ALFRED endormi, ANNA, CESARIO.

CESARIO, (en entrant il jette sur la table sa cape et un trousseau de clefs.)

(A part.) La voilà donc en ma puissance !.... (haut.) Eh bien, dédaigneuse Anna ! comment vous trouvez-vous ici ?

ANNA.

Mais, fort mal.

CESARIO.

C'est votre faute. N'imputez qu'à vos mépris l'extrême sévérité dont j'use à votre égard.

ANNA.

Vous avez choisi là un joli moyen de me faire la cour !

CESARIO.

N'avez-vous pas rejeté mes vœux ?

ANNA.

J'en conviens ; mais aussi, vous vous y prenez si mal !

CESARIO.

Comment ?

ANNA.

Sans doute. Croyez-vous que ce ton dur, ces manières repoussantes soient très-propres à toucher un cœur ? vous vous trompez. Nous voulons des égards, des soins, de la prévenance ; nous voulons voir enfin dans celui qui nous aime un être complaisant, soumis à nos moindres desirs, et non pas un tyran.

CESARIO.

Que ne m'avez-vous dit tout cela ?..... j'aurois tâché de m'y conformer.

ANNA.

Je ne crois pas que vous soyez jamais susceptible de pareils soins.

CESARIO.

Ce jugement est bien sévère.

ANNA.

Votre conduite ne m'en permet pas d'autre.

CESARIO.

Et si je vous prouvois que sous ces dehors brusques et repoussans, Césario porte une ame sensible ?....

ANNA, avec finesse.

Si vous me le prouviez ?..... je le croirois.

CESARIO.

Eh bien ! cruelle Anna, il ne tient qu'à vous de vous en

D

convaincre. Ne rebutez plus un amour que vous avez fait naitre, oubliez ce Ludovico que je hais, consentez à partager mon sort, et vous me verrez sans cesse tendre, empressé, attentif à vous plaire..... vous détournez la vue ?

ANNA.

Vous me pressez si vivement !

CESARIO.

De quel avantage d'ailleurs seroit pour vous l'hymen de Ludovico ?..... il possède fort peu de choses, et peut-être perdra-t-il bientôt le poste auquel le duc l'a élevé.

ANNA.

(*Vivement et avec intérêt.*) Se pourroit-il ? (*se remettant et avec une gaîté forcée,*) qu'a-t-il donc fait pour cela ? je vous prie.

CESARIO.

Ce soin importe peu à notre amour. Qu'il vous suffise de savoir que ma fortune est déjà considérable, et qu'outre les émolumens qui me sont accordés par le duc en qualité de concierge et de geolier du château, je reçois encore de nombreux présens de ceux auxquels je puis rendre quelque service.... Par exemple, on m'a promis, il n'y a pas six heures, mille sequins.....

ANNA.

(*Vivement et avec curiosité,*) mille sequins ! pourquoi faire ? *A part.* Je tremble !

CESARIO.

A part. J'allois me trahir ! (*haut*) Vous le saurez plus tard. Je vous le répète, Anna, consentez à partager mon sort, et je vous promets d'adoucir, autant qu'il dépendra de moi, votre captivité.

ANNA.

Ma captivité ! Je dois donc rester ici long-tems ?

CESARIO

Si vous m'aimez, votre intérêt s'oppose à ce que la liberté vous soit rendue avant huit jours ?

ANNA.

Avant huit jours ?

CESARIO.

Oui. Mais pendant ce tems vous trouverez dans Césario tous les égards que vous avez droit d'attendre. Commandez enfin et vos moindres désirs seront remplis.

ANNA, *à part.*

Si je pouvois l'éloigner ! (*Elle paroît se trouver mal.*)

CESARIO.

Qu'avez-vous donc, Anna ?... Votre œil se trouble. Vous ne me paroissez pas bien !...

ANNA.

Il est vrai que les évènemens de cette nuit m'ont fortement agitée.

CESARIO.

Parlez, quel secours vous seroit nécessaire ?

ANNA.

Je ne sais. Le défaut de nourriture a sans doute contribué à cette indisposition.

CESARIO.

Et je n'ai rien ici !

ANNA, *à part.*

Bon !

CESARIO.

Si je croyois que Carlos fût levé, je courrois à l'office.

ANNA, *avec une feinte indifférence.*

Peut-être l'est-il.

CESARIO.

J'y vais.

ANNA.

Ce sera m'obliger. (*A part.*) O Dieu, je te remercie !

CESARIO.

A part Il paroit qu'elle me voit avec moins de répugnance; c'est le moment de la flatter. (*Haut*) Prenez patience, Anna, je reviens bientôt. (*Il sort sans reprendre ses clefs et ferme seulement la porte aux verroux.*)

SCENE V.

ALFRED, *endormi*, ANNA.

ANNA.

On lui a promis, dit-il, mille sequins !... Ah ! j'en frémis encore !... C'est sans doute quelqu'horrible complot tramé par le comte, car, il n'y a qu'une mauvaise action qu'on puisse payer aussi cher ! Mais profitons d'un heureux stratagème, et suivons exactement mes instructions (*Elle jette un coup-d'œil sur la lettre d'Emilie, et frappe deux fois dans ses mains.*

SCÈNE VI.

LES MÊMES, ÉMILIE.

Emilie ne tarde point à paroître à la croisée. Anna lui recommande de faire le moins de bruit possible. Elle approche de la fenêtre une table sur laquelle elle pose une chaise : Emilie descend et se jette dans les bras d'Anna.

ANNA.

Vous voilà ici ! mais comment pénétrer maintenant dans ce cachot ?

EMILIE.

Cherchons ; peut-être s'offrira-t-il quelque moyen. (*Elle jette un coup d'œil autour d'elle et apperçoit le paquet de clefs que Césario a laissé sur la table ; elle se précipite dessus.*) O bonheur ! Vois-tu Anna ?... *Elle les baise toutes, et court les essayer à la porte de communication, mais elle ne peut réussir à l'ouvrir. Le bruit qu'elle fait, réveille Alfred.*

ALFRED.

Voici sans doute le méchant coquin qui pourvoit à ma subsistance.

EMILIE.

O ciel ! Est-on plus malheureuse ?

ANNA.

Je tremble que Césario ne revienne.

EMILIE.

Je suis décidée à ne point sortir d'ici, sans avoir vu Alfred.

ALFRED.

Cependant il n'a point coutume de venir d'aussi bonne heure.

(*Emilie et Anna cherchent de nouveau dans la chambre. Anna apperçoit un petit paquet de clefs pendues près de la porte du fond ; elle les montre à Emilie, court les prendre et les lui donne. Celle-ci les essaie ; la véritable clef s'y trouve ; la porte s'ouvre, et Emilie se jette dans le cachot d'Alfred, qui est demeuré couché.*

EMILIE.

O mon Alfred ! je te revois encore !...

(*Ils tombent dans les bras l'un de l'autre, et se prodiguent les plus tendres caresses.*

ALFRED, *se relevant vivement.*

Chère Emilie !

EMILIE.

Tu ne sais pas tout ce que j'ai souffert depuis que Montoni m'a fait venir dans ce château ! Mais trop heureux d'avoir pu nous réunir, sachons mettre à profit le peu d'instans qui nous restent. Fuyons, Alfred, fuyons cet horrible séjour. Une échelle est placée en dehors de cette croisée. Ludovico nous attend. tout est disposé ; dans deux heures nous serons loin d'Udolphe.

ALFRED, *montrant le fond du cachot.*

Cette porte secrète nous offre un moyen plus sûr d'effectuer notre fuite Sortons par-là : dans un moment nous serons au rempart d'Occident.

EMILIE.

Au rempart d'Occident ?... Gardons-nous d'en approcher. Comme c'est le côté le plus foible du château, des patrouilles nombreuses le parcourent pour le garantir des surprises de l'ennemi D'ailleurs Ludovico ne desire pas moins que nous d'être hors de ces lieux, et nous devons trop à ce bon serviteur pour l'abandonner.

ANNA.

Oh ! non. N'oublions pas Ludovico.

ALFRED.

Et bien, sortons par-là. (*Ils sortent du cachot.*)

EMILIE.

Veille toujours, Anna. (*parlant en dehors*) Etes-vous là, Ludovico ?

LUDOVICO, *en dehors.*

Oui, signora.

EMILIE.

Montez, Alfred. (*Elle lui donne la main ; il monte sur la chaise, et touche déjà la croisée quand Anna accourt et s'écrie :*)

ANNA.

On vient !

EMILIE.

Ciel ! (*à Alfred*) Sauvez-vous.

ALFRED.

Que je vous quitte !... jamais.

ANNA.

J'entends plusieurs voix. (*Ils écoutent tous trois. Alfred est toujours sur la table.*)

SCÈNE VII.

LES MEMES, LUDOVICO, *se montrant par la croisée.*

LUDOVICO.

Fuyez !... voici Montoni.

ALFRED.

Rentrons. Venez, Anna.

ANNA.

C'en est fait!.. Je ne verrai plus Ludovico.

ALFRED

Tu nous rejoindras au rempart d'occident.

LUDOVICO.

Au rempart d'occident!.. Comment pourrez-vous parvenir jusque-là?..

ALFRED.

Par une porte secrète, pratiquée au fond de ce cachot, ne tarde pas à t'y rendre

LUDOVICO.

Il suffit.

ANNA.

Ils sont tout près.

LUDOVICO.

Fuyez. (*Il se retire de la croisée; Alfred, Anna et Emilie, entrent dans le cachot dont ils referment la porte, et écoutent de l'autre côté en formant tableau.*)

SCENE VIII.

LES MÊMES, MONTONI, CÉSARIO, CONDOTTIERI.

CESARIO, *entrant le premier.*

Elle est ici, seigneur, vous allez l'interroger vous-même.

Il apperçoit la table et la chaise, placées près de la fenêtre.

(*à part*) Que vois-je? la perfide m'a trompé, profitons-en pour perdre Ludovico.

MONTONI, *entre.*

Où donc est-elle? (*L'étonnement est général; on regarde partout.*

CESARIO.

Seigneur, voulez-vous en croire un serviteur fidèle?

MONTONI.

Parle.

CESARIO.

Il existe une secrète intelligence entre vos ennemis et Ludovico.

MONTONI.

Ludovico dis-tu?

CESARIO.

Oui, seigneur. Je n'avois fait jusqu'alors que la soupçonner, mais les évènemens de cette nuit ne me permettent plus d'en douter; c'est lui qui a ouvert au comte Morano l'appartement de Laurentina.

MONTONI.

Tu penserois?..

CESARIO.

Et quel autre auroit pu? lui seul en avoit la clef.

MONTONI.

En effet....

CESARIO.

De plus, il aime éperduement Anna, et nul autre que lui ne peut avoir tenté de la soustraire à votre juste courroux.

MONTONI, *à sa suite.*

Qu'on aille arrêter Ludovico.

ANNA.

Les malheureux!

ALFRED, *lui mettant la main sur la bouche.*

Paix! Fuyons. *Il conduit Emilie et Anna vers le fond et tous s'échappent par la porte secrette.*

SCENE XI.

MONTONI, CESARIO, LUDOVICO, CONDOTTIERI.

LUDOVICO, *qui s'est caché parmi la suite de Montoni, et qui a tout entendu, s'avançant avec fermeté.*

On vous trompe, seigneur.

CESARIO.

Te voilà, traître.

LUDOVICO.

S'il en est un ici, c'est toi.

CESARIO.

Que viens-tu faire en ces lieux?

LUDOVICO.

Te confondre.

MONTONI.

On t'accuse d'avoir sauvé Anna; réponds.

LUDOVICO, *avec beaucoup de calme.*

Je connois dès long-tems et la haine qu'il me porte, et la basse jalousie qui l'anime contre moi; mais tous ses efforts seront vains, l'innocence et la vérité l'emporteront.

CESARIO.

Répondez d'abord; où est Anna?

LUDOVICO.

Oui, je vais répondre, et malheur à toi! (*à Montoni.*

j'ignore ce qu'est devenue Anna; mais il pourra vous apprendre lui, de quel côté Alfred porte ses pas.

MONTONI.

Alfred!....

LUDOVICO.

Oui, seigneur, il vient de sortir à l'instant même....

CESARIO, *furieux, à Ludovico.*

Oses-tu bien?....

MONTONI, *à Césario.*

Silence.

LUDOVICO, *ironiquement, et après avoir jeté un regard sur la porte de communication.*

Il étoit tellement pressé de le faire évader, qu'il a oublié de fermer la porte.....

CESARIO.

Quelle horrible imposture!

MONTONI, *à Ludovico.*

Es-tu bien sûr?....

LUDOVICO.

Vous en doutez, seigneur?.... faites ouvrir la prison.

On ouvre le cachot, Montoni entre, on cherche; tous ont disparu. La fureur brille dans les yeux de Montoni.

LUDOVICO.

A part. Ils sont sauvés!.. *Haut.* Et bien, seigneur, suis-je encore coupable?

CESARIO.

Ecoutez-moi, seigneur....

LUDOVICO, *l'interrompant.*

Il pourra vous apprendre encore comment le comte Morano, confié par vous à sa garde, a pu se trouver une heure après, dans l'appartement de la signora Laurentina, sans qu'il ait eu part à son évasion.

CESARIO, *troublé, et à part.*

Que répondre?

MONTONI.

En effet....j'avois oublié..,. mais tu m'ouvres les yeux...

CESARIO.

Seigneur..... ses amis m'ont forcé.

MONTONI.

Scélérat!

CESARIO.

Je vous proteste....

MONTONI, *à sa suite.*

Qu'on l'entraîne dans un cachot obscur, et qu'il y expie le crime de m'avoir trompé.

DRAME.

CESARIO.

Que je meure....

MONTONI.

Qu'on l'entraîne : Allez. (*On emmène Cesario*).

LUDOVICO, *à part.*

Enfin, j'ai réussi ! Si la ruse est quelquefois permise, c'est pour démasquer un traître, et sauver la vertu.

SCÈNE X.

MONTONI, LUDOVICO, CONDOTTIERI.

MONTONI.

Que ne te dois-je point, Ludovico ? Vas, ta fidélité m'est chère, et ne restera pas sans récompense. Mais de quel côté dis-tu qu'Alfred portoit ses pas ?

LUDOVICO.

Vers les remparts du nord. (*A part.*) tâchons de l'éloigner.

MONTONI.

Ne perdons pas un moment. Volons à sa poursuite ; sa vie me répond des entreprises audacieuses du sénat.

(*Ils sortent, suivis des Condottieri.*)

SCÈNE XI.

MORANO, UN OFFICIER VÉNITIEN, TROUPES VÉNITIENNES.

On voit paroître dans le bois au-dessus des souterrains, Morano à la tête des troupes Vénitiennes.

MORANO.

Observez le plus profond silence, nous voici sous les murs du château.

(*Les troupes défilent avec précaution, et on les perd bientôt de vue, à travers les rochers et les arbres.*

FIN DU QUATRIEME ACTE.

ACTE V.

Le théâtre représente l'esplanade du château du côté occidental; à droite, un jardin agréable fermé par une grille; à gauche, des tours, des remparts, des bastions. En avant une vieille citerne, un mur de fossé s'étend obliquement dans le fond d'un côté à l'autre. Dans le lointain le sommet des Apennins couverts de neige.

SCENE PREMIERE.

MORANO, Troupes Vénitiennes, L'OFFICIER VÉNITIEN.

On voit descendre des montagnes, et disparoître ensuite tout-à-fait les troupes Vénitiennes conduites par Morano.

SCENE II.

ALFRED, EMILIE, ANNA.

(*Anna sort avec précaution par le fond de la citerne, elle regarde de tous côtés; quand elle est assurée que personne ne peut l'appercevoir, elle fait signe à Alfred et à sa maîtresse de venir la rejoindre. Tous deux sortent du souterrain et se jettent dans les bras l'un de l'autre en remerciant le ciel d'avoir protégé leur évasion.*)

ANNA, *avec inquiétude.*

Mais Ludovico ne paroît point....

ALFRED.

Cependant, il seroit dangereux pour nous de demeurer long-tems ici.

EMILIE.

Anna, cours jusqu'au rempart d'orient, tu ne peux manquer de l'y rencontrer; et tu le presseras de venir nous rejoindre.

ANNA, *d'un air triste.*

J'y vais, signora.

EMILIE.

Ramène-le promptement.

ANNA.

Il suffit.   (*elle sort.*)

SCENE III.

ALFRED, EMILIE.

EMILIE.

Le ciel permet enfin que deux amans fidèles triomphent de tous les obstacles qui s'opposoient à leur bonheur.

ALFRED.

Ne nous flattons pas trop, Emilie; nous sommes encore loin d'être hors de la puissance de Montoni. Le plus difficile, est maintenant de franchir les barrières et d'arriver aux portes du château.

EMILIE.

Ludovico nous en donnera les moyens. Il a su se ménager des intelligences parmi les Condottieri, et les portes ne tarderont point à s'ouvrir à sa voix.

ALFRED.

Puissiez-vous dire vrai !

SCENE IV.

LES MEMES, ANNA.

ANNA, *accourant avec précipitation.*

Tout est perdu ! rentrez, signor, si vous aimez la vie.

EMILIE.

D'où provient cet effroi ?

ANNA.

Vraiment, il se passe de belles choses ici !... rentrez, vous dis-je, ou vous ne tarderez point à être surpris. C'est un fracas ! un mouvement terrible dans le château !.. on ne voit que soldats et chevaux ; chacun court, s'empresse... le signor va, vient, il est partout, on ne parle que de deffense, de siège, d'attaque ; on garnit les remparts d'artillerie, de munitions... que sais-je, moi ? si je ne meurs pas, j'aurai bien du bonheur !

ALFRED.

Expliquez-vous mieux, Anna.

ANNA.

Eh bien, on dit que les Vénitiens sont aux portes du château.

ALFRED.

Les Vénitiens, dites-vous ?.... heureuse nouvelle !

ANNA.

En effet ! cela sera bien heureux, n'est-ce pas, quand nous serons tous morts ? car ils viennent pour nous tuer !...

mon pauvre Ludovico !... ils le tueront aussi... oh mon Dieu !... je mourrai de peur au premier coup de canon.

EMILIE.

Rentrez, Alfred ; sauvez vos jours.

ALFRED.

Que je fuie, quand ils s'exposent pour me sauver et punir un tyran ?... non... vous m'estimez trop pour m'en croire capable.

EMILIE.

Je ne vois que votre danger.

ALFRED.

Si je ne puis combattre à leur tête, mon bras saura du moins les servir ici. (*Il se jette à genoux, lui baise la main, et veut s'éloigner.*) Adieu, mon Emilie... je cours...

EMILIE, *l'arrêtant.*

Arrêtez, Alfred, vous allez vous perdre.

ALFRED.

Ne me retenez plus. (*Il lui échappe, et s'avance vers le fond.*)

EMILIE, *court après lui.*

Alfred !...

SCENE V.

LES MEMES MONTONI, CONDOTTIERI.

MONTONI.

Que vois-je ?... Alfred ! Emilie !

EMILIE, *tombant.*

Ciel ! mon oncle !

MONTONI.

Est-ce ainsi qu'on me joue ? mais graces à mon active prudence, vos projets sont deçus.

EMILIE.

Seigneur....

MONTONI.

Osez-vous encore élever la voix ?

ALFRED.

Tyran ! fais-moi donner des armes.

MONTONI *ironiquement.*

Pourquoi faut-il qu'un combat décide entre nous, puisque vous êtes en mon pouvoir et que mon intérêt est attaché à la conservation de vos jours ?

ALFRED.

Scélérat !

MONTONI.

Vaines clameurs, qui ne sauroient m'atteindre ! Soldats,

conduisez-le dans cette tour, et qu'on l'y garde étroitement. Vous m'en répondez sur vos têtes.

ÉMILIE.

Révoquez cet arrêt funeste.

ANNA.

Seigneur....

ALFRED.

C'est s'avilir que de prier un tel monstre.

MONTONI *aux soldats.*

Obéissez.

(*Emile et Anna se jettent au-devant des soldats, et tout en suppliant Montoni, paroissent vouloir défendre Alfred.*)

SCENE VI.

LES MÊMES, UN OFFICIER DE CONDOTTIERI.

L'OFFICIER *à Montoni.*

Seigneur, les Vénitiens s'approchent et paroissent vouloir tenter l'assaut.

MONTONI.

Malheur à eux s'ils l'osent! (*en montrant Alfred*) la tête de leur chef m'en répond. (*aux soldats*) Allez. (*On emmène Alfred.*)

SCENE VII.

MONTONI, UN OIFFCIER DE CONDOTTIERI.

L'OFFICIER.

On a distingué à leur tête le comte Morano.

MONTONI.

Encore ce traître!.... Marchons; ce jour verra signaler ma vengeance.

(*Montoni sort suivi de ses gens. On sonne l'alarme. Le beffroi se fait entendre; tout est en mouvement. Plusieurs pelotons de condottieri traversent dans le jardin.*)

SCENE VIII.

(*On voit les Vénitiens escalader le mur du fond; Morano est à leur tête. Un bon nombre a déjà pénétré dans le château, quand un corps de condottieri vient les repousser. On entend un grand bruit d'armes, d'artillerie. Plusieurs pelotons de condottieri venant du jardin paroissent fuir les Vénitiens, qui les pressent, lorsque Montoni accourt, les rallie, et repousse les Vénitiens. Dans la mêlée, il reconnoît Morano.*)

MONTONI.

Je te trouve enfin!

MORANO.

Je te cherchois.

(*Tous deux paroissent ivres de vengeance, ils s'lancent l'un sur l'autre et se battent avec une fureur et un acharnement incroyable. Tous deux font des prodiges de valeur; mais enfin Montoni l'emporte, il terrasse Morano, et va le frapper quand Césario accourt et le dégage.*)

MONTONI *recule jusqu'à la tour et reconnoît Césario.*
Traître ! voilà ta récompense.

(*Il lui tire un coup de pistolet qui l'étend mort.*)

SCENE IX.

(*Les Vénitiens accourent. Montoni entre promptement dans la tour, dont la herse se baisse derrière lui. On se bat encore quelque tems, mais les condottieri sont repoussés et battus de toutes parts. La terre est jonchée de morts et de blessés.*)

SCENE X.

(*Un corps de Vénitiens se présente devant la tour et somme Montoni de se rendre. Il paroît bientôt au sommet et se fait amener, par Ludovico, Alfred enchaîné. Montoni lève le bras pour le frapper de son stilet, quand Ludovico, qui est derrière lui, l'arrête et le menace d'un pistolet. Au même instant les Vénitiens dirigent leurs armes contre lui, lorsqu'Emilie et Anna accourent et se précipitent au-devant des coups. Tableau.*

EMILIE, ANNA.

Arrêtez !....

On lève la herse, les Vénitiens entrent dans la tour et délivrent Alfred. Mille cris de joie et de victoire se font entendre.

ALFRED *se jetant dans les bras d'Emilie.*
Emilie!

EMILIE.
Alfred!

LUDOVICO.
Anna!

ANNA.
Ludovico!

(*Ils s'expriment un moment la joie qu'ils ont de leur délivrance. On amène Montoni désarmé.*)

UN OFFICIER VÉNITIEN.

Détachons les fers d'Alfred et qu'on en charge ce monstre.

DRAME.

(On détache les fers d'Alfred et on enchaîne Montoni.)

MONTONI *à Alfred.*

Tu te repentiras bientôt d'avoir cherché à me perdre, je suis plus dangereux encore que tu ne le crois, et ne tarderai point à reprendre la puissance qui m'échappe, frémis d'avance de l'usage que j'en ferai.

L'OFFICIER VENITIEN *levant sur lui son épée.*

Scélérat !

ALFRED *le retenant.*

Arrêtez ! la loi seule peut prononcer sur son compte. Qu'il soit conduit à Venise, ainsi que Morano, et le sénat en aura bientôt fait justice.

L'OFFICIER VENITIEN.

Le comte Morano vient d'expirer de ses blessures.

MONTONI *avec une joie féroce.*

Il expire ! ah ! je suis vengé !

L'OFFICIER *aux soldats.*

Allez.

(On emmène Montoni qui, avant de sortir, exprime encore sa fureur dans ses regards et ses gestes.)

SCENE XI.

EMILIE, ALFRED, L'OFFICIER VENITIEN, ANNA, LUDOVICO, TROUPES VENITIENNES.

L'OFFICIER VENITIEN.

Ne songeons plus maintenant qu'à nous réjouir de votre délivrance et de la réunion de deux tendres amans.

LUDOVICO *à Alfred.*

Mais, seigneur, qui donc a pu vous instruire des projets de Montoni ?

ALFRED.

Le hasard, ou plutôt un dieu qui veille sur nous, m'a fait découvrir, il y a deux jours, cette issue secrète, pratiquée au fond de ma prison, et qui, comme vous l'avez vu, conduit à travers l'épaisseur des murs, dans toutes les parties du château.

LUDOVICO.

En effet, je sais qu'il existe dans plusieurs châteaux forts de pareils couloirs destinés à faciliter les évasions en tems de guerre.

ALFRED.

C'est par ce moyen que, profitant du trouble et de la confusion occasionnés par la fête, je me suis rendu dans le jardin pendant le bal, et vous ai donné l'avis qui a pensé vous devenir si funeste.

EMILIE.

Quoi ? ce personnage mystérieux..... ce fantôme ?....

ALFRED.

L'amour m'inspiroit !.... j'ai tout osé pour sauver Emilie.

ANNA.

Seroit-ce vous aussi, seigneur, qui m'avez si fort effrayée dans la grande galerie de l'Orient ?.....

ALFRED.

Oui, ma pauvre Anna.

ANNA.

Vraiment vous m'avez fait une belle peur !

ALFRED.

Je t'appelois afin de t'apprendre le complot infâme qui venoit de se tramer contre ta maîtresse, et dont j'avois surpris le secret.

LUDOVICO *en souriant à Anna.*

Eh bien, Anna, craindrez-vous encore les revenans ?

ANNA.

Mais je crois que s'ils ressembloient tous à celui-là, je n'aurois pas si peur.

(*On entend dans l'éloignement une musique champêtre.*)

SCENE XII.

LES MEMES, UN PAYSAN.

LE PAYSAN *à Emilie.*

Signora, tous les paysans des environs et les vassaux de Montoni, que l'approche des Vénitiens a fait fuir au château, et qui se réjouissent d'être délivrés de l'oppression sous laquelle ils gémissoient, demandent à venir vous présenter leurs hommages et leurs vœux, et vous témoigner la joie qu'ils ont de vivre désormais sous une aussi bonne maîtresse.

EMILIE.

Qu'ils viennent.

SCENE XIII.

LES MEMES, PAYSANS ET VASSAUX DE MONTONI.

(*Le paysan fait signe aux autres d'entrer ; ils accourent en foule, viennent saluer Emilie et terminent cette heureuse journée par des danses gaies et légères, exécutées au son de la flûte et de la mandoline.*

FIN.

LA SOIRÉE
DES CHAMPS-ELYSÉES,
COMÉDIE ÉPISODIQUE.

LA SOIRÉE

DES CHAMPS-ÉLYSÉES,

COMÉDIE EPISODIQUE

EN UN ACTE ET EN PROSE, MÊLÉE DE VAUDEVILLES.

Par R. C. GUILBERT PIXERÉCOURT.

Représentée, pour la première fois, sur le théâtre Montansier-Variétés, le 24 germinal an VII.

A PARIS,

Chez ANDRÉ, Imprimeur-Libraire, rue de la Harpe, N°. 477.

AN HUITIÈME.

PERSONNAGES.

SIMON LE FRANC, *négociant de province, homme sage et refléchi.*	*Amiel.*
JUSTINE *sa fille.*	*Mlle. Dumas.*
LARMOYANT, *poëte comique.*	*Bonioli.*
CARILLON, *musicien.*	*Dubois.*
TOUPET, *perruquier gascon.*	*Corse.*
SAUTRIQUET, *savoyard.*	*Mlle. Dancourt.*
JEANNETTE *sa sœur.*	*Mlle. Caroline.*
La mère CAQUET, *poissarde, mère de Fanchon.*	*Mad. Caumont.*
FANCHON, *maîtresse de Toupet.*	*Mad. Rebory.*
Une petite clincaillère.	*Mlle. Crétu.*
Le garçon du café.	*Alexandre.*
Deux spectateurs parlans.	{ *Vaudoré.*
Spectateurs.	{ *Bisson.*

La scène est aux Champs-Elysées, à Paris.

LA SOIRÉE
DES CHAMPS-ÉLYSÉES.
COMÉDIE.

Le théâtre représente une promenade publique remplie d'arbres. Au fond un café très-éclairé; à droite et à gauche des tables, autour desquelles sont assises différentes personnes.

SCENE PREMIERE.

LARMOYANT, *assis à gauche*, SIMON LEFRANC, JUSTINE, *arrivant*.

SIMON.

Arrêtons-nous ici, Justine, tu dois être fatiguée des courses que nous avons faites ce matin; cela te reposera.

JUSTINE.

Je ne suis pas lasse, mon père.

SIMON.

Ne crains rien, va; nous ne perdrons point, pour cela, notre tems : cette promenade, étant l'une des plus fréquentées, ne tardera point à offrir à nos regards quelques-uns des originaux, dont cette vaste cité fourmille. Asseyons-nous là.

JUSTINE.

Comme vous voudrez. (*Ils s'asseoient*).

SIMON.

Eh bien, mon enfant, te voilà à Paris ! Tu m'as témoigné si souvent le desir de le voir avant de te marier, que j'ai cru ne pouvoir te refuser cette satisfaction ; et je t'avouerai franchement que, malgré que j'y aie passé la plus grande partie de ma jeunesse, et que mes affaires m'y appellent encore fréquemment, c'est toujours avec un nouveau plaisir que je le revois : ce n'est pas que j'y trouve du changement, il me paroit toujours le même, du moins, à certains égards.

AIR : *Ce fut par la faute du sort.*

> On y voit le riche insolent,
> Oubliant d'autrui la misère,
> Narguer l'honnête homme indigent ;
> Qu'il servit peut-être naguère ;
> On prend l'orgueil pour du talent,
> Pour la vérité, l'imposture ;
> Enfin, j'y vois le vice en grand,
> Et les vertus en miniature.

JUSTINE.

Ce tableau est bien sombre, mon père ; pardon, si je ne suis pas tout-à-fait de votre avis ; mais j'ai cru le voir sous un aspect plus riant.

Même Air.

> Comme vous, j'ai vu beaucoup d'art
> Chez les belles, dans leur parure ;
> J'ai souvent remarqué du fard
> Sur plus d'une vieille figure.

Voilà à peu-près ce qui m'a choquée ; mais du reste, j'y ai vu

> Encenser le plaisir partout,
> Et la beauté suivre ses traces.

En un mot :

> Paris est le temple du goût,
> Temple desservi par les Grâces.

SIMON.

A ton âge on voit tout en beau; mais ce n'est pas ainsi que l'observateur froid peut juger.

JUSTINE.

Vous avez raison, mon père; mais vous savez bien que vous m'avez amenée à Paris, pour m'amuser, et non pour y faire de tristes réflexions.

SIMON.

Soit. Laissons cette matière. Garçon, deux limonades.

LE GARÇON, *en dehors.*

Dans l'instant.

LARMOYANT, *scandant un vers.*

Affronter les périls.... braver jusqu'à la mort...

Cela va bien jusque-là.... mais je ne peux pas trouver une rime qui convienne à la situation, et qui rende ma pensée d'une manière assez brillante. Attendons un moment, peut-être me viendra-t-elle... Garçon!

LE GARÇON, *en dehors.*

On y va.

LARMOYANT, *s'essuyant le front.*

D'honneur, j'en sue. Garçon!

SCENE II.

LES PRÉCÉDENS; LE GARÇON.

LE GARÇON, *apportant différentes choses qu'il distribue.*

Qu'est-ce qui a demandé des oranges?

UN SPECTATEUR.

C'est moi.

LE GARÇON.

Les voilà. A qui les bavaroises?

UN SPECTATEUR.

Par ici.

LE GARÇON.

Et les limonades ?

SIMON.

Apportez.

LARMOYANT, *occupé à chercher sa rime.*

Garçon !

LE GARÇON.

Ah ! c'est vous, monsieur Larmoyant ! Je suis à vous dans la minute.

JUSTINE.

Larmoyant ! Seroit-ce là, mon père, l'auteur de la comédie qui m'a tant fait pleurer hier au soir ?

SIMON.

C'est lui-même.

JUSTINE.

Il a bien du talent !

SIMON.

Parce qu'il t'a fait pleurer, n'est-ce pas ? Voilà précisément l'erreur où tu es comme tant d'autres.

AIR : *De la Soirée orageuse.*

>Jadis, on alloit s'attendrir
>Aux pièces du divin Racine ;
>Molière savoit réjouir
>Par sa gaîté mordante et fine.

Aujourd'hui, c'est tout le contraire.

>Cherchant sans cesse à dénigrer,
>Ce qu'à bon droit chacun admire :
>L'auteur comique fait pleurer,
>Et l'auteur tragique fait rire.

LARMOYANT.

Eh bien, garçon !

LE GARÇON.

Me voilà. Qu'avez-vous donc, monsieur Larmoyant ? vous êtes tout en nage ?

LARMOYANT.

C'est la chaleur....

LE GARÇON.

De la saison, n'est-ce pas ?

LARMOYANT.

Dites de la composition.

LE GARÇON.

Voulez-vous des biscuits, des oranges, de l'orgeat, de la limonade, des glaces ?

LARMOYANT.

Donne-moi un verre d'eau.

LE GARÇON, *à part*.

Bonne pratique, vraiment ! (*Il sort*).

SCENE III.

LES PRÉCÉDENS; CARILLON, *un cahier de musique à la main*.

LARMOYANT, *se frottant le front*.

Je ne sortirai jamais de cette maudite tirade.
Affronter les périls.... braver jusqu'à la mort...:
C'est toujours la même chose. (*Il rêve*).

CARILLON *fredonne un moment*.

Pas mal, pas mal du tout !... Mettrai-je la cadence avant ou après la roulade ?... Après... voilà qui est arrêté. Cette romance là fera un bruit de diable. Garçon !

(*Il s'assied à la même table que Larmoyant.*)

SCENE IV.

LES PRÉCÉDENS; LE GARÇON, *portant un verre d'eau à Larmoyant*.

LE GARÇON, *à Carillon*.

Qu'est-ce qu'il y a pour votre service ?

CARILLON, *sans le regarder, et fredonnant toujours.*
Oui.... oui.... c'est bien cela.

LE GARÇON.

Je vous demande....

CARILLON.

Ah! c'est toi.... donne moi... (*Il continue de fredonner*).

LE GARÇON.

Quoi? du café, du chocolat, des macarons, des meringues, de l'eau de rose, de l'huile de Vénus, de la crême d'orange?

CARILLON.

Une plume et de l'encre.

LE GARÇON, *à part.*

Au diable les chalands!... (*Il apporte la plume et l'encre, et sort*).

SCENE V.

LES PRÉCÉDENS; *excepté* LE GARÇON.

(*Pendant cette scène, Simon fait une partie de domino avec Justine, ce qui ne l'empêche point cependant d'observer tout ce qui se passe*).

CARILLON, *écrivant.*

Les Adieux de Silvio à sa Bergère; Romance à grand orchestre, par Jean Nicolas Innocent Carillon; dédiée... à qui la dédierai-je?.. à qui?.... Ma foi, je n'en sais rien : au reste, c'est à peu-près égal, pour ce que cela rapporte..... Commençons....

LARMOYANT.

Reprenons le commencement de ma tirade. (*il déclame langoureusement*).

Pour vous prouver enfin jusqu'où va ma tendresse...

CARILLON, *chante à pleine voix, sur un air à volonté.*

Tristes échos, portez à ma bergère,
De Silvio, les éternels adieux....

LARMOYANT, *se lève, ôte son chapeau, et dit à Carillon, avec un grand sang-froid.*

Ce que vous faites-là, sera-t-il long, monsieur ?

CARILLON, *sans le regarder.*

Je n'en sais rien : pourquoi cela ?

LARMOYANT.

C'est que cela me gêne.

CARILLON, *de même.*

J'en suis fâché ; mais mon graveur attend après cette feuille : il faut que je la lui donne aujourd'hui ; il y a plus de six mois que j'en ai mangé l'argent.

LARMOYANT.

Croyez-vous que je puisse composer, avec le tapage que vous faites ?

CARILLON.

Qu'appelez-vous, tapage ? De la musique excellente !
(*il chante*).

LARMOYANT.

Si vous chantez toujours, comment voulez-vous que je travaille ?

CARILLON, *poursuit, sans l'écouter.*

Je vais portant mon amour en tous lieux....

LARMOYANT.

Monsieur !

CARILLON, *frédonne et écrit.*

Paix donc !

LARMOYANT.

Vous verrez que c'est moi qui le gêne, à présent. Monsieur !

CARILLON, *de même.*

Un moment.

LARMOYANT.

Ce n'est pas là mon compte. Monsieur !

CARILLON, *de même.*

Que cet homme-là est ennuyeux ! A présent, revoyons le tout.

LARMOYANT.

Le tout! Je suis perdu. Pour cette fois, il n'y a plus moyen d'y tenir. Avant de vous mettre en train, composons, s'il vous plaît.

CARILLON.

Mais encore une fois, vous m'étourdissez.

LARMOYANT.

Vous m'étourdissez bien davantage! au fait; lequel de nous cédera la place à l'autre?

CARILLON.

Ce sera vous, si cela vous convient. Quant à moi je me trouve bien ici, et j'y reste.

LARMOYANT.

Croyez-vous avoir le droit de rompre impunément la tête à tous les assistans?

CARILLON.

Je resterai, vous dis-je.

LARMOYANT.

Soit. Mais vous ne ferez rien.

CARILLON.

Oh, nous verrons!

LARMOYANT.

Je saurai bien vous en empêcher.

CARILLON.

Pardi! voilà un être bien désagréable!

LARMOYANT.

Voilà un personnage bien ridicule!

CARILLON.

(à part.) Il faut céder. C'est un entêté, il me feroit perdre toutes mes idées. (Haut.) Je sortirai d'ici, mais vous n'y resterez pas.

LARMOYANT.

A la bonne heure.

CARILLON.

Sortez le premier.

LARMOYANT.

Partons. Je sifflerai ta musique.

CARILLON.

Cela m'est égal, je ferai tomber ta pièce.

LARMOYANT.

Cela ne m'effraye pas. J'y suis accoutumé.

(*Ils sortent chacun de leur côté en se menaçant.*)

SCENE VI.

SIMON LEFRANC, JUSTINE.

JUSTINE.

Quels originaux !... Vraiment leur querelle m'a fort divertie !

SIMON.

Tu as bien entendu ce musicien avec sa romance à grand orchestre !... Eh bien, il réussira cet homme-là.

JUSTINE.

Oh ! cela n'est pas possible.

SIMON.

Je t'en réponds.

JUSTINE.

Mais si je me rappelle ce que vous m'avez dit souvent, il me semble que la romance étant l'expression de la tristesse ou de la douleur, le compositeur doit s'attacher particulièrement à donner à son chant cette belle simplicité, cet abandon qui la caractérise.

SIMON.

La simplicité n'est plus de mode. On veut des effets, à présent. Cependant parmi nos compositeurs, il en est encore quelques-uns qui ont mérité plus d'une fois qu'on leur décernât la palme du génie.

AIR: *Pourriez-vous bien douter encore.*

>Amant aimé de Polymnie,
>Et favori du Dieu des arts,
>Dont l'inépuisable génie,
>Chaque jour brille à nos regards;
>Grétry, tu franchiras l'espace
>Qui donne la célébrité;
>Gluck près de lui garde ta place
>Au temple d'immortalité.

SCENE VII.

LES PRÉCÉDENS, UNE PETITE MARCHANDE CLINCAILLERE *portant un inventaire.*

LA PETITE MARCHANDE.

AIR: *Des petits commissionnaires.* (De Gresnick.)

>La v'là la p'tit' clincaillère!
>Choisissez c'qui peut vous plaire.
>   Elle est là
>   La v'la
>La petit' clincaillère!

JUSTINE.

Approche, ma petite amie. As-tu de bien belles choses là dedans ?

LA PETITE MARCHANDE.

Oh dame! ma belle demoiselle, je fais comme je peux. Je vas mon chemin tout doucement sans faire de tort à personne; et vous savez bien qu'on ne s'enrichit pas vite comme ça. Cependant ma petite boutique n'est pas mal assortie.

AIR: *Nous nous marierons dimanche.*

>J'ai de p'tits couteaux,
>J'ai d'jolis cizeaux,

Que je vends en conscience ;
J'ai de grands lacets
Très-beaux, très bien faits
Et le tout en abondance.
Etuis, compas,
Comm' n'y en a pas
En France :
Trompett', tambour,
Et joujoux pour
L'enfance ;
Ach'tez, n'craignez rien,
J'vous servirai bien
Si vous m'donnez vot' confiance.

JUSTINE.

N'y a-t-il que cela dans ton assortiment ?

LA PETITE MARCHANDE.

Oh vraiment ! j'ai bien d'autres choses encore !

AIR : *Avec les jeux dans le village*

J'ai de la poudre sympathique,
Nécessaire à plus d'un acteur :
Pour les auteurs du sel attique,
Des lunettes pour maint censeur ;
Miroirs pour l'homme à double face,
Esprit pour ceux qui n'en ont pas :
Balances pour les gens en place ;
Et souvenirs pour les ingrats.

SIMON.

Tu dois vendre beaucoup de tout cela.

LA PETITE MARCHANDE.

Au contraire. Personne ne croit en avoir besoin.

JUSTINE.

Voilà des ceintures élastiques. Sont-elles bien chères ?

LA PETITE MARCHANDE.

Elles ne sont pas neuves. Je les ai rachetées à quelques-unes de mes pratiques à qui elles alloient fort bien il y a un an; mais qui sont tellement engraissées qu'elles n'en peuvent plus trouver d'assez larges pour elles.

SIMON.

Cet embonpoint-là ne durera pas. Garde-les, va: tu pourras les leur revendre un jour.

JUSTINE.

As-tu encore quelque chose de nouveau à me faire voir?

LA PETITE MARCHANDE.

J'ai là un voile superbe qu'on m'a confié.

JUSTINE.

Je n'en porte pas.

LA PETITE MARCHANDE.

Vous avez tort; car ils sont très à la mode.

SIMON.

Par conséquent fort chers?

LA PETITE MARCHANDE.

Un peu.

SIMON.

Quelle folie!

AIR: *Du vaudeville des Visitandines.*

 Par une femme vieille ou laide,
 Cet usage fut inventé,
 Bientôt la mode à qui tout cède
 Le fit suivre par la beauté.

LA PETITE MARCHANDE.

Mais en effet, rien n'est plus commode que les voiles.

SIMON.

 Ils ne cahcent que la figure,
 Mais que d'hommes en porteroient,
 Et que bien cher ils se vendroient
 S'ils pouvoient masquer l'imposture!

JUSTINE.

Ces ciseaux sont fort jolis. Combien les vends-tu.

LA PETITE MARCHANDE.

Quatre francs.

JUSTINE.

Les voilà.

LA PETITE MARCHANDE.

Est-ce là tout ce qui vous fait plaisir ?

JUSTINE.

Oui, pour aujourd'hui.

LA PETITE MARCHANDE.

Grand merci, ma belle demoiselle.

SIMON.

Bonjour, mon enfant.

JUSTINE.

Au revoir, la petite.

LA PETITE MARCHANDE.

AIR: *Des petits commissionnaires.*

La v'là la p'tit' clincaillère.
Choisissez c'qui peut vous plaire,
Elle est là
La v'là
La p'tit' clincaillère.

(*Elle sort en chantant.*)

SCENE VIII.

SIMON, JUSTINE, TOUPET, FANCHON, SPECTATEURS.

TOUPET *allant à la rencontre de Fanchon qui entre par la gauche.*

Ah ! jé té trouvé enfin, ma pétité Fanchon ! depuis deux jours qué j'ai été privé du plaisir dé té voir, mon cœur a furieusement gémi dé cette absence.

FANCHON.

Il est toujours galant, l'ami Toupet!

TOUPET.

Jé m'én piqué, sandis! C'est lé prémier devoir d'un homme.

FANCHON.

C'est qu'il y en a tant qui l'oublient!

TOUPET.

Tant pis pour eux, morbleu. Mais révénons à nos affaires. Comment as-tu fait pour t'esquiver dé la boutique é dé la maman Caquet.

FANCHON.

Je lui ai dit que j'avois une commission à faire pour mon oncle.

TOUPET.

Ah! pétité rusée! jé té reconnois bien là. Mais jé té préviens d'avance, qué tu m'obligéras infiniment, quand nous serons mariés, dé né plus faire dé commissions pour personne.

FANCHON.

Soyez tranquille. J'ai donc couru bien vîte ici dans l'espérance de vous voir; mais il a failli m'arriver l'accident le plus fâcheux.

TOUPET.

Qu'est-cé donc? D'honneur, tu mé fais frémir!

FANCHON.

Je traversois le boulevard, quand un maudit cabriolet qui venoit par derrière, m'a presque renversée, et sans un jeune homme, fort honnête, qui s'est trouvé là, c'étoit fait de moi.

TOUPET.

Qu'entends-jé!... Où est-il?... il faut qué j'assommé lé conducteur!.... Quel numéro avoit-il? qué jé lé reconnoisse!

FANCHON.

Je n'y ai pas fait attention.

TOUPET.

Tant pis. C'est une horreur!..... Jé vais gager qu'il n'avoit pas dé grélot...

FANCHON.

Je le crois.

TOUPET.

Eh bien ?..... quand jé vous lé disois !....c'est une infâmie !... Il faut s'en plaindre..... n'est-il pas vrai, monsieur ?

(*s'adressant à Simon.*)

AIR : *du Vaudeville d'Arlequin afficheur.*

Pour moi j'aimé fort les grélots,
Vraiment j'approuvé cet usage.

SIMON.

Il me paroîtroit à propos
D'en établir un non moins sage :
Au col des fripons, il faudroit
Que l'on mit de petites cloches :
Leur carillon empêcheroit
Qu'on fouillât dans nos poches.

TOUPET.

Eh! lé trait il est plaisant, plaisant ! mais il paroit qué lé citoyen n'aime pas les fripons.

SIMON.

Tous les honnêtes gens doivent leur faire la guerre.

TOUPET.

Dans cé cas, jé vous vois diablément d'ennémis à combattre. Garçon !... deux caraffes d'orgeat et deux flûtes.

LE GARÇON, *en dehors.*

On y va.

TOUPET.

Franchement, ma pétité Fanchon, jé té trouve à ravir aujourd'hui. Cépendant, j'aimerois autant qué cé fichu fût un peu moins ouvert.

SIMON *ironiquement.*

Comment, vous blâmez cette mode ?... Vous avez tort... Quant à moi, je la trouve charmante : rien au moins n'échappe à l'œil de l'observateur.

TOUPET.

Et sandis! C'est précisément, parcé qué jé n'aimé pas ce genré d'observation.

SIMON.

Ah! que les femmes entendent mal leurs intérêts!

AIR : *Daignez m'épargner le reste.*

> La beauté double ses appas,
> Lorsque la pudeur l'accompagne :
> Le Dieu d'amour veut, pas à pas
> Disputer le terrain qu'il gagne.
> Femmes, pour plaire constamment,
> Conservez un maintien modeste ;
> Montrez peu de chose à l'amant ;
> Laissez-lui deviner le reste. (bis.)

TOUPET.

En vérité, cet homme-là parlé comme un oraclé! Garçon! Garçon!...

FANCHON.

Avez vous vu, mon cher Toupet, à quelques pas d'ici, ce fauteuil suspendu à deux branches de fer, sur lequel cent curieux viennent alternativement s'asseoir ?

TOUPET.

Et donc! C'est uné balancé.

FANCHON.

Une Balance ?

TOUPET.

Parbleu, sans doute. Il y a quelques jours qué jé mé suis arrêté là, pendant environ un quart-d'heure, pour voir les différentes personnes qui se faisoient péser.

FANCHON.

Eh bien ?

TOUPET.

AIR : *Mon père étoit pot.*

> On pesa d'abord un rentier,
> Ne pésoit pas une once ;

Un propriétaire foncier
Réçut même réponse :
Auteurs et commis
Employés, beaux esprits,
Eurent tous tristé chancé :
Lors vint à son tour
Un fournisseur si lourd,
Qu'il rompit la balance.

Garçon !... Eh bien ?... Garçon !... viendra-t-il aujourd'hui ?

SCENE IX.

LES PRÉCÉDENS, LE GARÇON *apportant les caraffes d'orgeat.*

LE GARÇON.

Pas tant de bruit. Me voilà.

TOUPET.

Arrivé donc sandis ! Il y a pour lé moins deux heures qué jé t'appelle.

LE GARÇON.

J'en suis fâché ; mais je ne peux pas servir tout le monde à la fois.

TOUPET.

Allons, pétit, pas de propos, jé té prie.....

LE GARÇON.

Ça, ne faites pas tant le crâne

TOUPET.

Si tu répliques, jé té pulvérise.

UN SPECTATEUR.

Une bouteille de bière.

LE GARÇON.

Dans l'instant.

UN SPECTATEUR.

J'ai déjà demandé dix fois du vin de Malaga.

LE GARÇON.

Un peu de patience ; on le fait. (*il sort.*)

SCÈNE X.

Les précédens, JEANNETTE, un triangle à la main, SAUTRIQUET, *portant un optique sur ses épaules.*

SAUTRIQUET.

La lanterne magique, la pièce curieuse ! Eh ! Jeannette, arrêtons-nous un brin ici. Tiens, voilà du monde, peut-être que je ferons nos affaires. Allons, chante, toi, car je suis bien enroué.

JEANNETTE.

RONDEAU
De Mengozzi dans la bella Pescatrice.

Accourez, femmes charmantes,
Venez, vous serez contentes :
Pour voir des choses surprenantes,
Faut voir not' curiosité.
Ah ! la v'là, la v'là. C'té grand' merveille !
Ah ! v'nez voir cl'e merveille sans pareille.
C'est d'la plus rare beauté.
Rien n'arrête notre zèle ;
Chaque jour scène nouvelle,
Plus étonnante et plus belle ;
Approchez, mademoiselle,
Si c'que j'dis n'est pas fidèle,
On vous rendra vôt' argent.
Non, non, rien ne surpasse
Ce spectacle amusant ;
Allons, choisissez vot' place.
On commence dans l'instant.

SIMON.

Bravo, ma petite, bravo ! qu'est-ce que tu montres là-dedans ?

SAUTRIQUET.

Ce que j'montrons !... ah ! c'est de fières choses, allez !

JUSTINE.

Mais encore ?....

TOUPET *à Jeannette.*

Est-elle bien jolie, ta petite curiosité ?

JEANNETTE.

Oh ! je vous en réponds. On y voit l'armée de la guerre et tout plein de jolies petites aventures qui se passent dans le monde.

TOUPET.

En effet ; cela doit être drôle.

SAUTRIQUET.

Ah ! Jeannette, réponds donc ici...

JEANNETTE.

Un moment.

FANCHON.

Veux-tu nous la montrer ?

JEANNETTE.

Oui da, ma belle dame ; mais vous savez bien qu'on ne voit pas cela pour rien, vous me donnerez si peu de chose que vous voudrez.

TOUPET.

Sois tranquille, mon enfant, tu n'auras point affaire à des ingrats.

SAUTRIQUET *venant prendre Jeannette par le bras et l'amenant à Justine.*

Mais reponds donc à cette gentille personne-là.

JEANNETTE *faisant la révérence.*

Qu'est-ce qu'il y a pour votre service, ma belle dame ?

JUSTINE.

Je voudrois savoir ce qu'il y a dans ta curiosité.

JEANNETTE.

Oh ! cela seroit trop long à vous détailler. Venez, venez plutôt : mon frère va vous la faire voir.

JUSTINE.

Non. Je veux savoir auparavant....

SAUTRIQUET.

Allons, Jeannette, conte l'y ça pendant que t'es en train.

JEANNETTE.

Allons donc.

AIR : *Escouta Jeannette.*

I.

Vous verrez fillette,
(C'est bien malheureux)
Larirette,

S'enfuir en cachette
Avec son amoureux,
  Puis les malheurs,
  Puis les douleurs
  De la pauvrette,
  Quand son amant
  D'vint inconstant
    Et la quitta.
J'sais la chansonnette
Qui nous apprend ça
    Larirette :
Donnez à Jeannette
Deux sols pour voir ça.

2.

J'montrons la défaite
De nos ennemis,
    Larirette,
Et puis la conquête
De tout plein d'pays,
  En vérité,
  C'est d'la beauté
  La plus parfaite ;
  Vraiment j'vous l'dis,
  Vous s'rez surpris
  De c'qu'on voit là.
J'sais la chansonnette
Qui racont' tout ça,
    Larirette,
Donnez à Jeannette
Deux sols pour voir ça.

SIMON.

Qu'à cela ne tienne, mon enfant, voilà deux sols. Va te placer, Justine.

JEANNETTE.

Grand merci.

TOUPET *à Sautriquet.*

Tiens, mon pétit ami, voilà quatré centimes pour deux.

SAUTRIQUET.

Placez-vous. V'la qu'ça va commencer! Y a-t-il encore quelqu'un qui veuille voir la curiosité ?

JEANNETTE.

Allons, mon frère, commence.

SAUTRIQUET *se place à côté de l'optique et lâche les fils.*
Jeannette se tient de l'autre côté.

Je suis prêt. Y êtes-vous?

JUSTINE ET FANCHON.

Oui, oui, tu peux commencer.

SAUTRIQUET.

J'vas d'abord vous faire voir le détail exact des exploits glorieux de nos armées.

JEANNETTE.

AIR : *Fidèle époux, franc militaire.*

Voyez les Français intrépides
Bravant la rigueur des frimats,
Et chaque jour, nouveaux Alcides,
Voler à de nouveaux combats.
Rien n'arrête leur noble audace ;
Partout on les revoit vainqueurs,
Et pour eux, quelque froid qu'il fasse,
Les lauriers sont toujours en fleurs.

SAUTRIQUET.

Remarquez, s'il vous plait, ce jeune homme qui, au bout de deux ans d'absence, revient voir sa maitresse. et la manière dont elle le reçoit : ça vous donnera une p'tite idée d'la constance des femmes.

LE GARÇON.

Orgeat! limonades!... et glaces!...

SAUTRIQUET.

Vous allez entendre leur conversation.

JEANNETTE.

C'est le jeune homme qui commence.
(*Elle prend tour-à-tour une grosse et une petite voix*).

AIR : *Il faut quitter ce que j'adore.*

Près de toi je reviens, ma belle,
Et plus tendre et plus amoureux.

La réponse de la jeune fille comme quoi qu'elle est fâchée de ce qu'il revient trop tard.

Il est trop tard, lui répond-elle,
J'ai déjà formé d'autres nœuds.

La grande colère du jeune homme. D'autres nœuds!... Qu'est-ce à dire ? réponds, perfide...

N'as-tu pas de m'être fidelle,
Fait mainte et mainte fois serment?

Bons! des sermens!... ce n'est pas là ce qui nous gêne.....
nous en faisons tant qu'on veut.

> Serment de femme, bagatelle!
> Autant en emporte le vent. (*bis*)

SAUTRIQUET.

Je vais vous faire voir maintenant un de ces biaux jardins où ce qu'on dit que les élégantes et les aimables de Paris se rassemblent souvent pour regarder de petites lanternes et avaler d'la poussière.

JEANNETTE.

Tu ne dis pas tout, mon frère.

AIR: *Femmes, voulez-vous éprouver.*

> On dit (malgré qu'il faut toujours
> Plutôt que d'mal parler, se taire)
> Qu'on y voit parmi les détours
> De maint asile solitaire,
> Plus d'un amant bien accueilli
> Par plus d'une beauté peu fière;
> Pour qui le jardin d'Tivoli
> Devient le temple de Cythère.

SAUTRIQUET.

Jeannette a raison. Tenez, faut que j'vous dise ce qui est arrivé là, il n'y a pas long-temps.

AIR: *N'en demandez pas davantage.*

> On raconte qu'un vieux jaloux,
> Allant rêver sous le feuillage,
> Surprit un amant aux genoux
> De sa moitié, jeune et volage.
> Un moment plus tard
> Le pauvre vieillard.....

JEANNETTE.

Frère, n'en dis pas davantage.

SAUTRIQUET.

Je n'en dirai pas davantage.

J'vas présentement vous transporter sur le Pont-Neuf. Voyez-moi ce tableau toujours mouvant, tout ce monde qui va, vient, se heurte à chaque pas sans se parler, sans se connoître. Remarquez c'te jolie femme vêtue à la romaine, qui conduit un cabriolet au galop au milieu d'la foule et qui vient d'écraser, avec toute la grace et la délicatesse possible, le p'tit chien d'une vieille coquette, qui, du haut du quai, pérore tous les passans et les invite à prendre part à son injure. Plus loin c'médecin qui fend la presse et culbute tout c'qui se trouve sur son passage, parce qu'il craint de n'pas arriver à tems pour expédier son malade.... Dans le coin à gauche, c't'autre femme qui rosse son mari, parce qu'elle l'a trouvé sortant du cabaret.... Voyez-vous dans l'milieu tous ces gens qui s'font décroter, et qui demain ou après joueront un rôle dans l'monde? et c'qui est ben plus drôle que tout ça, quoique ça ne soit pas rare, c't'escamoteur, qui, pendant que son camarade, grimpé sur son tonneau, amuse un tas d'imbéciles, fait l'tour de la foule, visite les poches d'ses voisins et monte sa garde-robe à leurs dépens.

JEANNETTE.

AIR: *de la Pipe de tabac*.

L'escamotage est très-commode,
Et chacun s'en mêle à Paris:
Il est surtout fort à la mode
Entre les amans, les maris. (*bis*)

Usant de ce moyen prospère,
Que de gens on voit aujourd'hui,
Qui, pour sortir de la misère,
Escamotent le bien d'autrui. (*bis*)

SAUTRIQUET.

Voilà tout ce que j'pouvons avoir l'honneur d'vous représenter pour aujourd'hui. Si vous êtes contents, vous voudrez bien en faire part à vos amis et à vos connoissances. Ce sera pour nous une grande satisfaction d'leur procurer un petit quart-d'heure de divertissement.

SIMON.

Eh bien, Justine, qu'en dis-tu?

JUSTINE.

Que cela est fort joli, mon père.

JEANNETTE.

Je suis bien aise que vous soyez contente, ma belle demoiselle.

SIMON *donnant de l'argent à Jeannette*.

Tiens, mon enfant, voilà encore pour toi.

JEANNETTE.

Oh! non pas. Je n'ons rien fait pour cela.

SIMON.

Prends, prends toujours.

SAUTRIQUET.

J'allons vous payer ça. Dis donc, Jeannette ; C'monsieur-là est trop généreux pour que je n'ly montrions pas tout c'que j'savons faire. J'allons vous danser la ronde de not' pays avec la p'tite chanson.

SIMON.

Voyons, mes enfans.

SAUTRIQUET.

Y es-tu, Jeannette?

JEANNETTE.

M'y voilà.

SAUTRIQUET.

Chante pour moi, j'danserai pour deux.

AIR : *Gai Coco ! gai Coco !*

1.

Voulez-vous voir sans cesse
Le tableau d'la tendresse,
Douce et touchante ivresse,
Jointe à la vérité ?
Venez dans not' campagne,
La gaité l'accompagne,
Chacun de nous y gagne
La force et la santé.
Et l'ame satisfaite,
Chacun chante et repète :
Gai coco ! gai coco ! *bis.*
J'aimons tous la danse
Du petit marmot.

2.

Oh ! oh !
J'nons ni biens, ni richesse ;
Mais comme j'ons d'la sagesse,
Le ciel pourvoit sans cesse
A nos besoins pressans.
La fortune en partage,
N'nous fit point d'avantage :
J'ons pour tout héritage
Les vertus d'nos parens.
Chacun, l'ame satisfaite,

A chaque instant repète :
Gai coco ! gai coco ! *bis*.
J'aimons tous la dansa
Du petit marmot.
Oh ! oh !

Pendant le refrein, les enfans dansent d'une manière plaisante. A la fin ils restent groupés et forment un tableau grotesque.

SAUTRIQUET.

V'là ce que c'est.

SIMON.

C'est au mieux, mes enfans.

SAUTRIQUET.

Messieurs et dames, c'est pour avoir l'honneur de vous saluer.

JEANNETTE.

J'sommes bien reconnoissans de toutes vos bontés.

SAUTRIQUET.

La lanterne magique ! la pièce curieuse !

JEANNETTE.

Ah ! mon Dieu, mon frère, regarde donc cette femme qui vient à nous, comme elle paroît en colère.

SAUTRIQUET.

Laisse moi faire. Si c'est à nous qu'elle en veut, elle trouvera à qui parler.

SCENE XI ET DERNIERE.

LES PRÉCÉDENS, LA MÈRE CAQUET.

La mère CAQUET *à Fanchon, en la menaçant.*

Ah, je te trouve enfin ! C'est donc comme ça que tu vas chez ton oncle ?

FANCHON.

Ma mère ! quel contre tems !

TOUPET.

Doucement, la mère, un peu de modération.

La mère CAQUET.

Va-t-en au diable, toi et ta modération ! mauvais sujet, c'est toi qui as mis le trouble dans ma maison.

TOUPET.

Consentez à mé donner votré fillé.

La mère CAQUET.

Moi! je l'étranglerois plutôt.

TOUPET.

Sandis! quellé tendressé! *A Simon.* Dé gracé, daignez étre médiateur entre nous.

SIMON.

Allons, la mère, ne désespérez pas ces jeunes gens, ils s'aiment.

La mère CAQUET.

Tant pis pour eux.

FANCHON.

Mais, ma mère, vous avez aimé aussi.

La mère CAQUET.

Cela ne te regarde pas.

SIMON.

Vous avez donc de fortes raisons pour vous opposer à cette union?

La mère CAQUET.

C'est un mauvais sujet.

SIMON.

Le mariage le corrigera.

La mère CAQUET.

Il auroit de belles cures à faire, s'il pouvoit corriger tous ceux qui en ont besoin.

TOUPET.

Né vous emportez pas, maman.

La mère CAQUET.

D'ailleurs, je ne donnerai jamais ma fille à un homme sans bien.

TOUPET.

Détrompez-vous à cet égard. Jé possède un sac dé huit mille francs qué jé compte déposer aux pieds dé ma pétité Fanchon, lé jour dé notre mariage, et certes jé né puis lé placer plus avantageusément.

SIMON.

Huit mille francs! Mais c'est quelque chose que cela.

La mère CAQUET.

D'où lui vient cette somme? n'y a-t-il pas là-dedans quelque tour de main?... Quelqué manigance...

TOUPET.
Fi donc !... jé l'ai acquisé en tout bien, tout honneur.
La mère CAQUET.
Vrai !
TOUPET.
Parole.
SIMON.
Rendez-vous à leurs desirs Je suis sûr qu'ils ne vous donneront jamais lieu de vous en repentir.
FANCHON.
Je vous en prie, ma mère....
TOUPET.
Pétité maman... un effort en ma faveur.
La mère CAQUET.
Vous le voulez ?... j'y consens. *A Fanchon.* Mais tant pis pour toi, si tu n'es pas heureuse, tu te souviendras que c'est toi qui l'as voulu, et tu ne pourras t'en plaindre à personne.
TOUPET.
Oh ! pour cé qui est dé céla, jé suis bien tranquillé, ellé né sé plaindra pas. *A Simon* Agréez l'expression dé ma réconnoissance, c'est à votré médiation qué je dois la main dé Fanchon.
SIMON.
Cela ne vaut pas même un remerciment ; comme tu le vois, Justine, notre promenade n'a pas été tout à fait infructueuse ; ainsi quand il le veut, l'homme de bien peut faire tourner au profit de la société les choses les plus futiles en apparence, et jusqu'à ses amusemens.
SAUTRIQUET.
Dis donc, Jeannette, faudra mettre ça dans not' curiosité, ça nous fera une scène de plus
LE GARÇON *s'avançant.*
Qui est-ce qui paye les deux caraffes d'orgeat ? *A la mère Caquet.* Est-ce-vous ?
La mère CAQUET.
Qu'est-ce que c'est que ça, de l'orgeat ?
TOUPET.
Tu les mettras sur mon compte.
LE GARÇON.
Quel compte ?...
TOUPET.
Sur mon compte courant
LE GARÇON.
Pas de cela... je pourrois bien courir long-tems après mon argent. Payez.

La mère CAQUET *lui donnant de l'argent.*

Tiens, et tais-toi.

SIMON.

Maintenant, Justine, si tu le veux, nous poursuivrons notre promenade.

JUSTINE.

C'est dommage de quitter cette place.

SIMON.

Nous y reviendrons une autre fois; d'ailleurs quelque part, qu'on se trouve à Paris, on ne manque jamais d'y rencontrer des originaux.

VAUDEVILLE.

AIR NOUVEAU *de Solié.*

JUSTINE.

On dit qu'à Paris on peut voir
En peu de tems beaucoup de choses;
Que d'étranges métamorphoses
S'opèrent du matin au soir;
Si l'on en croit la renommée,
Un sot devient un important,
Le fripon un homme opulent,
Souvent en moins d'une soirée.

SAUTRIQUET.

Comptant s'enrichir à Paris,
Un jour la gentille Javotte
S'mit en route avec sa marmotte,
Et l'peu d'argent de ses profits.
Mais à peine est-elle arrivée,
Qu'un voleur suit la pauvre enfant;
Et sa marmotte et son argent,
Tout lui fut pris dans la soirée.

JEANNETTE *au Public.*

Avec trop de sévérité
Ne jugez pas cette folie;
N'y cherchez ni plan, ni saillie,
Mais seulement de la gaîté;
Et qu'oubliant de la journée
Ce qu'il eut de soins et d'ennui,
Chacun dise en sortant d'ici :
Je suis content de la soirée.

FIN.

LE PETIT PAGE,

OU
LA PRISON D'ÉTAT,

COMÉDIE EN UN ACTE ET EN PROSE,

MÊLÉE D'ARIETTES;

Par R. C. GUILBERT PIXERÉCOURT;

Musique de KREUTZER.

Représentée, pour la première fois, sur le théâtre Feydeau, le 25 pluviose an VIII.

A PARIS,

Chez ANDRÉ, Imprimeur-Libraire, rue de la Harpe, N°. 477.

AN HUITIÈME.

PERSONNAGES.

D'HERLEIM, gouverneur de Spandaw,   DESSAULES.
AGATHINE, sa fille, 16 ans.   Mlle. DESMARES.
CHARLES, page du roi de Prusse,   Mlle. ROLANDEAU.
BRANDT, vieux hussard attaché à
  Charles,   JULIET.
SUSANNE, gouvernante d'Agathine,   M^{ad}. AUVRAY.
Un Porte-clefs,   PRÉVOST.
Une Sentinelle,   DARCOURT.
Soldats et Domestiques.

La scène est à Spandaw, prison d'état à deux milles de Berlin.

LE PETIT PAGE,

OU

LA PRISON D'ÉTAT.

Le théâtre représente le jardin d'un château fort ; à droite du spectateur est une aile de la maison du gouverneur ; elle n'a de croisées qu'au premier étage ; à l'extrémité est une grille et un mur qui touche à une terrasse qui traverse le fond ; à gauche est la prison qui s'étend obliquement depuis le second plan jusqu'à la terrasse du fond ; c'est un vieux bâtiment construit en briques et flanqué de tours qui présente à la hauteur du deuxième plan une façade de six pieds ; c'est là qu'est la chambre de Charles ; sa croisée, garnie de barreaux, est à sept ou huit pieds de terre ; au-dessous est un banc de gazon, ombragé par une touffe de lilas et de chèvrefeuille ; le jardin est rempli d'arbustes et de fleurs ; il y a du treillage après le mur de la terrasse et celui de la prison ; au bas de la maison du gouverneur quelques orangers dans leurs caisses et des pots de fleurs ; à gauche, dans le fond, à l'angle de la terrasse un escalier qui conduit à la porte de la prison ; derrière la terrasse, un mur à creneaux, au-delà du château, une vaste campagne, des arbres, etc.

SCENE PREMIERE.

AGATHINE *ouvrant la grille avec précaution, et accourant au-devant de la Scène; elle tient à la main un petit panier d'osier.*

Heureusement je n'ai été vue de personne; ce pauvre Charles! il est si content quand je lui apporte quelque chose !.... C'est qu'il y a de la cruauté à traiter ainsi un jeune homme pour une légère étourderie; oh! vraiment, j'en veux beaucoup à mon oncle. Voilà comme sont tous ces gouverneurs! parce qu'il s'est laissé entraîner au jeu, qu'il y a passé une nuit ; qu'il a perdu cinquante Fréderics, il l'envoie en prison !.... Ah! ce n'est pas-là ce qui me fâche le plus, puisque cela nous procure le moyen de nous voir après deux mois de séparation; mais le mettre au pain et à l'eau pour toute nourriture !... j'en appelle à toutes les ames sensibles ; cela n'est-il pas cruel ?... il ne faut que de l'humanité pour sentir cela ! et puis Charles est si joli, si doux, qu'il est impossible de ne pas s'intéresser à lui. Mais il est sans doute fâché contre moi: j'ai été retenue hier toute la journée par la vieille Susanne, et il m'a été impossible de venir au jardin; comme il a dû s'ennuyer! car depuis trois jours qu'il est ici, je n'ai pas manqué de venir le consoler.... Et moi aussi, je me suis ennuyée !.... Eh bien ! je suis sûre qu'il n'en voudra rien croire.

SCENE II.

AGATHINE, CHARLES.

DUO.

AGATHINE, *après s'être assurée qu'elle n'est point observée, court auprès de la croisée où est Charles.*

Petit ami, répondez-moi.

COMÉDIE.

CHARLES *en-dedans, et sans être vu.*
Qui m'appelle ?

AGATHINE.
C'est Agathine.

CHARLES, *de même.*
Bon ! ce ne peut être Agathine,
Elle ne songe plus à moi. (*Il se montre.*)

AGATHINE.
Qui ? moi ! ne plus songer à toi ?
Qu'un tel reproche me chagrine !

CHARLES.
Comment ! pendant un jour entier
M'avoir oublié !..... c'est horrible.

AGATHINE.
Près de Susanne m'ennuyer
N'était pas, je crois, moins pénible.

CHARLES.
M'exposer à mourir de faim !

AGATHINE.
Vraiment, c'eut été grand dommage.

CHARLES.
N'avoir tout le jour que du pain.

AGATHINE.
Ne me gronde pas davantage.
Je t'apporte dans ce panier
De quoi dissiper ta colère ;
Mais je veux un pardon sincère,
Jure-moi de tout oublier.

CHARLES.
Non, non, gardez votre panier ;
Pensez-vous donc, Mademoiselle,
Que vous soupçonnant infidelle,
Je puisse aussitôt l'oublier ?

AGATHINE.
Ingrat ! m'appeler infidèle,
Quand tout le jour je songe à toi.

CHARLES.
Tout le jour tu songeois à moi ?

AGATHINE.
De cette contrainte cruelle,
Va ! j'ai souffert autant que toi.

CHARLES.

Bien vrai ?

AGATHINE.

Bien vrai ; pardonne à ton amie.

CHARLES.

De tout mon cœur, c'est ma plus douce envie.

ENSEMBLE.

Joli moment !

CHARLES.	AGATHINE.
Qu'on me laisse gentille amie,	Pour être toujours son amie,
Je jure et de bon cœur vraiment,	Que de bon cœur assurément,
Rester ici toute ma vie.	Je passerois ici ma vie !

CHARLES.

A présent que nous sommes raccommodés, revenons au panier, car je me sens un appétit dévorant.

AGATHINE.

Jette-moi le ruban.

CHARLES.

Le voilà. Dis-moi ; ton père est-il toujours dans les mêmes dispositions à mon égard ?

AGATHINE.

Sans doute, il t'aime beaucoup, mon père ; cependant, il jure du matin au soir après toi. Quand donc s'en ira cet étourdi ? Ce petit diable me donne plus de soins et d'inquiétudes que tous mes prisonniers ensemble, et cent autres choses semblables.

CHARLES.

Que ne consent-il à nous marier ?

AGATHINE.

C'est ce que je lui dis souvent ; à cela il me répond d'un air de pitié : bon ! vous n'êtes que des enfans !

CHARLES.

Voilà tout ce qu'ils savent dire !

AGATHINE.

Et puis, Charles n'a point d'état.

CHARLES.

Oh ! j'en aurai bientôt un ; dès que je serai sorti d'ici, je prierai Frédéric de m'envoyer à l'armée, je me battrai comme un diable, je me distinguerai, et quand j'aurai acquis des droits à ton alliance, je reviendrai réclamer près de ton père le prix de mon amour et de mon courage.

AGATHINE, *vivement.*

Ce projet-là ne me plait pas du tout, Monsieur. J'aime mieux que vous restiez en prison dix ans, que d'aller vous faire tuer.

CHARLES.

Sois tranquille, je saurai me défendre.

AGATHINE.

En voilà assez sur cet article-là, tiens-tu le panier?

CHARLES.

Oui, procédons à l'inventaire.

SUSANNE *en dehors.*

Mademoiselle Agathine!

AGATHINE.

Oh! mon Dieu, voici Susanne, je vais être grondée.

CHARLES.

Peste soit de la vieille radoteuse!

AGATHINE.

Qu'allons-nous faire du panier? S'il pouvait passer entre les barreaux?

CHARLES.

Impossible; je vais le laisser tomber sur ces lilas.

AGATHINE.

A la bonne heure.

CHARLES.

Le voilà,.... (*Il glisse le panier qui tombe sur le banc de gazon.*)

AGATHINE.

Mal-adroit! il est tombé sur le banc.

SUSANNE, *en dehors et tout près.*

Agathine! où donc êtes-vous?

CHARLES.

Sauve-toi, sauve-toi, la voici.

AGATHINE *se sauvant au pied du bâtiment opposé.*

Allez, Monsieur, vous êtes un étourdi.

CHARLES.

Viens ce soir à ta croisée, après la retraite.

AGATHINE.

Oui. Paix. *(Elle arrose, en frédonnant, les orangers et les fleurs placés de ce côté.*

SCENE III.

LES MÊMES, SUSANNE.

SUSANNE *appercevant Agathine.*

(A part.) J'étais sûre de la trouver ici. *(Haut.)* Que faites-vous au jardin, mademoiselle ?

AGATHINE.

Vous le voyez, ma bonne, je prends soin de vos fleurs.

SUSANNE.

C'est l'affaire du jardinier.

AGATHINE.

Je le sais, ma bonne, mais....

SUSANNE.

Me direz-vous enfin pourquoi, malgré la défense expresse de M. votre père, ce jardin est continuellement le but de vos promenades ?

AGATHINE.

Oh! pour cela, ma bonne, c'est par un motif tout naturel et très-louable, je vous assure.

SUSANNE.

Et peut-on savoir quel est ce motif si louable ?

AGATHINE.

Vous n'ignorez pas que depuis quelque tems j'ai pris un goût particulier pour la Botanique, et comme ce jardin offre un assez grand nombre d'arbustes et de plantes curieuses..... je me fais un plaisir d'y venir observer les progrès de la nature, et tenez, lorsque vous êtes arrivée.....

SUSANNE.

Vous observiez, n'est-ce pas ?

AGATHINE *avec finesse.*

Précisément, ma bonne.

SUSANNE.

Mais puisque la Botanique vous plaît tant; vous pourriez, sans sortir de la maison, vous en occuper plus utilement encore.

AGATHINE.

Comment cela?

SUSANNE.

Le grand balcon du côté de la cour est aussi garni de plantes et de fleurs.

AGATHINE.

Je le sais, ma bonne, mais celles-ci m'intéressent davantage.

SUSANNE.

Et pourquoi cela, je vous prie?

AGATHINE.

Parce qu'elles vous appartiennent.

SUSANNE, *(à part.)*

Elle a réponse à tout.

AGATHINE, *(à part.)*

J'en suis quitte.

CHARLES, *(à part.)*

La vieille ne saura rien.

SUZANNE.

Allons, mademoiselle, voici l'heure à laquelle on a coutume de faire prendre l'air aux prisonniers; rentrez au château, et n'en sortez pas de la journée.

AGATHINE, *(à part.)*

Ce pauvre Charles, je ne le verrai plus aujourd'hui!

SUSANNE.

Point de réflexions, je vous prie.

AGATHINE.

J'y vais, ma bonne.

SUSANNE.

Que je vous trouve encore au jardin, et... vous aurez affaire à moi.

AGATHINE, *à part.*

Pourvu qu'elle ne voie pas le panier!

(Avant de partir, elle veut jeter un coup-d'œil sur la croisée de Charles, mais Suzanne qui l'observe, la retient, elle sort en boudant.)

SCENE IV.

SUSANNE, CHARLES *à la croisée.*

SUSANNE *regardant sortir Agathine.*

Oh! la terrible chose qu'une jeune fille à garder!

CHARLES, *à part.*

La triste chose qu'une vieille femme!

SUSANNE.

Cela ne rêve du matin au soir qu'aux moyens de vous tromper.

CHARLES, *à part.*

C'est tout naturel.

SUSANNE.

Boudeuse et maussade, quand on la contrarie.

CHARLES *à part.*

Ah! cela n'est pas honnête.

SUSANNE.

Ce n'est pas que je sois tout-à-fait dupe de cette nouvelle fantaisie.... il y a là-dessous un mystère....

CHARLES, *à part.*

Cela pourrait bien être.

SUSANNE.

Que je ne tarderai point à découvrir.

CHARLES, *à part.*

C'est ce que nous verrons.

SUSANNE.

Ce petit étourdi.....

CHARLES, *à part.*

A mon tour!

SUSANNE.

Que le gouverneur des Pages a envoyé ici il y a huit jours, pourrait bien...

CHARLES, *à part.*

C'est cela, c'est cela, vous y êtes! *(Il se retire en riant et se moquant de Susanne.)*

SCENE V.
SUSANNE.

Au reste, je la surveille de mon mieux, et je ne fais en cela que répondre à la confiance dont M. le Commandant veut bien m'honorer; mais il est dans la vie des choses que l'on peut bien prévoir, et qu'il est presqu'impossible d'empêcher.

COUPLETS.

>Fille avant l'âge de quinze ans,
>Nous charme par sa gentillesse.
>Ses plaisirs sont purs, innocens,
>Un rien l'amuse ou l'intéresse.
>Entend-elle un galant discours,
>Tout est fini, le charme cesse;
>Les premiers soupirs de l'amour
>Sont les derniers de la sagesse.
>
>Je compte bientôt quarante ans,
>Depuis qu'en pareille occurrence
>De la malice des amans
>Je fis la triste expérience;
>Un traître, à force de détour
>Sut triompher de ma foiblesse;
>Las! mon premier soupir d'amour
>Fut le dernier de la sagesse.

Mais, j'oublie que des occupations essentielles m'appellent au château, et je vais.... (*Elle se tourne à droite comme pour sortir, et apperçoit le panier sur le banc.*)

Qu'est-ce que j'apperçois là? Un panier!.... ah! je commence à deviner de quel genre sont les observations que la petite vient faire ici tous les matins : c'est pour le gentil tourtereau qui est niché là-dedans. (*Elle jette les yeux sur la croisée de Charles.*)

Il n'y a pas à en douter; le ruban est encore après. (*Elle découvre le panier.*)

Voyons.... Mais c'est un repas complet; du vin muscat!...

Pauvre petit !... Des biscuits !.. C'est intéresssant. Et un pot de ma gélée de groseille que je conserve si précieusement !... Ah ! les malheureux. Allons trouver sur-le-champ M. d'Herleim, et lui faire part de cette découverte.

BRANDT *en dehors.*

Vous avez beau jurer, ventrebleu, cela ne m'effraie pas. Il faut que je lui parle, vous dis-je, et tenez, ne m'échauffez pas davantage, parce que vous pourriez vous en repentir. (*Il sonne très-fort à la grille.*)

SCENE VI.

SUSANNE, BRANDT.

SUSANNE.

Eh bien ! eh bien ! a-t-on jamais vu faire un pareil vacarme ?... Quel est donc l'insolent....

BRANDT, *à la grille.*

C'est moi, la vieille.

SUSANNE, *reculant de quatre pas.*

Qu'appelez-vous la vieille ?

BRANDT.

Mais de par tous les diables, vous n'êtes plus jeune.

SUSANNE.

Ce ne sont pas là vos affaires. Que demandez-vous ?

BRANDT.

A parler au Gouverneur.

SUSANNE.

Que lui voulez-vous ?

BRANDT.

Cela ne vous regarde pas.

SUSANNE.

Comment ! cela ne me regarde pas ?

BRANDT.

Non sans doute. Mais je ne viens pas ici pour entendre des sornettes ; le Gouverneur y est-il, ou n'y est-il pas ? Voici un paquet que je dois lui remettre sur-le-champ.

SUSANNE.

Tout doux, s'il vous plait, l'ami! ce ton-là ne convient à personne ici, entendez-vous.

BRANDT.

Il me convient à moi.

SUSANNE.

Avant que j'aille vous annoncer, il faut que je sache de quelle part vient ce paquet.

BRANDT.

(A part.) L'ennuyeuse créature! *(Haut.)* C'est de la part de Fréderic.

SUSANNE.

Fort bien. Et que contient-il?

BRANDT.

(à part.) Quelle patience il faut avoir! *(Haut.)* Un ordre de rester en prison.

SUSANNE.

Et où est le prisonnier? Est-ce vous?

BRANDT.

Apparemment. *(Ici le porte-clefs traverse le jardin, et va ouvrir la prison.)*

SUSANNE.

Comment! on vous envoie en prison, et vous avez l'audace de me traiter ainsi!... et vous osez me manquer de respect!.. Il vous sied bien vraiment de faire le rodomont!.. Savez-vous qu'après M. le Gouverneur, je suis la personne la plus considérée dans ce château? Que je représente ici Mde. la Gouvernante! que tout le monde a pour moi les égards dûs à mon sexe, à mes qualités....

BRANDT.

Et à votre âge, pas vrai? Vieille folle!....

SUSANNE *en colère.*

Vieille folle! vieille folle!.... ah! j'en mourrais de dépit, si je n'avois l'espoir de me venger!..... Mais, patience, patience, mon ami, vous vous repentirez d'avoir offensé une personne telle que moi; je vais trouver M. le gouverneur, et nous verrons si je ne suis qu'une vieille folle. Quatre bonnes murailles bien fermées rabattront votre caquet, vous rechercherez alors ma protection; mais ne vous y frottez pas, je vous en avertis, je serai inexorable, et ne pensez pas m'échapper au moins, cette grille me répond de vous. Nous allons voir, M. l'insolent, la mine que vous ferez...... nous allons voir! *(en s'en allant)* Ah! il ne sera pas dit qu'on me manque impunément..... non, non assurément, je ne le souffrirai jamais. *(Elle sort en trottant.)*

SCENE VII.

BRANDT *seul.*

Va-t'en au diable, maudite bavarde, et laisse-moi en repos. Dans tout ceci, ce qui me chagrine le plus, ce n'est pas de venir en prison, puisque j'y serai près de mon petit Charles, mais c'est l'ingratitude du roi. Me traiter ainsi, après quarante ans de service! oh! cela diminue diablement de la bonne opinion que j'avois conçue de lui; après tout, il faut bien que je m'en console. Occupons-nous plutôt des moyens de revoir ce cher petit Charles que je brûle d'embrasser.

SCENE VIII.

BRANDT, CHARLES *(sortant sur la terrasse).*

CHARLES.

On a prononcé mon nom!.... que vois-je! c'est toi, Brandt?
(Il descend rapidement l'escalier.)

BRANDT.

Oui, mon cher maître. *(Ils s'embrassent.)*

CHARLES.

Oh! mon bon ami, que je suis aise de te revoir!

BRANDT.

J'en étois sûr.

CHARLES.

Combien j'ai de choses à te dire!

BRANDT.

Je le crois bien, parbleu!

CHARLES.

As-tu déjà vu le gouverneur?

BRANDT.

Je l'attends.

CHARLES.

N'est-il pas vrai que sa fille est bien jolie ?

BRANDT.

Ma foi, monsieur, je n'en sais rien, je ne l'ai pas encore vue.

CHARLES.

Mais, dis-moi; quel motif t'amène ?

BRANDT.

L'amitié.

CHARLES.

Que viens-tu faire ici ?

BRANDT.

Vous tenir compagnie.

CHARLES.

Quoi ! tu viens en prison ?

BRANDT.

Pourquoi pas ? puisque vous y êtes.

CHARLES.

Excellent homme ! toujours le même cœur.

BRANDT.

Il n'y a que les méchans qui doivent en changer.

CHARLES.

Mais je veux absolument savoir comment tu es venu ici.

BRANDT.

Je vais vous le dire, monsieur. Fatigué de ne point recevoir de réponse satisfaisante du gouverneur des pages à qui j'écrivois régulièrement chaque jour depuis votre départ, je prends le parti de m'adresser directement à Frédéric. Je me présente donc aujourd'hui à son lever : on m'introduit. Comment te nommes-tu, me dit-il ? — Brandt. — Qui es-tu ? — ancien militaire. — Que demandes-tu ? — la liberté du Baron de Felsheim, le plus instruit, le plus brave de vos pages. — Sa liberté ! Cela ne se peut pas. — Cela ne se peut pas. ! Sur mon honneur, sire, voilà le premier chagrin que vous m'ayez donné depuis quarante ans que je suis à votre service. Mais enfin, à tout péché miséricorde ; rendez moi ce jeune homme, sans lequel je ne puis vivre, et je vous promets de vanter vos bontés, et de sabrer vos ennemis, toutefois que l'occasion s'en présentera.

CHARLES.

Eh bien ?

BRANDT.

Eh bien, monsieur, il refuse. J'insiste ; qu'a-t-il fait, dites-moi, ce pauvre jeune homme, pour être ainsi traité ? Il a joué, il a perdu!... voyez un peu le grand malheur! S'il vous arrivoit de jouer une province à la bataille et de perdre la partie, trouveriez-vous bon que l'on vous mît à Spandaw ou à Magdebourg ? — Insolent ! — pardon, sire. — Oser me donner des leçons. — Pardon encore une fois...... C'est mon zèle pour cet aimable enfant ! — Soldat!..... c'est assez. — Pars pour Spandaw, et porte cet ordre au commandant. — Vous m'envoyez donc en prison, sire ? — Pars, te dis-je. — Revolté de cet ordre rigoureux, mais bientôt consolé par la certitude de vous voir; je pars, j'arrive à Spandaw, je vous retrouve, et je sens déjà que c'est dans le sein de l'amitié qu'on peut se consoler de l'injustice des hommes, et de l'ingratitude des souverains.

CHARLES.

Brave homme ! va, tu ne me quitteras jamais.

BRANDT.

Chut ! cachez-vous, voici le gouverneur et son vieil accolyte.

(*Charles se cache sous les lilas, mais de manière à être vu par les spectateurs.*)

SCENE IX.

D'HERLEIM, BRANDT, SUSANNE, CHARLES.

SUSANNE (*montrant Brandt à d'Herleim.*)

Le voilà, M. le gouverneur, le voilà cet insolent. Voulez-vous que j'aille chercher des soldats pour le conduire en prison ?

D'HERLEIM.

Un moment.

SUSANNE.

Il faut au moins prévenir le porte-clefs.

D'HERLEIM.

D'HERLEIM.

Nous avons le tems. (*à Brandt*) C'est vous qui êtes porteur d'un ordre du roi ?

BRANDT.

Oui, M. le commandant.

D'HERLEIM.

Donnez.

BRANDT.

Le voilà.

SUSANNE (*à part.*)

Va, va, tu paieras cher toutes tes injures.

CHARLES (*à part.*)

Ecoutons.

D'HERLEIM (*lit.*)

» Monsieur le gouverneur, le nommé Brandt, qui vous re-
» mettra cette lettre, vient.....

SUSANNE.

En prison, c'est clair.

D'HERLEIM.

Ne m'interrompez pas, Susanne. (*il lit*) « Vient d'être
» promu à la charge de concierge en chef du château de
» Spandaw, vacante depuis quelques jours.

BRANDT.

Hein !

CHARLES (*à part.*)

Est-il possible !

SUSANNE.

Concierge en chef !...... ne vous trompez-vous pas, monsieur?

BRANDT.

Pardon, monsieur le gouverneur, voudriez-vous avoir la bonté de relire.

D'HERLEIM.

Voyons ; (*il lit*) » le nommé Brandt. c'est bien vous ?

BRANDT.

Je vous garantis que c'est moi-même.

D'HERLEIM *continuant.*

« Vient d'être promu à la place de concierge en chef du
» château de Spandaw, vacante depuis quelques jours.

B

CHARLES (*à part.*)

O bonheur !

SUSANNE.

Je tombe des nues.

BRANDT.

Comment, monsieur, je suis concierge de ce château ? Eh bien ! voilà, par exemple, de ces choses auxquelles on ne s'attend guère.

SUSANNE (*à part.*)

Si j'avois su cela, je ne l'aurois pas si mal reçu.

BRANDT.

Et moi qui croyois bonnement venir en prison !...... ah ! ah ! c'est assez drôle !

D'HERLEIM.

C'est tout différent, n'est-ce pas ?

CHARLES (*à part.*)

Pour moi surtout.

D'HERLEIM (*lisant.*)

» Vous voudrez bien l'installer sur-le-champ, et lui donner
» les instructions nécessaires ; c'est un brave homme dont je
» fais cas.

FRÉDÉRIC.

BRANDT.

Et bien, il faut convenir que Frédéric a mis infiniment de délicatesse à m'accorder cette grace. Vraiment il s'y est pris à merveille : j'étois assez mécontent de la manière dont il m'a reçu, mais ce dernier trait me racommode avec lui, et je lui pardonne de tout mon cœur.

D'HERLEIM *gaiement.*

En vérité ?..... mais cela est fort généreux, et je suis sûr qu'il en sera flatté.

BRANDT.

Pourquoi pas, monsieur le gouverneur ? l'estime d'un brave homme n'est jamais à dédaigner.

D'HERLEIM.

Vous avez raison. Vous justifierez, je n'en doute pas, le choix que Frédéric a fait de vous ; discrétion, prudence, sévérité, telles sont les qualités nécessaires dans le poste que vous allez occuper.

BRANDT.

Je vous réponds d'un zèle à toute épreuve.

D'HERLEIM.

J'aurai quelques instructions particulières à vous donner sur les prisonniers détenus dans ce château. Par exemple, il y a dans cette chambre-là, à l'angle de la tour... (*ici Charles se cache tout-à-fait*) un jeune homme auquel le gouverneur des pages, mon frère, prend un vif intérêt.

BRANDT (*à part.*)

C'est mon étourdi.

D'HERLEIM.

Frédéric, qui a de l'affection pour lui, m'a prescrit, à son égard, d'autant plus de sévérité, que c'est la première faute qu'il a faite, et que c'est peut-être le moyen de lui en éviter d'autres; je vous le recommande.

BRANDT.

Vos ordres seront ponctuellement suivis.

D'HERLEIM.

L'heure de la parade m'appelle, je vous laisse et vais envoyer un porte-clefs qui vous conduira partout, et vous donnera les premiers renseignemens, après quoi nous nous reverrons. Susanne fera préparer votre logement.

BRANDT.

Cela suffit, monsieur le commandant.

(*D'Herleim rentre. Charles sort de dessous les lilas, se glisse rapidement le long du mur, gagne l'escalier, et remonte sur la terrasse, sans être vu de Susanne. On le perd de vue. Brandt, qui s'est apperçu du changement de Susanne, joue l'indifférence, et paroît ne pas s'en appercevoir. Il suit le gouverneur jusqu'à la grille; mais Susanne se trouve à son passage, et il est forcé de revenir au-devant de la scène.*)

SCENE X.

SUSANNE, BRANDT.

SUSANNE (*minaudant.*)

Monsieur est donc de la maison actuellement?

BRANDT *sèchement.*

Pardi ! vous le voyez bien. (*à part*) Si elle pouvoit s'en aller, j'appellerois mon petit Charles.

SUSANNE (*à part.*)

Il me tient rigueur, mais c'est égal. (*haut*) Souffrez, Monsieur, que je vous félicite sur le nouvel emploi que vous allez remplir.

BRANDT, *de même.*

Vous êtes trop polie. (*à part*) Elle ne s'en ira pas.

SUSANNE.

Il est tout naturel de s'intéresser au sort d'un brave homme, surtout lorsqu'il doit exister entre soi des rapports immédiats.

BRANDT.

Des rapports entre nous !..... allons donc, la mère...

SUSANNE (*à part.*)

La mère ! comme il est piquant !... (*haut*) vous ignorez, je le vois, que je réunis ici plusieurs fonctions également difficiles et intéressantes. Chargée de l'éducation de mademoiselle d'Herleim depuis la mort de sa mère, je le suis aussi de tout ce qui concerne la dépense et de la tenue de la maison : c'est moi qui prends soin de l'office, de la cave.....

BRANDT (*très-vivement.*)

Vous prenez soin de la cave ! (*à part*) diable ! cette connoissance-là n'est point à négliger. (*haut*) Oui, comme vous dites fort bien, je prévois que les rapports seront fréquens entre nous.

SUSANNE (*à part.*)

J'ai trouvé l'endroit sensible.

BRANDT (*à part.*)

Je crois que je puis, sans me compromettre..., oui, allons. (*haut et se rapprochant.*) Vous avez peut-être trouvé mon ton un peu brusque, tout-à-l'heure, hein ?

SUSANNE.

Je n'ai pas dû vous paroître fort aimable, lorsque vous êtes arrivé, n'est-ce pas ?

BRANDT.

C'est cette idée de prison qui me donnoit de l'humeur, car ordinairement je suis l'homme du monde le plus poli.

SUSANNE.

Je venois d'avoir une conversation très-vive, avec Mlle. Agathine, et, voyez-vous, les contrariétés....

BRANDT.

Cela vous aigrit.

SUSANNE.

On en est fâché après ; on vous suppose un mauvais cœur.

BRANDT.

Cependant il n'en est rien. *(à part.)* Je crois que cela s'arrangera.

SUSANNE.

Tandis que c'est tout le contraire. *(à part.)* Il revient.

BRANDT.

Et qu'on est fait pour vivre en bonne intelligence....

SUSANNE.

Et qu'on peut s'entendre à merveille.

BRANDT.

Voilà pourtant ce qui m'arrive aujourd'hui.

SUSANNE.

C'est précisément mon histoire.

BRANDT.

Ainsi donc, vous ne me haïssez pas?

SUSANNE.

Bien au contraire ; ainsi, je ne vous déplais point?

BRANDT.

Non vraiment, ou le diable m'emporte.

DUO.

SUSANNE.
Quoique l'on soit d'un certain âge,
Il n'est pas défendu d'aimer.

BRANDT.
Quand une femme est douce et sage,
Elle a toujours droit de charmer :

SUSANNE.
C'est trop galant, je vous assure!

BRANDT.
Eh non, c'est la vérité pure.
Vous semblez avoir un bon cœur;

LE PETIT PAGE,

SUSANNE.

Oh! je ne fus jamais ingrate.
On me trouvait de la candeur....

BRANDT.

Vous me parlez de vieille date.

SUSANNE.

L'amour a causé mon malheur,
J'étais trop sensible, trop tendre.

BRANDT, *à part.*

Chez le beau sexe ce malheur
Est toujours fréquent, à l'entendre.
Je dois flatter sa vanité,
Mon intérêt me le conseille :

Haut.

Je le dis avec vérité,
Ma foi, je vous trouve à merveille.

ENSEMBLE, *à part.*

BRANDT.	SUSANNE.
Je dois flatter sa vanité,	Je crois sans trop de vanité,
Mon intérêt me le conseille.	Qu'on peut me trouver à merveille.

SUSANNE.

J'eus autrefois de très-beaux yeux.

BRANDT.

Ils sont fort bien, je vous proteste,

SUSANNE.

Le pied mignon...

BRANDT.

Il est au mieux!

SUSANNE.

La taille fine.....

BRANDT.

Elle est céleste!

SUSANNE.

Grands cheveux noirs.....

BRANDT, *à part.*

Devenus blancs!

SUSANNE.

Un teint de rose...

BRANDT, *à part.*

Elle est modeste!

SUSANNE.
Et surtout de très-belles dents!
BRANDT, à part.
J'en juge par le peu qui reste.
ENSEMBLE, à part.

BRANDT.	SUSANNE.
Bon! je m'amuse à ses dépens,	Bon! le cher homme est amoureux,
Et le tout sans qu'elle s'en doute;	Le voilà pris sans qu'il s'en doute;
Bon! je m'amuse à ses dépens,	Sa flamme brille dans ses yeux,
La pauvre femme n'y voit goutte.	Amour! amour! tu n'y vois goutte.

SCENE XI.

LES MÊMES, UN PORTE-CLEFS.

LE PORTE-CLEFS, à Brandt.

Monsieur le gouverneur m'a chargé de vous faire connoître les prisonniers, et de vous conduire partout.

BRANDT.

Quand vous voudrez. (à Susanne avec une politesse affectée). Au revoir, intéressante Susanne; soyez persuadée que dans toutes les occasions, je serai enchanté de faire quelque chose qui vous soit agréable.

SUSANNE, lui faisant une révérence profonde.
Je suis votre très-humble servante.

BRANDT.
Au revoir, très-intéressante Susanne.
(Brandt et le Porte-Clefs entrent dans la prison).

SCENE XII.

SUSANNE, seul

Je m'étois singulièrement trompée sur le compte de cet homme-là; ce qui m'avoit d'abord paru de la brusquerie, n'est autre chose, je le vois, que cette noble fierté qui sied à un guerrier; il a l'ame élevée, j'ai les sentimens délicats; il est d'un certain âge, je ne suis plus de la première jeunesse, mais il me reste encore de la fraîcheur; il est concierge en chef, moi, gouvernante et intendante; il aura cent ducats, j'ai quelques épargnes. Tout bien calculé, il me semble qu'on pourroit voir une union plus mal assortie. (*Ici Charles paroît sur la terrasse du fond*). Mais j'apperçois cet étourdi de page Sortons, et fermons bien la grille de peur qu'il ne s'échappe.

SCENE XIII.

CHARLES. (*En deux sauts il franchit l'escalier, et se trouve dans le jardin*).

Vivat! Charles, vivat! je suis libre encore pour une heure, pendant laquelle je retrouverai, je l'espère, le moment d'entretenir Brandt. Je lui parlerai d'Agathine, je lui raconterai nos amours et les persécutions que cette vieille Susanne nous fait éprouver. Il saura que nous desirons tous deux avec une égale impatience un instant d'entrevue. C'est un brave homme que Brandt : il s'intéressera à notre sort, et nous procurera, je n'en doute pas, les moyens de nous voir. Si, contre toute attente, il me refusoit; ce barreau que j'ai commencé à détacher, servira à combler mes vœux; mais je connois trop son amitié pour lui faire cet outrage. Oh! je suis au comble de la joie.

RONDEAU.

Ma foi, quoi qu'on en dise,
On peut avec raison,
Quand on l'ame éprise,
Etre heureux en prison.
Jeune et gentille amie
Veut bien me secourir,
Et sa main si jolie
Prend soin de me nourrir;

Je sens que sa présence
M'enflamme chaque jour,
Et la reconnaissance
Vient doubler mon amour.
Ma foi, quoi qu'on en dise, etc.

Auprès de ma maîtresse
Je regrette un ami ;
Il vient... A ma tendresse
Rien ne manque aujourd'hui.
Ce serait bien dommage
De quitter ce séjour,
Où l'amitié partage
Mon cœur avec l'amour.
Ma foi, quoi qu'on en dise, etc.

SCENE XIV.

CHARLES, BRANDT, *sortant de la prison.*

CHARLES.

Ah ! voilà Brandt (*il court au fond*), viens vîte, vîte, j'ai beaucoup de choses à te dire.

BRANDT.

N'ayez donc point cet air mystérieux.

CHARLES.

Qu'est-ce que cela fait ?

BRANDT.

Vous m'allez compromettre, là... Sous les fenêtres du gouverneur !...

CHARLES.

Ne crois-tu pas qu'on nous observe ?

BRANDT.

Vous n'êtes qu'un étourdi.

CHARLES.

Cela peut bien être ; écoute-moi toujours.

BRANDT.

Je vous écoute.

(*Il se promène, va, vient, sans paraître faire attention à ce que lui dit Charles*).

CHARLES.

Tu te souviens de cette jeune et jolie personne que je rencontrai à la promenade il y a un an, et dont la vue fit une si forte impression sur mon cœur?

BRANDT *(avec un air distrait)*.

Oui, monsieur.

CHARLES.

Que depuis j'eus le bonheur de revoir souvent chez son oncle, le gouverneur des pages?

BRANDT *(de même)*.

Oui, monsieur.

CHARLES.

Eh bien, mon ami, elle est ici; son père commande depuis deux mois dans ce château. Elle prend soin d'adoucir ma captivité. Elle est si bonne! Mais je crois que tu ne m'écoutes pas?

BRANDT.

Je vous demande pardon, monsieur.

CHARLES.

Elle est charmante, mon ami.

BRANDT.

Je vous crois, monsieur.

CHARLES.

Seize ans.

BRANDT.

Le bel âge!

CHARLES.

De beaux yeux.

BRANDT.

C'est quelque chose!

CHARLES.

Une taille divine.

BRANDT.

C'est joli!

CHARLES.

Douce et modeste.

BRANDT.

C'est charmant!

CHARLES.
Simple et naïve.
BRANDT.
C'est un trésor!
CHARLES.
J'en raffole, mon ami.
BRANDT.
Parbleu! je le crois.
CHARLES.
J'en suis aimé.
BRANDT.
Cela ne m'étonne pas.
CHARLES.
Je veux l'épouser.
BRANDT.
Vous ferez bien.
CHARLES.
Et le plutôt possible.
BRANDT.
C'est mon avis.
CHARLES.
Mais avant tout, il faut que je lui parle.
BRANDT.
Comment vous y prendrez-vous?
CHARLES.
Je compte sur toi pour nous procurer ce soir une entrevue.
BRANDT.
Et vous avez tort.
CHARLES.
Quoi! tu me refuses....
BRANDT.
Sans doute.
CHARLES.
Et pourquoi?
BRANDT.
Parce que je ferais une sottise.
CHARLES.
Songe donc à l'amitié.

BRANDT.

Je songe à mon devoir.

CHARLES.

Sais-tu, Brandt, que tu fais le concierge à merveille; il me semble que tu ne prends pas mal l'esprit de corps.

BRANDT.

Allons, trêve de plaisanterie. Rentrez.

CHARLES.

Je ne plaisante pas; mais je ne veux pas rentrer.

BRANDT.

Ah! voilà les jeunes gens! voulez-vous qu'on découvre notre intelligence, qu'on me chasse?. vous serez bien dans vos affaires, alors, n'est-ce pas, M. l'étourdi?.... Rentrez, vous dis-je.

CHARLES.

Oh! mon bon ami, je t'en prie, encore un moment.

BRANDT.

Il n'y a rien à faire.

(*Il prend Charles par le bras pour le conduire vers le fond; celui-ci, en se retournant, apperçoit Agathine à la grille*).

CHARLES, *sautant de joie.*

La voilà! Brandt, la voilà.

BRANDT.

Qui?

CHARLES.

Agathine.

BRANDT.

C'est une raison de plus pour vous retirer.

CHARLES.

Plutôt mourir! il faut que je lui parle.

BRANDT.

Vous ne lui parlerez pas.

CHARLES.

Brandt, je vous en préviens, vous allez me faire faire quelque sottise.

BRANDT, *à part.*

C'est un diable que ce jeune homme-là!

SCENE XV.

LES MÊMES, AGATHINE.

(*Elle ouvre doucement la grille et s'avance sur la pointe du pied, le long du bâtiment, en se glissant entre les orangers*).

AGATHINE, *à part.*

Comme on le traite, ce pauvre Charles !

CHARLES, *à Brandt, qui le tient éloigné d'Agathine.*

Regarde-la donc, mon ami, ne semble-t-elle pas te demander aussi cette légère faveur ?

BRANDT.

(*à part.*) Comment me tirer de là ? (*haut*) je ne veux pas la voir.

CHARLES.

Ecoute, je consens à ne point lui parler, si tu me jures de nous procurer, ce soir, l'entrevue que nous desirons.

BRANDT, *à part.*

Il faut user de ruse, ils sont deux contre moi.

(*Haut, et se radoucissant*) Ce soir !... diable, c'est bien prompt... encore si c'étoit demain.

CHARLES.

Eh bien, demain....

BRANDT, *à part.*

Feignons d'y consentir, pour m'en débarrasser.

CHARLES.

Comment, tu balances encore.

BRANDT.

Non, monsieur, je ne balance plus, demain, c'est dit.

CHARLES.

Il faut en instruire Agathine.

BRANDT.

Cela me regarde ; restez là. (*il le conduit sous les lilas.*)
(*Se tournant brusquement vers Agathine, et prenant une grosse voix*).

Que venez-vous faire ici, mademoiselle ? il m'est expressément défendu de vous laisser entrer au jardin.

AGATHINE, *effrayée, et reculant de quelques pas.*
(*à part*).

Oh! comme il est méchant (*haut*). Ne vous fâchez pas, monsieur, je m'en vais.

BRANDT.

Et vous ferez bien, mademoiselle; que ce soit la dernière fois, je vous en prie, ou je serai forcé de m'en plaindre à monsieur le gouverneur.

AGATHINE.

Me voilà partie, monsieur. (*Elle se sauve*).

SCENE XVI.

BRANDT, CHARLES.

CHARLES, *courant vers la porte.*

Au revoir, ma chère Agathine.

BRANDT, *le retenant.*

C'est bon, c'est bon, vous vous direz tout cela une autre fois. A votre tour, jeune homme. (*Il le prend par le bras et le mène vers l'escalier*).

CHARLES, *s'arrêtant à chaque marche.*

Ah ça! c'est convenu pour demain?

BRANDT.

Soyez tranquille.

CHARLES.

C'est bien sûr?...

BRANDT.

Rentrez toujours.

CHARLES.

Tu m'en donnes ta parole?

BRANDT.

Oui, vous dis-je, mais rentrez donc ou je me fâche.

CHARLES *se retournant pour le caresser.*

Oh! tu es un homme charmant.

BRANDT.

Et vous, vous n'êtes qu'un fou. (*Très-haut*). Rentrerez-vous, monsieur, à la fin?

CHARLES.

Oui, monsieur, je rentre, ne vous fâchez pas.

BRANDT, *riant.*

Ah! maudite cervelle. (*Ils rentrent tous deux dans la prison.*)

(*On entend la retraite dans l'éloignement, des Soldats paraissent sur la terrasse du fond, et viennent poser une Sentinelle près la porte de la prison, puis ils se retirent.*)

SCENE XVII.

BRANDT, LE PORTE-CLEFS.

(*Ils sortent de la Prison.*)

BRANDT.

Tout est-il dans l'ordre accoutumé?

LE PORTE-CLEFS.

Reposez-vous sur moi.

BRANDT.

Les portes sont bien fermées?

LE PORTE-CLEFS.

Je vous en réponds.

BRANDT.

Dans ce cas, nous pouvons nous retirer. (*Ils traversent le Jardin sans s'arrêter, et sortent par la grille qu'ils ferment à double tour. Le jour baisse.*)

SCENE XVIII.

CHARLES, LA SENTINELLE, *sur la terrasse.*

CHARLES, *à sa croisée.*

Encore un jour sans lui parler!... que je suis fâché d'avoir promis à Brandt!... Oh! mon impatience ne me permettra jamais d'attendre jusqu'à demain. D'ailleurs, Agathine est prévenue, et pourrait s'inquiéter, si elle ne me voyait point; ce dernier motif me détermine... Tout est calme, la nuit me favorise... terminons un ouvrage que j'ai si heureusement commencé. Allons, Charles, vite à l'ouvrage, tu vas voir ton amie. (*Il travaille à scier un barreau.*)

SCENE XIX.
Les mêmes, AGATHINE, *à sa croisée.*

AGATHINE.

Viens ce soir à ta croisée après la retraite, m'a-t'il dit ce matin ; me voilà exacte au rendez-vous ; mais je ne conçois pas dans quel dessein il me l'a donné, à moins qu'il n'ait trouvé le moyen de s'évader, ou qu'il ne soit d'intelligence avec le nouveau concierge. Ecoutons... je n'entends rien. Peut-être l'a-t-on surpris..... Oh ! j'en serois bien fâché.

ROMANCE.

Astre brillant des nuits, Phébé, suspends ton cours,
Sur les yeux des Argus étends un voile sombre,
Pour cacher mon ami dérobe-toi dans l'ombre,
Et ne va point trahir le secret des Amours.

Pendant la Romance, Charles ôte un barreau de sa croisée, et descend dans le jardin, en se tenant au treillage, et s'appuyant sur les lilas.

CHARLES.
AIR:

Dieu de Cythère,
Dieu du Mystère,
Unissez-vous.
Contre l'envie,
La jalousie,
Protégez-nous.
Nuit, deviens sombre,
Répands ton ombre,
Sur ce séjour ;
Pour qu'à ma belle
Toujours fidèle,
Et plein d'amour
Je fasse encore
Nouveau serment.
Toi que j'adore,
Viens promptement,
Que je te presse
Entre mes bras;
O douce ivresse!
J'entends ses pas.
Toi qui respires
Pour tout charmer,

Comment

COMÉDIE.

Comment te dire
Et t'exprimer
Tout mon martyre ?
Dans mon délire
Ne sais qu'aimer
Et non le dire.

AGATHINE.

J'ai cru entendre du bruit.

CHARLES.

On a parlé. (*Il court sous la fenêtre d'Agathine*). Agathine, es-tu là ?

AGATHINE.

Oui, bon ami. De la prudence, je t'en prie.

CHARLES.

C'est mon fort.

AGATHINE.

Parle donc plus bas, la sentinelle peut t'entendre.

CHARLES.

Si je pouvais m'approcher davantage ?...

AGATHINE.

Impossible.

CHARLES.

Parbleu ! il me vient une bonne idée... En grimpant sur cet oranger.

AGATHINE.

Non, Charles, non. Je ne le veux pas.

CHARLES.

Il m'importe, j'y suis. (*Il monte sur l'oranger le plus élevé, la branche casse et il tombe.*

AGATHINE.

O ciel !

LA SENTINELLE.

Werdaw !

AGATHINE.

Silence.

LA SENTINELLE.

Werdaw !

CHARLES, *à part.*

Au diable.

AGATHINE.

Paix !

LA SENTINELLE.

Werdaw !

C

Ne réponds pas.

(*La sentinelle tire, Agathine jette un cri perçant; on bat le rappel au château; Charles se sauve, grimpe après le treillage, rentre dans sa chambre, et oublie de remettre le barreau.*)

SCENE XX.

D'HERLEIM, BRANDT, SUZANNE, AGATHINE, LE PORTE-CLEFS, SOLDATS, *avec des flambeaux.*

MORCEAU D'ENSEMBLE.

D'HERLEIM, *à la sentinelle.*

Réponds-moi; pourquoi cette alerte?

LA SENTINELLE.

C'est je crois, pour un prisonnier.

D'HERLEIM.

Bon! bon! je parierois d'avance
Que c'est un nouveau tour de mon jeune étourdi.
Mais pour cette fois, si c'est lui,
Je le punirai d'importance.

(*Au porte-clefs*).
Vous l'avez entendu; c'est pour un prisonnier.

LE PORTE-CLEFS.

Bon! il faudroit qu'il fût sorcier!

CHŒUR.

Sachons quel est ce prisonnier. (*On cherche*).

D'HERLEIM, *jetant les yeux sur la croisée de Charles.*

Que vois-je?

CHŒUR.

Bonne découverte!

LE PORTE-CLEFS.

Ceci me déconcerte.

D'HERLEIM, *au porte-clefs.*

Qu'on m'amène ce prisonnier.

LE PORTE-CLEFS.

J'y vais. (*Il entre dans la prison*).

COMÉDIE.

CHŒUR.

ENSEMBLE.
{
La bonne découverte !
Nous allons voir ce prisonnier.
SUSANNE.
La bonne découverte !
Comme on va le mortifier !
AGATHINE.
Fâcheuse découverte !
Pourra-t-il se justifier ?
}

SCENE XXI ET DERNIERE.
LES MÊMES, CHARLES.

D'HERLEIM, *à Charles.*

Approchez-vous, parlez avec franchise ;
Mais craignez ma sévérité,
Si votre bouche me déguise
Un seul mot de la vérité.
A quoi tendait cette belle entreprise,
Vous vouliez fuir ?

CHARLES.

Moi ? je n'y songeais pas.

BRANDT.

L'étourdi va se mettre en un bel embarras.

SUZANNE.

Il est bien sûr qu'il n'en conviendra pas.

CHARLES.

Non, monsieur, dût votre colère,
M'anéantir aujourd'hui ;
Je ne puis plus long-tems vous taire
Que c'est l'amour.

D'HERLEIM, *feignant la plus grande surprise.*

L'amour !

BRANDT, *à part.*

Que je crains sa colère !

D'HERLEIM.

Et pour qui, s'il vous plaît, en avez-vous ici ?

CHARLES, *montrant Agathine.*

Pour une femme incomparable,
Bien digne de tout enflammer.
Si c'est un crime de l'aimer,
Sans doute, je suis bien coupable.

D'HERLEIM, *de même.*

Ma fille !

LE PETIT PAGE;

SUZANNE, *avec un air de satisfaction.*
Je vous l'avois dit,
Vous avez méprisé cet avis salutaire.

ENSEMBLE.
> D'HERLEIM, *à part.*
> Affectons du dépit,
> Feignons d'être encolère.
> BRANDT, CHARLES.
> Que je crains son dépit,
> Que je crains sa colère.
> AGATHINE.
> D'effroi mon cœur frémit ;
> Qu'il est méchant mon père.
> SUSANNE.
> Redoublons son dépit,
> Redoublons sa colère.

D'HERLEIM.
Frémissez, jeune téméraire,
Vous ressentirez mon courroux.

ENSEMBLE.
> AGATHINE.
> Appaisez-vous, mon père,
> Calmez votre couroux.
> CHARLES, BRANDT.
> Calmez cette colère
> Monsieur, } appaisez-vous.
> De grace
> SUSANNE.
> Montrez-vous plus sévère,
> Et du moins vengez-vous.

D'HERLEIM.
Qu'on le mène au cachot.

ENSEMBLE.
> AGATHINE.
> Appaisez-vous, mon père,
> Calmez votre courroux.
> CHARLES, BRANDT.
> Montrez-vous moins sévère ;
> De grace, appaisez-vous.
> SUSANNE.
> Montrez-vous plus sévère,
> Vengez-vous, vengez-nous.

D'HERLEIM.
Vite au cachot.

AGATHINE.
Non.

D'HERLEIM.
Qu'on l'emmène.

AGATHINE, CHARLES, BRANDT.
Un mot.

D'HERLEIM.
Je n'écoute plus rien.
SUZANNE.
Ordonnez surtout qu'on l'enchaîne.
Pour que de s'échapper il n'ait plus le moyen.
D'HERLEIM, *aux soldats.*
Allez.
AGATHINE, CHARLES, BRANDT.
Un mot.
SUZANNE, *à d'Herleim.*
Non, n'écoutez plus rien.
AGATHINE, CHARLES, BRANDT.
Grace! pardon!
SUZANNE, *à d'Herleim.*
Ordonnez qu'on l'emmène.
D'HERLEIM, *aux soldats.*
Pour la dernière fois.
AGATHINE, CHARLES, BRANDT.
Grace!
D'HERLEIM.
Non, qu'on l'entraîne.
CHARLES, *vivement.*
Si le repentir le plus sincère peut expier une faute à laquelle l'amour seul a pu m'entraîner, daignez, en me pardonnant, confirmer mon bonheur.
AGATHINE.
Laissez vous toucher, mon père.
CHARLES.
C'est en vous aimant comme un tendre fils, et en m'occupant sans cesse de la félicité d'Agathine, que je prétends justifier votre choix et mériter mon pardon.
D'HERLEIM.
Osez-vous encore, après un tel éclat, espérer à la main de ma fille? Apprenez, monsieur, que ce n'est point par des démarches inconsidérées, ni en compromettant la réputation de celle qu'il aime, mais bien par des soins continuels et délicats, qu'un galant homme prouve son amour, et peut prétendre à le voir couronné.
CHARLES.
C'est parce que je connois mes torts, que je brûle de les réparer. Laissez-vous désarmer.

AGATHINE.

Que son repentir vous fléchisse.

BRANDT *s'avançant.*

Ecoutez-moi, monsieur le gouverneur. Vous vous irriterez peut-être de la franchise d'un vieux soldat; mais c'est égal, je vais toujours parler; vous me ferez punir après, si cela vous paroît juste.

CHARLES.

Tais-toi donc, Brandt.

BRANDT.

Et pourquoi me taire, monsieur? Est-ce un crime de vous aimer, de consacrer mes jours à vous défendre? J'ai servi vingt ans sous votre père, il m'honora de son amitié, me combla de ses bienfaits; j'ai juré à son lit de mort de ne point vous quitter, et il n'y a point de puissance capable de me faire rompre un pareil serment.

D'HERLEIM.

Ah! vous connoissez cet étourdi?

BRANDT.

Pardi, si je le connois! est-ce que je serois ici sans lui? Oui, monsieur le gouverneur, ces jeunes gens s'aiment depuis un an; on m'a confié cet amour-là, à moi, et je l'ai approuvé parce qu'il m'a paru fondé sur les convenances. Ce jeune homme est riche et seul héritier d'une famille considérée.

D'HERLEIM.

Je le sais.

BRANDT.

Il est brave, intelligent, et justifiera, je n'en doute point les espérances que Frédéric et moi avons conçues de lui. Il a fait une petite sottise; eh mon Dieu, qui est-ce qui n'en fait pas? Mais vous avez beau vouloir paroître fâché, je lis dans vos yeux, que cet aveu vous intéresse, et que vous êtes déjà prêt à pardonner.

D'HERLEIM, *se retenant à peine.*

Point du tout.

BRANDT, *avec beaucoup de chaleur.*

Eh bien, monsieur, si vous ne pardonnez pas, tous les torts seront de votre côté. Que résultera-t-il de cette sévérité mal entendue? que vous donnerez du chagrin à ce bel enfant, et que vous nuirez à l'avancement de ce jeune homme qui, désespérant de se voir uni à celle qu'il aime, négligera son état, et finira peut-être par faire encore quelque sottise; tandis qu'en consentant à les unir, vous faites trois heureux sans me compter. Ah! voilà qui est raisonné, j'espère! A présent, je suis prêt à aller en prison si vous l'ordonnez.

D'HERLEIM.

Non, brave homme; les serviteurs fidèles sont trop rares pour ne pas les récompenser. Mes enfans, je connois depuis long-tems votre inclination, et je l'approuve; je n'avois d'autre raison à opposer à cet hymen sortable sous tous les rapports, que l'extrême jeunesse de Charles.

CHARLES.

On n'est jamais trop jeune pour être heureux.

D'HERLEIM.

Il a raison.

SUZANNE.

Comment, monsieur, vous consentez?

D'HERLEIM, *à Suzanne.*

Que veux-tu, Suzanne? A son âge j'en aurois fait autant. Soyez unis, mes enfans. (*à Charles*). Surtout plus d'étourderies, et faites le bonheur d'Agathine.

CHARLES.

Je le jure, monsieur.

D'HERLEIM.

Les dix jours pendant lesquels Charles devoit rester ici, expirent demain; nous irons ensemble à Berlin, et c'est sous les auspices de l'amitié, que Frédéric couronnera lui-même l'amour de son protégé.

BRANDT.

Ah! je savois bien que vous ne seriez pas plus méchant que Frédéric.

FINALE.

Charles.

De sa prison, le petit page
Voudrait bien sortir aujourd'hui;
Mais il lui faut votre suffrage,
Sans quoi tout est perdu pour lui.
Si son chagrin vous a fait rire,
Que par vous il soit consolé;
D'un geste vous pouvez nous dire,
S'il faut le remettre sous clé.

CHŒUR.

Si son chagrin vous a fait rire, etc.

FIN.

ROSA,

OU

L'HERMITAGE DU TORRENT,

DRAME EN TROIS ACTES, EN PROSE,

ET A GRAND SPECTACLE.

Représenté, pour la première fois, sur le théâtre de la Gaîté, le 21 thermidor an VIII.

A PARIS,

Chez BARBA, Libraire, Palais-Egalité, Galerie derrière le théâtre de la République.

AN HUITIÈME.

PERSONNAGES.	ACTEURS.
THÉODORE, *jeune Seigneur*.	JOIGNY.
ALPHONSE, *pécheur*.	VICHERAT.
ROSA, *sa femme*.	Mlle. JULIE.
PROSPER, *leur fils âgé de 8 ans*.	Le petit BARRÉ.
FRANCISQUE, *confident de Théodore*.	BIGNON.
Le Père ANSELME, *hermite*.	ST.-ALBIN.
BERTRAND, *concierge du château de Théodore*.	BOULANGER, père.
AMBROISE, *père de Rosa, personnage muet*.	
TROUPE DE PÊCHEURS, *amis d'Alphonse*.	
PAYSANS ET PAYSANNES.	
DOMESTIQUES *et* affidés *de Théodore*.	

La Scène est en Suisse.

ROSA,

OU

L'HERMITAGE DU TORRENT,

DRAME EN TROIS ACTES.

ACTE PREMIER.

Le théâtre représente un site agreste sur les bords d'une rivière qui coule dans le fond. A droite des spectateurs, est la cabane d'Alphonse, au-devant de laquelle sont placés et suspendus divers instrumens de pêche. A gauche vis-à-vis la cabane, un berceau en treillage, orné de guirlandes et préparé pour une fête. Une table et des bancs de gazon sont disposés sous le berceau. Près de la cabane, un jardin dont on voit l'entrée ; un bois épais couvre le devant de la scène.

SCENE PREMIERE.

ALPHONSE, PROSPER.

ALPHONSE, *sortant de la cabane.*

L'AURORE rougit à peine la cime des montagnes ; j'ai le tems d'exécuter mon projet. Viens, Prosper.

PROSPER, *sortant.*

Me voilà. C'est que je ne suis pas encore bien éveillé, vois-tu ? où donc allons-nous si matin, mon bon ami ?

ALPHONSE.

Je vais te le dire. Tu sais que c'est aujourd'hui la fête de ta maman ?

PROSPER.

Oui. Aussi je veux être le premier à l'embrasser. (Regardent le berceau.) Mais qui donc a fait tout cela ? Oh ! comme c'est joli ! Est-ce toi, papa ?

ALPHONSE.

Oui, mon enfant. Aidé de quelques amis, j'ai travaillé une partie de la nuit à construire ce berceau et à tresser ces guirlandes dont tu vas orner mon ouvrage.

PROSPER.

Comme maman sera surprise en voyant toutes ces belles choses !

ALPHONSE.

Garde-toi d'en parler avant que je sois de retour. Je vais au village rassembler nos parens, nos amis, et je reviens avec eux embrasser ma Rosa et la féliciter.

PROSPER.

Oh ! dépêche-toi, papa ; je me réjouis de voir tout cela.

ALPHONSE.

Au revoir, mon petit Prosper.

PROSPER.

Adieu, papa. Ecoute donc, on dansera, n'est-ce pas, à la fête de maman ?

ALPHONSE.

Sans doute.

PROSPER.

Eh bien, si tu veux me faire un grand plaisir, tu rameneras avec toi Louise, tu sais bien, ma petite femme. Je danserai avec elle au moins ; ce ne sera pas comme l'autre jour à la nôce de mon cousin Thomas, où j'ai été obligé de regarder danser les autres, parce que les plus grandes filles ne vouloient pas de moi ; elles disoient toutes que j'étois trop petit. Tu n'oublieras pas, n'est-ce pas ?

ALPHONSE.

Non, je te le promets.

PROSPER.

Seras-tu bien long-tems ?

ALPHONSE.

Le moins possible. Je voudrois être de retour pour le réveil de Rosa. Je pars ; tu arrangeras tout cela, comme je vais te l'indiquer.

PROSPER.

Oui, papa.

(*Alphonse lui indique la place où il doit mettre des guirlandes, l'embrasse, monte dans sa barque et s'éloigne en remontant le fleuve.*)

SCENE II.
PROSPER.

Il est bien loin. Je vais travailler. (*Il court écouter à la porte.*) Bon ! maman n'est pas encore réveillée. Allons, Prosper, vîte à l'ouvrage. (*Il retourne au berceau, et s'occupe à suspendre des guirlandes à chacune des portes.*)

SCENE III.
THÉODORE, FRANCISQUE, PROSPER.

THÉODORE *sortant de la forêt.*
La voilà, Francisque, cette fatale chaumière !
FRANCISQUE.
Mais, seigneur, pourquoi diriger toujours vos pas de ce côté ?
THÉODORE.
L'aspect de ces lieux a pour moi un charme inexprimable. Ah ! Rosa ! ingrate Rosa !
FRANCISQUE.
Comment un seigneur jeune, amoureux et riche peut-il trouver des ingrates ? Je vous l'ai déjà dit, l'or, le grand mobile de toutes choses, est le seul moyen...
THÉODORE.
J'ai tout tenté, mais vainement. Rosa est du petit nombre de ces femmes que l'homme le plus corrompu se trouve contraint d'estimer. Vertueuse autant que belle, le bonheur de sa famille est l'unique soin qui l'occupe. Elle est heureuse par les heureux qu'elle fait, aussi son nom vole-t-il de bouche en bouche !... Tout le monde l'aime !.... Et moi aussi je l'aime, mais de l'amour le plus violent, d'un amour qui me consume, qui me dévore, et qui fait le malheur de ma vie.
FRANCISQUE.
Préjugé dont je veux vous défaire.
THÉODORE.
Qu'as-tu dit, malheureux ?... l'amour un préjugé !
FRANCISQUE.
Erreur, folie, préjugé, tout comme il vous plaira : mais je le tiens pour un abus et de ceux qu'on auroit dû réformer. En effet, n'est-ce point une folie et des plus grandes, qu'un galant homme, parce qu'il a vu une femme aimable ou belle, soupire et languisse pendant des mois entiers ? Cela étoit bon du tems de Charlemagne ou du roi Dagobert, mais aujourd'hui nous voyons plus philosophiquement.

THÉODORE.

Ah! Francisque, tu n'as pas vu Rosa!

FRANCISQUE.

Il est vrai. Mais fût-elle plus belle encore, je ne changerois point de sentiment. Je n'aime de l'amour que les plaisirs et laisse les peines aux autres. Il n'y a pas assez long-tems que je vous appartiens pour que j'aie droit à une confiance entière de votre part; mais quand vous me connoîtrez mieux, vous me la donnerez et vous vous en trouverez bien.

THÉODORE.

Voilà le langage des cœurs froids!

FRANCISQUE.

Vos chagrins me touchent, et j'y veux mettre un terme.

THÉODORE.

Il n'en est point sans la possession de Rosa.

FRANCISQUE.

Je vous la promets.

THÉODORE.

Toi!.... Mais les obstacles....

FRANCISQUE.

Je les vaincrai.

THÉODORE.

Sa douleur....

FRANCISQUE.

S'appaisera.

THÉODORE.

Son mari.....

FRANCISQUE.

Fera comme les autres; il se consolera. Vous livrez-vous à moi?

THÉODORE.

Si je pouvois espérer!....

FRANCISQUE.

Tout; n'en doutez point. Que fait son mari?

THÉODORE.

Il est pêcheur.

FRANCISQUE.

Par conséquent, rarement à la maison?...

THÉODORE.

Au contraire, sa femme l'accompagne toujours.

FRANCISQUE.

Paix! je crois qu'on nous observe. Cet enfant....

THÉODORE.

C'est le sien.

FRANCISQUE.

Bon; demeurez à l'écart et laissez-moi agir.

THÉODORE.

Je m'abandonne à toi. (*Il se cache sous les arbres et écoute*.)

FRANCISQUE, *allant à Prosper*.

Bon jour, mon petit ami.

PROSPER, *qui pendant cette scène a paru tout entier à son travail, répond sans se retourner*.

Bon jour, monsieur.

FRANCISQUE.

Vous paroissez bien occupé ?

PROSPER.

C'est vrai.

FRANCISQUE.

Ce que vous faites là est très-joli.

PROSPER, *se retournant vivement*.

Trouvez-vous ? J'en suis bien aise, parce que c'est une preuve que maman sera contente.

FRANCISQUE, *le caressant*.

L'aimable enfant ! C'est donc pour votre maman que vous travaillez ?

PROSPER.

Vraiment oui. C'est aujourd'hui sa fête.

FRANCISQUE.

J'entends.... et elle ignore ce que vous faites ?

PROSPER.

Sans doute ; mon papa m'a bien défendu de le lui laisser voir avant son retour.

FRANCISQUE.

(*A part.*) Avant son retour ! (*Haut.*) Il est donc absent ?

PROSPER.

Oui. Il est au village.

FRANCISQUE.

(*A part.*) Heureuse rencontre ! (*Haut.*) Pour long-tems ?

PROSPER.

Il devroit être revenu. Et tenez... je crois entendre la musette du grand Colas....

FRANCISQUE.

(*A part.*) Le moment n'est pas favorable. (*Haut.*) Qu'est-il allé faire au village ?

PROSPER.

Chercher nos parens, nos amis, pour danser à la fête de maman.

FRANCISQUE.

(*A part.*) Elle est à nous. (*Haut.*) Adieu, mon petit ami.

PROSPER.

Bon voyage, monsieur. Si maman étoit éveillée, j'irois vous chercher quelques rafraichissemens.

FRANCISQUE.

Je n'en ai pas besoin. C'est moi qui veux vous remercier de votre complaisance.

(*Il lui donne quelques friandises.*)

PROSPER.

Grand merci, monsieur. (*A part.*) Il est bien aimable, ce monsieur-là !

(*Il mange ce qu'on lui a donné et retourne, en sautant, se remettre à l'ouvrage.*)

FRANCISQUE.

Adieu, mon bon ami.

PROSPER.

Adieu, monsieur.

THÉODORE, *à part.*

Mon cœur palpite de crainte et d'espoir.

FRANCISQUE, *revenant vers Théodore, après avoir observé l'enfant.*

Suivez-moi, seigneur. Avant la fin du jour Rosa est en votre pouvoir.

THÉODORE.

Se pourroit-il ?

FRANCISQUE.

Rendons-nous promptement au petit pavillon qui est à l'extrémité du parc ; je vous ferai part de mon projet : mais votre bonheur est certain.

THÉODORE.

Cher Francisque ! ma fortune est à toi.

(*Ils s'enfoncent dans la forêt.*)

SCENE IV.

PROSPER.

Voilà mon ouvrage bien avancé ; il ne me reste plus qu'à attacher ceci. Oh ! que je serai content quand cela sera fini ! Pourvu que maman ne s'éveille pas ! (*Il va écouter.*) Je n'entends rien. (*Il revient au berceau, monte sur la table et place au-dessus de la principale entrée une espèce de cartel dans lequel est écrit en roses :* ROSA. *Après l'avoir attaché, il descend, s'éloigne, admire son ouvrage, se met à genoux et envoie des baisers avec la main à ce nom qui lui rappelle sa mère.*)

SCENE V.
PROSPER, ROSA.

Rosa, *sortant de la cabane, paroît éprouver la plus douce surprise. Elle contemple un moment son fils, puis s'approche doucement par-derrière et lui donne un baiser sur le front.*

Charmant enfant!

Prosper *se lève vivement et paroît fâché.*

Oh, maman! va-t-en, je t'en prie.

ROSA.
Pourquoi cela?

PROSPER.
Parce qu'il ne faut pas que tu voies ce que nous avons fait là. N'est-ce pas que tu ne l'as pas vu?

ROSA.
Non, si cela te fait plaisir.

PROSPER.
C'est que papa m'a bien recommandé de ne pas te laisser venir, mais tu peux dire au moins que ce n'est pas ma faute. Va, je suis fâché contre toi.

ROSA.
Bien fort?

PROSPER.
Oh oui! bien fort.

ROSA.
Si je te demandois pardon....

PROSPER.
C'est égal.

ROSA.
Comment, tu me tiendrois rigueur?

Prosper, *avec gentillesse.*

Je crois que oui.

ROSA.
Pardonne à ta maman, mon petit Prosper.

Prosper *courant l'embrasser.*

De tout mon cœur : mais tu vas rentrer?

ROSA.
Je le veux bien.

PROSPER.
Tu ne diras pas que tu as vu quelque chose?

ROSA.
Je te le promets.

(*On entend un refrain joyeux. Prosper court au bord de la rivière.*

B

PROSPER.

Voici papa ; rentre vite.

ROSA.

Es-tu encore fâché ?

PROSPER.

Plus du tout (*Ils s'embrassent. Rosa rentre, et Prosper court au fond.*)

SCENE VI.

ALPHONSE, PROSPER, AMBROISE, PAYSANS ET PAYSANNES, TROUPE DE PÊCHEURS.

On voit Alphonse, son vieux père et tous ceux qui l'accompagnent, descendre le fleuve dans des barques élégamment ornées. Prosper ne peut contenir sa joie à leur aspect, il saute d'avance et leur fait mille signes d'intelligence. Dès qu'ils sont à terre, il court embrasser son aïeul et son père. Tout le monde se groupe dans l'intervalle qui est entre la cabane et le berceau, en formant une voûte en fleurs, sous laquelle Rosa doit passer. Quand tout est disposé, Alphonse va frapper à la porte de sa chaumière.

SCENE VII.

LES MÊMES, ROSA.

ROSA *sort et paroît éprouver la plus vive satisfaction ; son père et son époux, la tenant chacun par la main, la conduisent au berceau, tandis que Prosper, qui marche devant elle, répand des fleurs sur son passage. Rosa s'assied ; on se place. Prosper reçoit les bouquets destinés à sa mère, et vient les déposer à ses pieds. Tout se dispose pour le repas et la danse : on commence à danser lorsqu'on entend une voix plaintive à travers la forêt. La danse cesse ; on écoute.*

FRANCISQUE, *dans l'éloignement.*

AIR : *J'ai droit d'attendrir votre ame.* (De Renaud-d'Ast.)

    O vous que le plaisir engage,
    Prenez pitié d'un malheureux
    Courbé sous le poids de son âge,
    Victime d'un sort rigoureux.
      Si l'affreuse misère
      A des droits sur vos cœurs,
      Vous serez, je l'espère,
      Touchés de mes douleurs.

SCENE VIII.
LES MÊMES, FRANCISQUE, *déguisé.*

(Quand on a cessé de chanter, chacun court vers le lieu d'où la voix est partie ; on amène un vieillard couvert d'un mauvais manteau. Il a la barbe longue, épaisse, et paroît n'avoir pour toute ressource qu'une vielle.)

ROSA.

Approchez, bon vieillard.

FRANCISQUE, *d'une voix cassée.*

Le ciel vous récompense, mes braves gens !

ALPHONSE.

Vous paroissez bien fatigué ?

FRANCISQUE.

Il est vrai. Les pauvres sont si malheureux ! Je traîne ma misère de village en village, trop heureux quand je rencontre par hasard une ame charitable qui daigne prendre pitié de moi !

ALPHONSE.

Venez vous asseoir.

FRANCISQUE.

Je le veux bien.

PROSPER.

Tu dois avoir faim, bon vieillard ?

FRANCISQUE.

Hélas ! j'y suis accoutumé.

ROSA.

Pauvre homme ! Prosper, cours chercher du lait, des fruits.

PROSPER.

J'y vais. *(Tout le monde s'empresse autour du faux vieillard ; on le fait asseoir sur un banc de gazon près du berceau ; on lui apporte à boire et à manger. Pendant ce petit repas, chacun se dispute le plaisir de le servir.)*

FRANCISQUE.

Mais je m'aperçois que j'ai troublé la fête. Vous étiez à danser, je crois ? je vais, pour mon écot, vous jouer un petit air. Cela égayera la danse.

TOUS.

Volontiers, bon vieillard ; nous sommes prêts.

FRANCISQUE, *à part.*

Personne ne m'a reconnu. *(Il monte sur le banc, et tout le monde danse au son de la vielle. Quand il n'est point observé, il paroît s'occuper beaucoup de Rosa, qu'il regarde comme une proie assurée.)*

ALPHONSE.

Grand merci, bon vieillard. Mes amis, il est tems que

chacun de nous retourne à ses travaux ; recevez, au nom de ma Rosa, les plus sincères remercîmens et remettons-nous en route.

ROSA.

Quoi, mon ami, tu me quittes encore ?

ALPHONSE.

Mon absence ne sera pas longue. Je vais reconduire ton père jusqu'au village, et reviens ensuite près de toi pour ne plus te quitter de la journée.

ROSA.

Promets-moi de te hâter. Tu sais, mon Alphonse, combien il m'est pénible d'être un seul instant séparée de toi. (*A Ambroise.*) Je vous recommande, mon père, de le renvoyer sur le champ.

ALPHONSE.

Sois tranquille. (*A Francisque.*) Bon vieillard, si vous voulez nous suivre ...

FRANCISQUE, à part.

Je n'ai garde. (*Haut.*) Brave jeune homme, je desire poursuivre ma route, et si vous le permettez, je reprendrai mon chemin après m'être encore reposé quelques instans.

ALPHONSE.

Faites comme vous l'aimerez mieux. (*à Rosa.*) Tu auras soin de ne point le laisser partir sans le mettre à l'abri du besoin pour plusieurs jours.

ROSA.

C'étoit mon intention.

PROSPER.

Si tu veux, papa, je lui donnerai cette pièce d'argent que m'a laissée dernièrement ce riche voyageur.

ALPHONSE.

Bien, mon enfant. Oblige toujours ton semblable, sur-tout quand il est malheureux : c'est le premier devoir et le plus beau privilège de l'humanité. Au revoir, ma femme.

ROSA.

Adieu, mon ami.

PROSPER.

Tu ne m'as pas embrassé, papa.

ALPHONSE.

Viens. (*Il embrasse sa femme et son fils ; Rosa embrasse son vieux père. Tous remontent dans leurs barques, et ce joyeux cortège s'éloigne. Rosa et Prosper sont sur le bord du fleuve, et ne semblent occupés que des objets de leur tendresse.*)

SCÈNE IX.
ROSA, PROSPER, FRANCISQUE, Affidés de Théodore.

(*Francisque resté sur le banc, fait signe à ses affidés d'approcher. Quelques-uns paroissent et se cachent derrière des arbres. (Ceci doit être rapide comme l'éclair.) Quand Rosa a perdu de vue son époux et son père; elle revient vers Francisque.*)

ROSA.
Comment vous trouvez-vous ?

FRANCISQUE.
Beaucoup mieux.

ROSA.
J'en suis ravie. Voulez-vous entrer dans notre cabane ?

FRANCISQUE.
Je suis fort bien ici.

ROSA.
Comme il vous plaira. Avez-vous besoin de quelque chose ?

FRANCISQUE.
Non, pas à présent.

ROSA.
Je vous laisse et vais m'occuper des soins de mon ménage.

FRANCISQUE.
Allez, allez.

ROSA.
Tu vas m'aider, Prosper.

PROSPER.
Je ne demande pas mieux, maman.

ROSA.
Tu m'apporteras tout ce qui est resté sous le berceau.

PROSPER.
Cela suffit. (*Rosa rentre et Prosper un moment après.*)

SCÈNE X.
FRANCISQUE.

Tout mon monde est prêt, le moment est favorable; saisissons-le. Alphonse avant peu doit être de retour; allons... Assurons-nous encore auparavant qu'on ne peut nous surprendre. (*Il court au bord du fleuve et regarde de tous côtés.*)

SCÈNE XI.
FRANCISQUE, PROSPER.

(*Prosper sort de la cabane, pour aller prendre quelque chose sous le berceau. Il témoigne sa surprise de voir le faux vieil-*

lard au bord de l'eau et sur-tout de le trouver aussi leste. Il paroît concevoir des soupçons et traverse rapidement le théâtre pour se cacher derrière le berceau. Francisque va à la porte de la cabane, écoute, et croyant qu'il ne peut être surpris, revient précipitamment au-devant de la scène.)

FRANCISQUE.

Elle est à moi ! amis, accourez. (Il jette sa barbe et son manteau.)

SCENE XII.

ROSA, FRANCISQUE, PROSPER, AFFIDÉS de Théodore.

PROSPER, à part, se montrant un peu.

Je le reconnois.

(Il court appeler sa mère. Tous deux paroissent à la porte et écoutent attentivement.)

FRANCISQUE, pendant ce tems, a rassemblé tous ses compagnons.

Notre proie ne peut nous échapper. Rosa est seule, son époux est absent pour une heure ; d'ici là nous serons au château de Théodore. Investissez la maison et le jardin. Vous connoissez la récompense qui nous est promise, elle me répond de votre zèle.

(Dès les premiers mots de ce complot, Prosper a conjuré sa mère de se sauver. Elle a refusé d'abord, mais enfin elle cède aux instances de cet aimable enfant, et tous deux vont se cacher derrière le berceau. Les compagnons de Francisque se séparent et se rendent au poste qui leur a été assigné. Francisque suivi de trois hommes, court à la cabane et y entre brusquement.)

SCENE XIII.

ROSA, PROSPER, sortant de derrière le berceau.

PROSPER.

Fuyons, maman, fuyons.

ROSA, élevant les mains au ciel.

Grand Dieu ! protège-nous.

PROSPER.

Je les entends..... courons au village.

ROSA.

Puissions-nous y arriver sans accident ! (Ils s'enfoncent en fuyant dans la forêt.)

SCENE XIV.

FRANCISQUE, AFFIDÉS de Théodore.

(Ils sortent de la cabane et parcourent le théâtre en regardant de tous côtés.)

FRANCISQUE.

Personne ! Sans doute, ils ont fui. (Il tire un coup de pistolet.) A moi, tout le monde. Ils ne sauroient nous échapper.

SCÈNE XV.

Les mêmes, THÉODORE *avec le reste de ses gens.*

THÉODORE, *arrivant avec empressement.*

Eh bien ! Francisque, est-elle à moi ?

FRANCISQUE.

Pas encore, Seigneur ; elle vient de fuir ; mais elle ne peut manquer de tomber entre nos mains.

THÉODORE.

O rage ! qu'on se répande de tous côtés. Cent ducats à qui me la ramène.

TOUS.

Courons. (*Ils se dirigent sur différens points, et Théodore lui-même sort bien accompagné par le côté où s'est enfuie Rosa.*)

FIN DU PREMIER ACTE.

ACTE SECOND.

(*Le théâtre représente un lieu sauvage et pittoresque. Dans le fond s'élève un pont de bois entre deux montagnes, du haut desquelles se précipite un torrent écumeux en formant plusieurs cascades. Sur la gauche du devant est une vieille masure, couverte de ronces et entourée de ruines, qui sert de retraite à un hermite. Quelques sapins et mélèzes, placés au bord du torrent, ombragent cet asile solitaire, dont l'intérieur est garni de meubles grossiers. Il y a un prie-dieu vis-à-vis la porte d'entrée à la gauche des spectateurs. L'hermitage est entouré d'un jardin enclos de palissades, et qui s'étend jusqu'aux deux tiers du théâtre dans la largeur. La porte d'entrée est à l'extrémité de la palissade, du côté du public. Il y a une sonnette à la porte. Dans le lointain, des montagnes à perte de vue, couvertes de neige.*)

SCÈNE PREMIÈRE.

(*Le père Anselme, après avoir arrangé l'intérieur de sa retraite, prend des instrumens de labourage et va cultiver son jardin. On entend un chœur villageois.*)

SCÈNE II.

Le père ANSELME, PAYSANS et PAYSANNES.

(*Des enfans de l'un et l'autre sexe, conduits par leurs parens, viennent apporter à l'hermite des fruits, du vin, des légumes et autres provisions. Il les remercie et leur fait à son tour quelques petits cadeaux. Les parens lui demandent de prier pour eux et promettent de venir renouveler ses provisions. L'hermite leur témoigne sa reconnoissance ; tous prennent congé de lui, et s'éloignent en suivant le cours du torrent.*)

SCENE III.
Le père ANSELME, ROSA, PROSPER.

L'hermite rentre et serre ses provisions; une femme éperdue, en désordre, les cheveux épars, paroît sur le haut de la montagne. C'est Rosa avec son fils, qui fuit la poursuite de Théodore. Lorsqu'elle aperçoit l'hermitage, un rayon d'espérance semble luire à son cœur. Prosper peut à peine la suivre.

ROSA.
Prends courage, mon fils, nous voilà chez l'hermite.
PROSPER.
Je n'en puis plus, maman.
ROSA.
Viens dans mes bras.

(*Elle le prend dans ses bras, traverse le pont, descend la montagne, et vient sonner à la porte de l'hermitage. Le père Anselme va ouvrir.*

Mon père, j'embrasse vos genoux; sauvez l'honneur et la vie à l'infortunée Rosa!
Le père ANSELME.
Levez-vous, mon enfant, ce n'est que devant l'Éternel qu'on doit s'humilier; racontez-moi vos chagrins.
ROSA.
Un barbare, un monstre, le comte Théodore veut m'enlever à ma famille, à mon époux, à tout ce que j'ai de cher au monde.
Le père ANSELME.
Le comte Théodore!
ROSA.
Il est à ma poursuite. Echappée par un miracle aux recherches de ses affidés, je fuyois vers la demeure de mon père, lorsque j'ai vu le comte lui-même sortir de la forêt, bien accompagné, et se diriger rapidement vers moi. J'ai précipité ma marche, et me suis enfoncée au hasard à travers ces montagnes; mais il n'a point tardé à me suivre, et je tremble de ne pouvoir lui échapper une seconde fois. Vous seul, mon père, pouvez me soustraire à ses persécutions: j'implore votre secours; ne me refusez pas ou j'expire à vos yeux.
PROSPER.
Bon père, ne refusez pas maman.
Le père ANSELME.
Je ne vous rappelerai point les bienfaits que j'ai reçus de vous,

vous, et qui me font une loi de la reconnoissance : mon cœur et mon devoir me portent à secourir l'infortune, et je voudrois au prix de ma vie, vous cacher entièrement aux regards de l'homme puissant qui vous menace. Mais considérez cette retraite ; pensez-vous y être en sûreté ? et comment vous dérober aux yeux du comte, s'il se présentoit ici ?

ROSA.

Sans doute il n'osera point violer cet asile ; mais quand il l'oseroit, votre état et votre caractère suffiront pour le rappeler à l'honneur.

Le père ANSELME.

Un homme puissant et vicieux ne respecte jamais rien.

ROSA.

Malheureuse ! que vais-je devenir ?

Le père ANSELME.

La forêt prochaine vous offre un abri bien plus sûr. Croyez-en mes conseils, et le vif intérêt que je prends à votre situation.

ROSA.

Mais avant d'y arriver, je puis être aperçue. Qui sait, d'ailleurs, s'il n'en a point fait garder les issues par ses nombreux affidés ? Non, mon père, non ; dussé-je mourir, je ne vous quitte point que le danger ne soit passé.

PROSPER.

Je t'en prie, ne laisse pas mourir maman.

Le père ANSELME.

Non, femme intéressante, vous ne mourrez point. Votre confiance exige que je brave tout pour vous sauver ; et j'y suis résolu. Reposez-vous un moment, je vais monter sur le pont et découvrir, si je le puis, vos persécuteurs.

ROSA.

Vous me rendez la vie : mais du moins ne vous éloignez pas trop.

Le père ANSELME.

Un seul instant, et je suis de retour.

(Il monte sur le pont et regarde de tous côtés).

ROSA, *tenant son fils sur ses genoux.*

Tu es bien fatigué, n'est-ce pas, mon fils ?

PROSPER.

Oh ! je ne le suis plus autant depuis que je vois que tu pourras échapper à ce méchant Théodore.

ROSA *l'embrassant.*

Bon enfant !

PROSPER.

Es-tu bien sûr, au moins, qu'il ne viendra pas te chercher ici ?

ROSA.

Je l'espère.

PROSPER.

Au reste, s'il osoit y venir il auroit à faire à nous.

ROSA.

Comment?

PROSPER.

Sans doute. Ne sommes-nous pas deux à présent pour te défendre?

ROSA.

Fasse le ciel, que ce secours me soit inutile! (*Le père Anselme revient. Rosa court à lui*). Eh bien, mon père, avez-vous découvert...

Le père ANSELME.

Rien. Il est probable que vous ayant perdue de vue, ils ont pris une autre direction. Rassurez-vous, je retournerai dans un moment sur la montagne, et ne négligerai rien de ce qui pourra contribuer à votre tranquillité. Mais vous devez avoir besoin de réparer vos forces épuisées par une course longue et pénible. Je vous invite à partager mon repas frugal.

ROSA.

Homme sage et bienfaisant, tant de bonté ne restera point sans récompense.

(*Le père Anselme avance une mauvaise table, sur laquelle il étale quelques fruits : tous trois s'en approchent. Rosa et Prosper sont assis sur un bloc de pierre, vis-à-vis de la porte d'entrée; l'hermite a le dos tourné à la porte.*)

SCENE IV.

LES MÊMES, THÉODORE, GENS de Théodore.
Ils arrivent le long du torrent et examinent partout.

THÉODORE.

Où peut-elle être? Je suis cependant certain de l'avoir vu s'enfoncer dans cette gorge avec son fils. Un moment plutôt, et je la tenois en ma puissance.

UN DOMESTIQUE.

Visitons cet hermitage, seigneur, peut-être nous en donnera-t-on des nouvelles.

THÉODORE.

Il a raison. (*Il va sonner à la porte.*)

ROSA.

O ciel!

Le père ANSELME.

Paix! (*Il se lève et va écouter.*)

THÉODORE *à un domestique*.

Connois-tu le solitaire qui habite cette masure?

UN DOMESTIQUE.

Non, seigneur.

Le père ANSELME.

J'entends plusieurs voix : ce sont vos persécuteurs.

ROSA.

Je suis perdue !

PROSPER, *se jetant dans les bras de sa mère.*

Ah maman !....

Le père ANSELME.

Que faire ? (*Il rêve un instant et paroît tout-à-coup frappé d'un trait de lumière.*) Débarrassez cette table et éloignez-la.

(*Rosa, aidée de Prosper, ôte tout ce qui est sur la table et la pose près de la porte. Pendant ce tems, le père Anselme va ouvrir un vieux coffre et en tire une robe pareille à la sienne.*)

Mettez cette robe.

THÉODORE.

On est bien long-tems avant d'ouvrir. Sonne encore une fois. (*Le domestique sonne.*)

Le père ANSELME.

Vîte à genoux devant ce prie-dieu.... le capuchon baissé.... un livre à la main.... surtout, immobile.

ROSA.

Et mon fils ?...

Le père ANSELME, *vivement.*

Devant vous, couvert de votre robe.

ROSA.

Grand Dieu ! veille sur nous. (*Elle se met à genoux devant le prie-dieu, le dos tourné à la porte. Prosper se couche devant elle, et elle le couvre entièrement avec le bas de sa robe. Le père Anselme va ouvrir.*

Le père ANSELME.

Pardonnez, seigneur, si je n'ai point ouvert plutôt ; mon confrère et moi nous étions en prières.

THÉODORE.

C'est moi qui vous demande pardon d'avoir interrompu vos pieuses méditations ; mais vous m'excuserez, quand vous connoîtrez le motif de ma visite. Dites-moi, bon père, n'avez-vous pas vu passer aujourd'hui dans ces montagnes une jeune femme avec un enfant ? Elle a fui de sa maison, et mon respect pour les mœurs m'engage à la poursuivre, afin de la remettre aux mains de son époux.

Le père ANSELME.

Non, seigneur ; je n'ai vu que les habitans du village qui, suivant leur généreuse coutume, sont venus me combler de leurs dons.

(*Pendant cet entretien, les gens de Théodore visitent l'hermitage et le jardin. Ils passent plusieurs fois auprès de Rosa.*

THÉODORE.

Il suffit, j'en crois votre parole, et me retire ; mais je vous demande si le hasard conduisoit vers ces lieux cette épouse criminelle, de la retenir ici et de venir m'en donner avis.

Le père ANSELME.

Oui, seigneur, je vous promets de la reconduire d'abord à son époux, et d'aller ensuite vous en instruire, afin de calmer votre ame compatissante et de vous rassurer entièrement sur le sort de cette famille.

THÉODORE.

(*A part.*) Ce n'est pas là mon compte. (*Haut.*) Point du tout, je veux avoir le plaisir d'opérer moi-même cette réconciliation touchante.

Le père ANSELME.

Cette intention ne peut qu'être louée ; mais vous avez oublié, seigneur, de m'informer du nom, de l'état de cette femme.

THÉODORE.

C'est inutile. (*A part.*) Je m'en garderai bien.

Le père ANSELME, *à part*.

Ce mystère seul prouve ses mauvais desseins.

THÉODORE.

Adieu, bon père ; je vous laisse et vais poursuivre mes recherches.

Le père ANSELME.

(*Haut.*) Je vous salue, seigneur. (*A part.*) Puissent-elles être toutes aussi infructueuses que celles-ci !

(*Il conduit Théodore jusqu'au bord du torrent, et ne quitte la place que quand il s'est tout-à-fait éloigné. Rosa et son fils se sont jetés à genoux, et remercient le ciel de la protection qu'il leur a accordée.*)

SCENE V.

ROSA, le père ANSELME, PROSPER.

(*Quand l'hermite rentre, Rosa et Prosper se relèvent et vont tomber à ses pieds.*)

ROSA.

Bon père, vous m'avez sauvé la vie !

Le père ANSELME.

Rendez-en grace au ciel: lui seul a tout fait. Mais à présent que le danger est passé, et que le comte a pris une autre route, vous ferez bien, pour éviter une seconde visite qui pourroit n'être pas aussi heureuse, de quitter cet habit et de regagner promptement la demeure de votre père.

Rosa.

Je partage cet avis dicté par la prudence. (*Elle défait sa robe.*) Comptez sur ma reconnoissance et croyez que je saisirai avec empressement toutes les occasions de vous la prouver.

Le père Anselme.

Songez avant tout à vous mettre en sûreté : faites en sorte de vous glisser jusqu'à la forêt sans être aperçue ; de là, il vous sera facile d'arriver au village. Mais, au nom de votre intérêt, ne perdez pas un instant.

Rosa.

Adieu, bon père. Vos bienfaits demeureront gravés là. (*Elle montre son cœur.*)

Prosper.

Je te remercie d'avoir sauvé maman.

Le père Anselme.

Adieu, aimable enfant.

(*Rosa sort de l'hermitage, elle est dans le jardin et touche à la porte.*)

SCENE VI.
Les mêmes, FRANCISQUE, Affidés de Théodore.

Francisque *sur le haut de la montagne, apercevant Rosa.*

La voilà! (*A ses compagnons:*) Ventre à terre. (*Tous se couchent à plat ventre sur le pont et la montagne, et observent ce qui se passe en bas.*)

Le père Anselme.

Mais, j'y songe, si quelque obstacle imprévu vous forçoit à demeurer long-tems cachée dans la forêt, vous pourriez éprouver des besoins ; acceptez ce panier rempli de fruits, il vous sera utile.

Prosper.

Volontiers. N'est-ce pas, maman, tu le veux bien ?

Rosa.

Comment pourrai-je m'acquitter envers vous ?

(*Elle entre dans la masure et reçoit le panier que lui donne l'hermite. Pendant ce tems, Francisque et ses compagnons descendent la montagne et viennent vivement se poster autour de l'hermitage. Rosa et Prosper adressent de nouveaux remercîmens à leur bienfaiteur qui leur souhaite un bon voyage, puis ils prennent congé de lui ; mais à peine la porte du jardin est-elle ouverte, que Francisque présente à Rosa la pointe d'un sabre. Elle jette un cri perçant et fuit épouvantée ; un autre franchit la palissade dans le fond, et la prend par le bras. L'her-*

mite veut la défendre, mais il est bientôt arrêté et mis hors d'état de faire résistance. Prosper lui-même tient tête à Francisque et le frappe de toute sa force. Voyant qu'ils ne peuvent résister, tous trois supplient les ravisseurs ; mais c'est en vain. Le père Anselme va chercher un petit sac de cuir, dans lequel est le peu d'argent qu'il possède, et l'offre à Francisque ; mais celui-ci lui fait voir une bourse trois fois plus grosse, et refuse tout : malgré ses pleurs, ses cris, sa résistance, Rosa est entraînée ainsi que son fils ; tous remontent les rochers et conduisent leurs victimes au château de Théodore. Le père Anselme a voulu les défendre et suivre les ravisseurs ; mais les plus fortes menaces l'ont contraint de s'arrêter devant la porte du jardin. Il ne peut que tendre les bras à Rosa et lui exprimer de loin sa douleur. Francisque et ses compagnons s'éloignent rapidement, et disparoissent bientôt à sa vue.)

SCENE VII.
Le père ANSELME.

L'INFORTUNÉE!..... et je n'ai pu la défendre ! mais si mon bras glacé par l'âge n'a pu l'arracher à ses persécuteurs, mon zèle pourra du moins lui être utile, et le triomphe du crime ne sera pas long peut-être. Je cours au village apprendre au malheureux Alphonse le sort de son épouse, et exciter contre le criminel Théodore les esprits fatigués de sa longue domination. Exauce mes vœux, ô ciel !... donne-moi le courage et l'énergie nécessaires pour confondre et anéantir les méchans.

SCENE VIII.
Le père ANSELME, ALPHONSE ; TROUPE DE PÊCHEURS, amis d'Alphonse.

ALPHONSE arrive en courant sur le bord du torrent. Il est hors de lui, et court çà et là comme un insensé, tenant un sabre à la main ; dès qu'il aperçoit l'hermitage, il vole à la porte qu'il enfonce d'un coup de sabre, et y entre comme un furieux.

Rosa !.... ma femme !.... où est-elle ? Rendez-moi ma femme, mon fils.....

Le père Anselme, effrayé de cette brusque apparition, s'est retiré au fond de sa retraite.

ALPHONSE pénètre dans l'intérieur, et n'aperçoit pas plutôt l'hermite, qu'il revient à lui, jette son arme et tombe à ses genoux.

Pardon, mon père, je suis un insensé ; mais l'amour est mon excuse. Les barbares !... ils m'ont enlevé mon épouse, mon fils.

Le père ANSELME.

Quoi !... c'est vous qui êtes l'époux infortuné de Rosa ?

DRAME.

ALPHONSE.

N'achevez pas !.... l'effroi que je lis dans vos yeux m'est le présage de quelqu'affreux malheur.... ma femme....

Le père ANSELME.

Un moment plutôt elle vous étoit rendue. Les monstres !...

ALPHONSE.

Eh bien ?..

Le père ANSELME.

Viennent de l'enlever.

ALPHONSE.

D'où ?

Le père ANSELME.

D'ici.

ALPHONSE.

Rosa étoit ici !... ô rage !... où sont les ravisseurs ?

Le père ANSELME.

Ils l'entraînent.

ALPHONSE.

De quel côté ?

Le père ANSELME.

Par le sentier des rochers.

ALPHONSE.

Ils vont....

Le père ANSELME.

Sans doute au château de Théodore.

ALPHONSE.

De Théodore !.... (*Avec la plus grande chaleur.*) Mes amis, secondez ma fureur.

Le père ANSELME.

De la diligence, et vous pourrez les atteindre.

ALPHONSE.

Le ciel et l'amour soutiendront mon courage.

(*Ils gravissent tous la montagne, traversent le pont et s'éloignent rapidement sur les pas d'Alphonse, tandis que le respectable cénobite, qui les a accompagnés pour leur montrer le chemin, reste à genoux sur le haut des rochers, et les bras élevés vers le ciel, semble lui demander de jeter sur l'innocence un regard favorable.*)

FIN DU SECOND ACTE.

ACTE TROISIÈME.

(*Le théâtre représente l'intérieur du château de Théodore, au-delà duquel on aperçoit une campagne vaste et agréable. Dans le fond, le mur du fossé garni de pointes de fer aux deux extrémités. Dans l'angle à gauche, la porte du château. Au second plan, une tour dont la porte et les croisées donnent sur la cour. Près de la porte un banc de pierre. A droite, au second plan, mais obliquement, un petit corps de logis avancé, n'ayant qu'un étage de hauteur et une seule croisée de face; il est soutenu par deux colonnes; ce qui forme vestibule en avant de la porte.*)

SCENE PREMIERE.

ROSA, FRANCISQUE, PROSPER, AFFIDÉS de Théodore.

(*On voit Rosa, traînée par ses ravisseurs, traverser la campagne au-delà des fossés pour se rendre au château. Francisque sonne à la porte extérieure.*)

SCENE II.
LES MÊMES, BERTRAND.

BERTRAND, *sortant du pavillon.*

Je crois que voici notre monde; nous allons voir cela. (*Il va ouvrir. Franscique pousse rudement Rosa et Prosper dans la cour.*) Ah! vous voilà donc, belle indifférente; soyez la bien venue, vous ne vous en irez pas de sitôt, je vous en réponds.

FRANCISQUE.

Le comte est-il de retour?

BERTRAND.

Il arrive à l'instant.

FRANCISQUE.

Va le prévenir que je lui amène l'objet de ses recherches.

BERTRAND.

J'y vais (*Il rentre.*)

SCENE III.
LES MÊMES, *excepté* BERTRAND.

ROSA.

Ah! monsieur, s'il reste encore en votre ame un sentiment qui ne soit point entièrement étranger à l'humanité, laissez-vous toucher par mes pleurs; il en est tems encore, ne me livrez point à votre maitre.

FRANCISQUE.

Je m'en garderai bien.

ROSA.

DRAME.

ROSA.

Ma reconnoissance....

FRANCISQUE.

Mon devoir avant tout.

ROSA.

Peut-il entrer dans le devoir d'un honnête homme d'enlever la paix à une famille et de persécuter l'innocence ?

FRANCISQUE, *ironiquement.*

Pourquoi pas ? quand un honnête homme est payé pour cela. Mais tenez, voilà le comte; expliquez-vous avec lui, je ne m'en mêle plus.

ROSA.

Malheureuse !

SCENE IV.
LES MÊMES, THÉODORE, BERTRAND.

THÉODORE *à ses gens.*

Je suis content de votre zèle; *(il leur jette une bourse.)* En voilà la récompense *(A Rosa)* Pardon, belle Rosa, si j'ai mis un peu de vivacité dans mes recherches...

ROSA.

Dites donc la plus criminelle violence.

THÉODORE.

Est-il vrai, Francisque ?

FRANCISQUE.

Je vous assure, Seigneur, que nous y avons mis tous les procédés imaginables; vous connoissez là-dessus ma délicatesse; mais les femmes ne sont jamais contentes.

THÉODORE.

J'avois recommandé qu'on eût pour vous tous les égards possibles, mais en même tems j'avois expressément ordonné qu'on vous remît en mon pouvoir. N'accusez que vous de la violence d'une démarche que vous blâmez sans doute, mais à laquelle votre rigueur m'a porté. Vous avez constamment méprisé mes vœux, rejeté mes offres; l'amour au désespoir est capable de tout; j'ai employé le dernier moyen qui me restoit, il a réussi, et je vous déclare qu'on m'ôtera plutôt la vie que de vous arracher de ces lieux.

ROSA.

Et de quel espoir vous flattez-vous enfin ?

THÉODORE.

De parvenir, à force de soins et d'amour, à vous rendre sensible à ma tendresse *(Il s'approche, et veut lui baiser la main.)*

ROSA *le repoussant.*

Arrêtez, Seigneur, et ne m'ôtez point, par de nouvelles violences le peu d'estime que je conserve encore pour vous. Songez aux devoirs que votre rang vous impose, et craignez qu'en les foulant aux pieds vous ne les fassiez oublier aux autres.

D

Théodore.

Je ne crains que votre haine ; quant à celle des autres, je la braverai impunément, et malheur à qui osera provoquer la mienne !

Rosa.

Pensez-vous que mon époux souffre patiemment une aussi sanglante injure ? Tremblez que nos parens, nos amis, que vos vassaux, fatigués du joug qui pèse sur leur tête, ne saisissent enfin cette occasion pour le secouer, et ne se vengent en un jour des persécutions que vous exercez sur eux.

Théodore.

De telles menaces ne m'effraient point. Je dis plus, votre intérêt exige qu'on ne tente rien contre moi, et retenez bien que vous ne sortirez de ce château qu'après avoir couronné mes feux.

Rosa.

Plutôt mourir !

Théodore.

Si vous m'opposez une trop longue résistance, je connois les moyens de vous amener à des sentimens plus raisonnables, et je les emploierai.

Rosa.

Ah ! monstre, les voilà donc avoués tes horribles projets !... Eh bien ! je jure ici que je perdrai mille fois la vie avant que d'oublier un seul instant ce que je dois à mon époux.

Théodore.

Et moi, je jure de vous séparer de votre fils, jusqu'au moment où j'aurai la certitude que vous partagez mon amour.

Rosa.

Me séparer de mon fils !.... jamais.

Prosper.

Non, maman, je ne te quitterai pas.

Francisque *bas à Théodore.*

Continuez, Seigneur.

Théodore.

Francisque, enferme cet enfant dans l'aile droite du château, et qu'il n'en sorte point. Quant à vous, dédaigneuse Rosa, vous habiterez ce pavillon où rien ne vous manquera que votre fils et la liberté. Mais d'un mot vous pourrez les ravoir tous deux. Adieu.

Rosa, *retenant Théodore.*

Ah seigneur, révoquez cet arrêt funeste !

Théodore *à Francisque.*

Tu as entendu mes ordres.

Rosa.

Non, non, laissez-moi mon fils !

(Francisque veut prendre l'enfant, qui lui échappe et va

se jeter dans les bras de sa mère. Elle l'emporte; mais Théodore l'arrête, et Francisque se saisit de Prosper. En un instant, Rosa a changé d'expression, de maintien, de visage. Devenue tremblante et soumise par la crainte de se voir séparée de son fils, elle se jette aux pieds de Théodore, et le conjure en pleurant, de le laisser près d'elle. Théodore s'applaudit à part du moyen qu'il vient d'employer; cependant il feint de refuser. Prosper échappe à Francisque, et se joint à sa mère: tous deux embrassent les genoux du criminel Théodore, qui consent enfin à ne point les séparer, à condition que Rosa couronnera sa flamme. Elle se relève fièrement et repousse avec horreur cette proposition... Théodore donne de nouveaux ordres; on emporte Prosper. Eperdue, hors d'elle-même, Rosa se précipite au-devant de Francisque, lui arrache son fils, et le tenant étroitement embrassé, se sauve avec lui, et vient tomber devant le pavillon en le couvrant de son corps.

THÉODORE.

Toute résistance est vaine; souscrivez à mes desirs.

ROSA.

(à part). Dissimulons. (haut). Eh bien, je vous promets de faire tous mes efforts pour vaincre avec le tems la répugnance que vous m'inspirez, pourvu qu'à ce prix je ne sois point séparée de mon fils.

THÉODORE.

Vous ne le serez point. Bertrand, conduis-les tous les deux dans le pavillon. (A Rosa). Mais songez à votre promesse!

Rosa et Prosper conduits par Bertrand, entrent dans le pavillon. Le jour baisse.

SCENE V.
THÉODORE, FRANCISQUE.

THÉODORE.

Veille sur eux, Francisque, prends la clef de ce pavillon, et qu'elle ne sorte pas de tes mains; songe qu'autant la récompense a été brillante, autant ma vengeance seroit terrible, si par ta négligence l'un ou l'autre parvenoit à s'échapper.

FRANCISQUE.

Je n'ai garde vraiment: vous pouvez être tranquille.

(*Théodore s'éloigne*).

SCENE VI.
FRANCISQUE, BERTRAND, ROSA, PROSPER.

(*On voit Rosa et Prosper entrer dans la chambre du pavillon. Bertrand leur donne une lumière et un panier rempli de provisions.*)

BERTRAND.

Voilà tout ce qu'il vous faut: de la lumière, un bon souper... Oh rien ne vous manquera ici. C'est moi qui suis chargé de votre approvisionnement, et vous verrez que je fais joliment les choses... Bon soir, bonne nuit. (*Il se retire*).

FRANCISQUE *regardant du côté du pavillon.*

Voilà nos prisonniers logés... attendons Bertrand. Il faut convenir que le comte m'a généreusement payé cette journée! ma foi, je ne m'étonne pas qu'on fasse dans le monde plus de mauvaises actions que de bonnes; cela rapporte davantage. (*Bertrand sort du pavillon et en remet la clef à Francisque.*) Eh bien, tu as eu ta part aussi dans les générosités du comte, n'est-ce pas?

BERTRAND.

Vraiment non.

FRANCISQUE.

Pour te dédommager, viens boire un coup avec nous. Nos camarades sont là-bas, qui se délassent des fatigues de la journée... viens.

BERTRAND.

Et mes prisonniers?

FRANCISQUE.

Parbleu, tu n'as rien à craindre.

BERTRAND.

Allons, je me laisse tenter. (*Ils sortent*).

SCENE VII.

ROSA, PROSPER, *près de la croisée du pavillon.*

PROSPER.

Ne t'afflige donc pas comme cela, maman; tu vois bien que je suis avec toi.

ROSA.

Je serois morte cent fois plutôt que de consentir à m'en séparer. Mais ton père...

PROSPER.

Oh oui. Il doit avoir bien du chagrin.

ROSA.

Pauvre Alphonse! (*Prosper cherche à consoler sa mère.*)

SCENE VIII.

LES MÊMES, ALPHONSE.

A la clarté de la lune on voit Alphonse s'approcher du rempart et grimper sur le mur près de la porte, en se suspendant aux branches de fer. Il paroît au comble de la joie, quand il est parvenu jusque-là, mais le fossé intérieur l'empêche d'avancer davantage, et il n'a d'autre moyen pour découvrir l'objet de ses recherches que de faire entendre sa voix. Il chante donc le couplet suivant:

ALPHONSE.

Air : *Toi que sans cesse j'appelle* (de la Caverne.)

O toi ! qu'un rival perfide
Retient captive en ces lieux !
Toi ! dont l'enfance timide
N'a pu trouver grace à ses yeux,
   Calmez votre tristesse :
   Croyez-en ma promesse,
   Bientôt à ma tendresse
   Serez rendus tous deux.

SCÈNE IX.

Les mêmes, FRANCISQUE, BERTRAND *ouvrant la porte du pavillon.*

ROSA.

C'est Alphonse ! c'est ton père !

FRANCISQUE.

N'as-tu pas entendu chanter ?

BERTRAND.

Oui, ou je me trompe fort.

FRANCISQUE.

Écoutons.

ALPHONSE.

On ne répond pas.

ROSA *chante sur le même air.*

Oui, cher époux, ta présence
A dissipé mon effroi :
Mon cœur s'ouvre à l'espérance
En te voyant près de moi.
   Quelques maux que j'endure
   Point ne serai parjure :
   Jusqu'au trépas je jure
   De te garder ma foi.

(*Pendant le couplet de Rosa, Francisque appelle doucement quelques-uns de ses camarades, et sort avec eux, en indiquant qu'il va saisir Alphonse par derrière. Bertrand reste sous le vestibule et écoute.*)

ALPHONSE.

Prends patience, ma Rosa, avant deux heures tu ne seras plus au pouvoir de ce monstre !

BERTRAND, *à part.*

C'est ce qu'il faudra voir.

ROSA.

On nous écoute. Fuis, Alphonse, nous sommes surpris.

BERTRAND.

Il n'est plus tems. (*Il ouvre la porte du fond : tous s'élancent sur Alphonse et le saisissent. Rosa jette un cri et tombe évanouie. On entraîne Alphonse, malgré ses efforts. Francisque le fait enfermer dans la tour*)

FRANCISQUE à *Bertrand*.

Je vais prévenir le comte et savoir ce qu'il veut faire de ce nouveau prisonnier. Toi, reste là... garde soigneusement cette tour, et surtout empêche qu'ils ne puissent se parler.

BERTRAND.

Seras-tu bien long-tems?

FRANCISQUE.

Pourquoi cela?

BERTRAND.

C'est que j'ai envie de dormir.

FRANCISQUE.

Tu es diablement pressé. Fais ce que je te dis, et point de réplique. (*Il sort avec ses compagnons.*)

SCENE X.
ROSA, PROSPER, BERTRAND,
dans la cour.

BERTRAND *avec humeur*.

Fais ce que je te dis, et point de réplique! Quel ton! comme il est fier, parce qu'il a été plus heureux ou plus fripon que nous. Ne me parlez pas de ces valets parvenus; ils sont cent fois plus insolens que les maîtres. Je vous demande un peu le grand malheur quand ces gens se parleroient! ils sont assez loin l'un de l'autre pour que cela ne soit pas dangereux, et puis je ne crois pas que l'envie leur en prenne; il faudroit pour cela que le mari montât à cette haute fenêtre, et je doute qu'il puisse se reconnoître là-dedans, à l'heure qu'il est. (*Il va écouter à la porte du pavillon.*) Et bien, est-ce qu'il ne vient pas donc? Je gage qu'il aura trouvé le comte à table, et qu'il s'amuse à lui parler d'amour, tandis que je suis ici à me morfondre.

(*Pendant toute cette scène et la précédente, Prosper est resté auprès de la fenêtre du pavillon.*)

ROSA.

Ah! mon enfant, c'en est fait de ton pauvre père!

PROSPER.

Tais-toi.

BERTRAND.

En vérité, je meurs de sommeil.

PROSPER.

Eteins la lumière, maman. (*Rosa éteint la lumière.*)

BERTRAND, *regardant du côté du pavillon*.

Tiens! ceux-là ne pensent pas à faire la conversation; les voilà couchés. Bonne nuit, vous autres! je voudrois bien en faire autant. (*Il se lève et va ouvrir la porte du pavillon.*) Ils n'arrivent pas... si j'osois m'en aller!... mais, non, diable!... il ne faut pas que je m'en avise: le comte ne plaisante pas.

Ma foi, je vais faire un somme sur ce banc ; je les entendrai venir. Je ne risque rien de la part des prisonniers, la porte est bien fermée... (*Il va voir.*) Oui, j'ai là mes clefs; ils ne peuvent sortir ni l'un ni l'autre. Bon! (*Il s'assied.*) Vraiment! c'est désagréable d'être obligé de suivre la volonté des autres, tandis que.. (*Il bâille.*) Il est fort bon ce vin que le comte nous a donné, un peu capiteux, mais j'aime cela... c'est dommage qu'on ne m'en donne pas aussi souvent que je le voudrois. (*Il bâille et s'étend sur le banc.*) Elle est gentille au moins cette petite femme-là !... je m'accommoderois bien d'une ménagère tournée comme celle-là... Oui, elle est tout-à-fait gentille... mais... je crois que... le vin... est... encore... meilleur... Oh oui... (*Il s'endort.*)

PROSPER.

Il est endormi. (*Il ouvre tout-à-fait la croisée.*)

ROSA.

Quel est ton projet ?

PROSPER.

Tu vas le savoir. Mon bon ami est enfermé dans la tour qui est vis-à-vis de nous, je veux le sauver.

ROSA.

Le sauver ! et comment ?

PROSPER.

Vidons ce panier ; suspendons-le à ma ceinture, et tu me descendras par ce moyen dans la cour.

ROSA.

Je ne consentirai jamais à t'exposer ainsi.

PROSPER.

Je le veux absolument. Laisse-moi faire : va, le ciel protège toujours la jeunesse et l'innocence.

ROSA.

Puisses-tu réussir !

(*Elle l'embrasse ; ils vident le panier, le suspendent à la ceinture de Prosper, qu'ils attachent à la traverse de la croisée. Prosper se met dedans, et sa mère le laisse glisser doucement.*)

Je tremble !

PROSPER.

N'aie pas peur.

ROSA.

J'entends du bruit ! (*Elle s'arrête et prête l'oreille. Le panier est à trois ou quatre pieds de terre.*)

BERTRAND *a moitié endormi.*

Hein ! plaît-il ? me voilà, M. le comte.

ROSA.

Malheureux!

PROSPER.

Paix!

BERTRAND.

Eh bien, à qui est-ce que je parle donc? il n'y a personne.

(*Rosa laisse aller le panier jusqu'à terre.*)

PROSPER.

J'y suis.

ROSA.

De la prudence.

PROSPER.

Ne crains rien. (*Il s'avance sur la pointe du pied, et arrive auprès de Bertrand. Le voyant endormi, il court à la porte de la tour; mais il témoigne beaucoup de chagrin de la trouver fermée: il revient près de Bertrand, et apercevant les clefs à sa ceinture, il conçoit sur-le-champ le projet de les lui prendre; il se couche sous le banc, et passant la moitié du corps, essaie de détacher le trousseau; mais il ne peut y parvenir. Bertrand fait un mouvement et se retourne. Prosper se cache tout-à-fait, puis se relève, et voyant que le mouvement qu'a fait Bertrand l'a mis dans une posture plus favorable à son dessein, sort de dessous le banc, passe près de la tour, prend les clefs, les montre à sa mère, les baise, ouvre la tour et entre pour chercher son père.*)

SCÈNE XI.

ALPHONSE, ROSA, PROSPER, BERTRAND *endormi*.

(*Bientôt Alphonse et Prosper sortent de la tour et se dirigent vers la croisée où est restée Rosa.*)

ALPHONSE.

O ma Rosa!... que n'es tu près de moi.

ROSA.

Fuis, Alphonse, et reviens promptement délivrer ta Rosa. Mais comment sortir du château?

ALPHONSE.

Le fossé est à sec; il me sera facile de le franchir.

ROSA.

Tu me fais trembler!

ALPHONSE.

Je braverai tout pour vous sauver. Adieu.

ROSA.

O ciel! veille sur ses jours!

(*Alphonse embrasse son fils, fait encore quelques signes d'intelligence à sa femme, et s'élance dans le fossé. Prosper revient au bas du pavillon, et sa mère descend le panier; mais comme il lève le pied pour s'y placer, Bertrand se réveille avec un bruit assez fort. Rosa effrayée retire le panier à elle, et fait signe à Prosper de se sauver. Celui-ci ne sachant où se cacher entre dans la tour.*)

ROSA, à part.

Quelle imprudence!

SCÈNE XII.
ROSA, BERTRAND.

(*Bertrand, toujours assis, se frotte les yeux et laisse tomber ses mains sur sa ceinture ; mais n'y sentant pas les clefs, il se lève vivement et vient jusqu'au milieu du théâtre.*)

Où sont donc mes clefs?... (*Il va à la porte de la tour.*)

Ah ! les voilà... C'est singulier ! je croyois cependant les avoir ôtées. Il faut que je fasse une petite visite là-dedans. Oui da ! c'est que je suis tout seul et sans lumière : le prisonnier pourroit bien s'échapper... fermons plutôt à double tour ; et allons chercher le comte, car il paroît qu'on m'a oublié... Point du tout... les voici.

ROSA.

Pauvre enfant !... que va-t-il devenir ?... (*Elle se retire et pousse la croisée.*)

SCÈNE XIII.
THÉODORE, FRANCISQUE, BERTRAND.

FRANCISQUE, *un flambeau à la main.*

Oui, seigneur, je l'ai fait enfermer dans cette tour, en attendant que vous prononciez sur son compte ; mais je crois qu'il seroit peu prudent de le laisser aussi près de sa femme.

THÉODORE.

Je suis de ton avis. (*A Bertrand.*) Va le chercher.

BERTRAND.

J'y vais. (*Il prend le flambeau de Francisque, entre dans la tour, et en sort un instant après, avec un air effaré.*) Pardon, seigneur, je ne sais comment vous dire...

THÉODORE.

Où est ce prisonnier ?

BERTRAND.

Seigneur.. il n'y est plus.

FRANCISQUE, *le poussant rudement.*

Va te coucher, imbécille, et laisse-nous en repos avec tes contes.

BERTRAND.

Ah bien oui ! des contes !.. Je vous réponds qu'il n'y est pas.

FRANCISQUE.

Ne l'écoutez pas, seigneur ; je vais vous l'amener. (*Il entre dans la tour.*)

BERTRAND, *à part.*

Que diable est donc devenu cet homme-là ?

SCENE XIV.
Les mêmes, FRANCISQUE, PROSPER.
FRANCISQUE, *amenant Prosper.*

Il est trop vrai, seigneur, qu'il n'y est plus. Je n'ai trouvé que son fils.

THÉODORE.

Son fils ! *(A Bertrand.)* Eloigne-toi, misérable ! tu recevras bientôt le prix de ta négligence ou de ta perfidie ! *(Bertrand sort.)*

SCENE XV.
Les mêmes, *excepté* BERTRAND.
THÉODORE.

J'étouffe de rage ! *(A Francisque.)* Amène-moi Rosa. *(Francisque entre dans le pavillon.)*

THÉODORE, à Prosper.

Et toi, réponds : que faisois-tu dans cette tour ?

PROSPER.

Rien.

THÉODORE.

Qui t'y a conduit ?

PROSPER.

Personne.

THÉODORE.

Où est ton père ?

PROSPER.

Il est parti.

THÉODORE.

Qui l'a fait évader ?

PROSPER.

Moi.

THÉODORE.

Qui te l'a conseillé ?

PROSPER.

Mon cœur.

THÉODORE.

Comment !... un foible enfant déjoueroit ainsi mes projets !... ô fureur !

SCENE XVI.
Les mêmes, ROSA.
ROSA, *sortant du pavillon.*

Ne le croyez pas, seigneur, c'est moi qui ai tout fait.

THÉODORE, *en fureur.*

Couple perfide, vous ne me braverez pas plus long-tems ; je saurai vous frapper du coup le plus sensible. *(A Rosa.)*

Il espère, ton époux, venir t'arracher de mes bras!.. Eh bien, avant qu'il parvienne jusqu'à toi, il lui faudra marcher sur le corps de son fils... Je succomberai peut-être, mais ce ne sera pas du moins sans m'être vengé.

PROSPER, *se sauvant.*

Ah maman!

THÉODORE, *à Francisque.*

Retiens cet enfant. (*Francisque l'amène à Théodore.*) Femme insensée, n'accuse que toi des malheurs qui vont fondre sur ta famille; mais j'en fais ici le serment, et il ne sera pas vain, ton fils va périr à tes yeux si tu ne me jures à l'instant même de renoncer à ton époux.

ROSA.

Un moment, seigneur.

THÉODORE, *avec un sourire amer.*

Tu voudrois lui donner le tems d'arriver jusqu'ici, de te sauver, peut-être! mais ne t'en flatte point.

ROSA.

O mère infortunée! est-ce par de tels moyens que vous espérez me faire partager votre fatale passion?

THÉODORE.

Je n'écoute que ma fureur... Prononce ce serment, ou bientôt... (*Il tire un poignard de sa ceinture.*)

ROSA.

Arrêtez!

THÉODORE.

Rien ne me fléchira.

SCÈNE XVII ET DERNIÈRE.

LES MÊMES, ALPHONSE, TROUPE DE PÊCHEURS.

(*Alphonse paroît dans le fond; il voit le danger de son fils, et se précipite vers la porte.*)

ROSA.

Barbare!

THÉODORE.

Jure...

ROSA.

Non.

THÉODORE.

Eh bien, meure cet enfant! (*il prend Prosper par le bras, et lève son poignard pour le frapper*).

PROSPER.

Ah maman!

ROSA *au désespoir.*

Alphonse! Alphonse! où es-tu? (*On enfonce la porte.*)

ALPHONSE.

Me voilà! (*il fond sur Théodore, et d'un coup de sabre,*

jette au loin son poignard. il se livre entre Francisque et Alphonse un combat terrible, pendant lequel Théodore enferme Rosa et son fils dans le pavillon, puis vole à la défense de son château.)

Les amis d'Alphonse arrivent en grand nombre, combattent et dispersent les gens de Théodore, qui ne voyant plus d'espoir de leur échapper, entre lui-même dans le pavillon, avec un flambeau à la main, en ferme la porte et y met le feu. Bientôt le haut du bâtiment s'enflamme, s'écroule, et on voit Théodore, tenant Rosa, et prêt à se précipiter avec elle dans les flammes.

THÉODORE.

Enfin, tu es en mon pouvoir! et la mort même ne pourra nous séparer.

ALPHONSE.

Après avoir vaincu Francisque, et dispersé les gens de Théodore, revient vers le pavillon, et entend les derniers mots de Théodore.

Tu parles de mort!... la voilà. (*Il lui tire un coup de pistolet; Théodore veut se mettre à l'abri en plaçant Rosa devant lui, mais au moment où il la prend par le bras pour se mettre derrière elle; elle se baisse de côté et le laisse entièrement à découvert. Théodore reçoit le coup et tombe. Cependant l'incendie augmente, et Rosa n'est échappée à un danger que pour tomber dans un autre plus grand. Alphonse brise la porte, mais le feu en sort avec violence. Alors ne voyant point d'autre moyen de sauver Rosa, il se suspend aux jointures des pierres, grimpe ainsi par le dehors du bâtiment, jusqu'à l'endroit où elle est, et l'emporte à travers les flammes. On le voit bientôt reparoître par le fond, tenant sa femme et son fils, ses amis sont rassemblés, tous s'embrassent, Rosa ouvre les yeux, reconnoît les objets de son amour, et les reçoit dans ses bras. Tableau général. La toile tombe.*

FIN.

www.ingramcontent.com/pod-product-compliance
Lightning Source LLC
Chambersburg PA
CBHW060507170426
43199CB00011B/1356